Internationales Forum
für Gestaltung Ulm
international design forum

Form und Zeichen – Globale Kommunikation
Herausgegeben vom
Internationalen Forum für Gestaltung Ulm
(IFG Ulm)

Mit Beiträgen von
Constance Adams
Horst Diener
Manfred Faßler
Klaus Feßmann
Siegfried Frey
Mieke Gerritzen
Michael Kölch
Reed Kram
Pippo Lionni
Reinhild Mergenthaler
Jörn Petersen
Werner Stegmaier
Markus Stolz
Sabine Süß
Keshen Teo
Axel Thallemer

Birkhäuser – Verlag für Architektur
Basel · Boston · Berlin

Form und Zeichen –
Globale Kommunikation
Herausgegeben vom
Internationalen Forum für Gestaltung
Ulm (IFG Ulm)

Das vorliegende Buch dokumentiert
die Septembertagung des Internationalen Forums für Gestaltung Ulm
vom 20.–22. September 2002 in Ulm.

Redaktion:
Sabine Süß (IFG Ulm)
Birgit Seidel (IFG Ulm)
Martina Emonts (Debatten), Aachen
Rudolf Müller (Debatten), Aachen
Fotografie:
Jan Frommel, München
Gestaltung:
Georg Staehelin, Ottenbach/Zürich
Mitarbeit Gestaltung, Satz:
Hans Peter Dubacher, Luzern
Lisa Pomeroy, Basel

Die Referate wurden im Einver-
nehmen mit den Autoren bzw. durch
diese selbst redigiert.

Bildnachweis:
Horst Diener: Alle Abbildungen
© designpraxis diener
Mieke Gerritzen: Alle Abbildungen
© NL.Design
Keshen Teo: Alle Abbildungen
© Wolff Olins, London
Siegfried Frey: Abb. 1 © Fotograf: Paul
Glaser; Abb. 2 © Associated Press
GmbH; Abb. 3 © Associated Press
GmbH; Abb. 4 © The Herb Block
Foundation, USA
Markus Stolz, Quelle: Roland Berger –
Strategic Brand Development Group
Reed Kram: Abb. 1–4 © Reed Kram;
Abb. 5 © OMA; Abb. 6–8 © OMA,
Reed Kram; Abb. 9, 11 © Clemens,
Weishaar, Reed Kram, AMO; Abb. 10,
12 © Reed Kram, AMO; Abb. 13, 14
© Reed Kram, Eyal Weizman;
Constance Adams: Alle Abb.
© Courtesy of NASA
Jörn Petersen: Alle Abbildungen
© DaimlerChrysler AG, Sindelfingen

Wo nicht anders vermerkt, liegen die
Rechte beim Autor.

Bibliografische Information der
Deutschen Bibliothek
Die Deutsche Bibliothek verzeichnet
diese Publikation in der Deutschen
Nationalbibliografie; detaillierte
bibliografische Daten sind im Internet
über http://dnb.ddb.de abrufbar.

© 2003
Birkhäuser – Verlag für Architektur,
Postfach 133, CH-4010 Basel, Schweiz
Ein Unternehmen der Fachverlags-
gruppe BertelsmannSpringer
Gedruckt auf säurefreiem Papier,
hergestellt aus chlorfrei gebleichtem
Zellstoff ∞
Printed in Germany
ISBN 3-7643-0446-4

9 8 7 6 5 4 3 2 1

http://www.birkhauser.ch

1.Tag, Freitag

2.Tag, Samstag

3. Tag, Sonntag

Anhang

Die Beiträge sind in der Sprache abgedruckt, in der sie während der Septembertagung gehalten wurden.

ulm

form

form

20 21

und z

and s

Mit dem Ulmer Symposium ›Form und Zeichen – Globale Kommunikation‹ schlie[ß]
das IFG Ulm seine dritte Fünfjahres-Periode ab – und damit fünfzehn Jahre Versuche, Gestaltung als Medium für sinnvolles Erkennen und Handeln wahrnehmba[r]
zu machen, dies im Einklang mit den Vorgaben der Stiftung Hochschule für Gesta[l]
tung Ulm.

Der bereits 1953 definierte Stiftungszweck führte zur Gründung der ehemaligen
›Hochschule für Gestaltung Ulm‹. Er bildete auch für die Idee des Internationale[n]
Forums für Gestaltung Ulm im Jahre 1988 die Grundlage. Als Fundament für eine
zukünftige Entwicklung stehen die durch das IFG Ulm bereits geschaffenen Aspe[kte]
und Qualitäten zur Verfügung.

Nur so ist zu erklären, daß die Stiftungsgremien das Internationale Forum für Ges[tal]
tung Ulm in einem professionellen Umfeld weiterführen wollen. Die gewonnene
Erfahrung dient mit zur Sicherung der Zukunft.

Ein aktiver Stiftungsrat freut sich auch dieses Jahr, für die Arbeit am IFG zu danken – dem Vorstand, der Geschäftsleitung, dem Beirat, den Referenten, allen Mita[r]
beitern und besonders den interessierten Teilnehmern aus dem In- und Ausland.

Ohne die Förderung durch das Ministerium für Wissenschaft, Forschung und Kuns[t]
des Landes Baden-Württemberg und der Industrie wäre es auch in diesem Jahr de[m]
Vorstand der Stiftung Hochschule für Gestaltung schwergefallen, das angestrebte
Ziel zu erreichen. Nochmals Dank also, verbunden mit der Bitte, diesen Vertrauen[s]
prozeß auch in Zukunft aufrechtzuerhalten.

Fred Hochstrasser
Vorsitzender Stiftungsrat, Stiftung Hochschule für Gestaltung Ulm
Vorwort

Das Internationale Forum für Gestaltung Ulm kann auf eine herausragende 15jährige Serie von Veranstaltungen zurückblicken. Zum 15. Mal sind Persönlichkeiten aus Kultur, Industrie und Wissenschaft in Ulm zusammengekommen, um neueste Ideen, Anregungen, Aspekte der Entwicklungen und über Anforderungen an qualitativ herausragende gestalterische Arbeit zu diskutieren.

Das 15. Forum knüpft an die Wurzeln der Hochschule für Gestaltung Ulm an und trägt die Erkenntnis und den Geist dieser Schule weiter.

Im nächsten Jahr wird es 50 Jahre her sein, daß hier auf dem Ulmer Kuhberg die Hochschule für Gestaltung gegründet wurde. Das IFG tagt also – keineswegs zufällig – am historischen Ort. Ziel des Internationalen Forums für Gestaltung war es immer zu fragen, was gute Gestaltung ausmacht, wie sie in einer sich ständig wandelnden, komplexer werdenden Welt wirken kann und wirken soll.

Auch wir in Ulm greifen wieder die Ideen und Anregungen aus der Hochschule auf. So arbeiten wir derzeit intensiv am ›barrierefreien Zugang‹ im Internet. Dabei spielt wiederum die Methodik zur Lösung von Gestaltungsaufgaben und das Einbetten in gestalterische Gesamtkonzepte eine zentrale Rolle.

Mit der Einrichtung einer kontinuierlichen Leitung hat die Stiftung Hochschule für Gestaltung, die hinter dem Internationalen Forum für Gestaltung steht, deutlich gemacht, daß sie weiterhin richtungweisend im Bereich der Gestaltung aktiv mitwirken will. Dies ist ein positives Signal auch für die Stadt Ulm, die auf eine große gestalterische Tradition zurückblicken kann und sich heute im Bereich Wissenschaft und Forschung erfolgreich neu positioniert hat. Erstmals bei dem diesjährigen Symposium wird die neue Geschäftsführerin, Sabine Süß, die Tagung lenken und leiten. Damit wird einem Wunsch nach Kontinuität entsprochen, und mit dem Engagement von Frau Süß als erfahrener Kulturmanagerin ist auch für die Zukunft die konzeptionelle und organisatorische Verantwortung fest etabliert.

Seitens der Stadt Ulm begleiten Frau Süß unsere guten Wünsche, und wir freuen uns auf gute Zusammenarbeit auch in der Zukunft.

o Gönner
berbürgermeister der Stadt Ulm
 rußwort

Ich darf Sie heute vormittag im Namen der Stiftung Hochschule für Gestaltung U
des Internationalen Forums für Gestaltung IFG Ulm und seines Fachbeirats als A
richter dieses Forums sehr herzlich begrüßen.

Mein Dank gilt zunächst dem Oberbürgermeister der Stadt Ulm, Herrn Gönner, d
wie immer bereit war, zur Eröffnung des Internationalen Forums für Gestaltung z
uns zu sprechen und seine Gedanken zu unserem Thema vorzutragen.

Mein Gruß gilt allen Teilnehmern, den Referenten und Moderatoren, unserer
Gästen, der Presse und nicht zuletzt allen denjenigen, die die meiste Arbeit mit de
Organisation, der Vorbereitung, der Auswahl der Themen und der Referenten
hatten.

An dieser Stelle war es dann meine Aufgabe, Ihnen den oder die Intendanten des
Forums vorzustellen; das werde ich natürlich auch heute tun, aber etwas später, de
dazu sind einige Vorbemerkungen zu machen.

Am Schluß unseres letztjährigen Forums hatten wir Ihnen drei Aussagen gemacht.
Erstens: Das diesjährige Forum wird das 15. in unserer jährlichen Reihe seit dem
Jahre 1988 sein und das letzte in unserem dritten Fünfjahreszyklus.
Zweitens: Das Thema dieses 15. Forums wird sich auf die geänderte oder sich
ändernde Entwicklung und den Gebrauch von Form und Zeichen konzentrieren, i
engeren und im globalen Sinne.
Und drittens: Das IFG wird auch nach dem 15. Symposium weitergeführt.

Die Stiftung Hochschule für Gestaltung Ulm, die Trägerin des IFG, deren Hauptzi
und deren Stiftungszweck es ist, im Sinne der früheren Hochschule für Gestaltung
in Ulm und deren Gründer und Lehrer zur weiteren Erforschung und Entwicklung
von Gestaltungsprozessen beizutragen, eingebunden in den gesellschaftspolitische
und internationalen Kontext, hat sich zum Ziel gesetzt, diese Verpflichtung in Forr
von öffentlichen Diskussionen und deren Publikation zu erfüllen. Die Arbeit des
IFG in den vergangenen 15 Jahren hat hierzu einen Grundstein gelegt, den es weit
auszubauen gilt.
Form und Zeichen ist deshalb nicht nur das Thema unseres diesjährigen Forur
sondern auch das Stichwort für das IFG der kommenden Jahre. Wir wollen mit ein
Neukonzeption des IFG, mit einer neuen Form ein Zeichen setzen für ein IFG, das
auf der Basis des bisher Erreichten neue Wege geht und sich als ein Institut etablie
das mit der traditionellen Septembertagung als Kernveranstaltung weitere Tätigkeitsfelder erschließt und sich als unabhängige Plattform für Gestaltungsfragen im
weitesten Sinne, insbesondere fachübergreifend etabliert.

Die Stiftung Hochschule für Gestaltung Ulm hat diesem Konzept zugestimmt und
einige notwendige Voraussetzungen dafür geschaffen.

Seit Ende des vergangenen Jahres hat das IFG eine hauptamtliche, permanente
Geschäftsführung, die mit der Leitung des IFG und dem Aufbau der erweiterten
Tätigkeitsfelder beauftragt ist. Als erste zusätzliche Aufgabe hat sie, denn es ist ein
Geschäftsführerin, gemeinsam mit dem Fachbeirat als Intendantin im traditionelle

Heinz Hahn
Vorsitzender des IFG Ulm-Fachbeirates
Das Internationale Forum für Gestaltung Ulm

Sinn die diesjährige Tagung vorbereitet und steht mit dem neuen Titel in ihrer zusammenfassenden Aufgabe als Leiterin des Symposiums im Programm, auch hier ändern sich neben der Form ebenfalls die Zeichen.

Vorstellen darf ich Ihnen deshalb Frau Sabine Süß, seit November 2001 Geschäftsführerin des IFG, ausgewählt in einem anstrengenden Prozeß unter sehr zahlreichen Bewerbern. Frau Süß absolvierte ein Studium der Germanistik, Philosophie und Publizistik in Berlin, war dann mehrere Jahre, ohne ins Detail gehen zu wollen, im Kulturmanagement verschiedener kultureller Institutionen in Berlin in einem breiten Spektrum unter anderem von Austellungen über Kunst, Film, Design und für die Expo 2000 tätig bis hin zur Geschäftsführung einer Agentur für Projektmanagement auf diesen Gebieten.

Mit der Neuorientierung des IFG geht auch die Zeit des alten Beirats und seines Vorsitzenden zu Ende. Viele von Ihnen sind seit der Vorbereitungszeit für das IFG im Jahre 1986–87 dabei, und manche von ihnen waren auch als Intendanten, oft mehrmals, intensiv in die Arbeit eingebunden. Ich möchte die heute hier Anwesenden, nicht nach Verdienst, sondern alphabetisch nennen und ihnen im Namen des IFG für ihr Engagement danken:
Prof. Horst Diener, der heute nochmals Referent sein wird,
Prof. Eugen Gomringer
Prof. Klaus Lehmann
Prof. Helmut Spieker, die Intendanten waren,
und darüber hinaus viele andere Beiratsmitglieder und Intendanten und natürlich Fred Hochstrasser, der als Vorsitzender der Stiftung den Beirat aktiv begleitet hat.

Erwähnen muß ich auch meine beiden Vorgänger als Vorsitzende des Beirats, den leider zu früh verstorbenen Prof. Charly Reisert, den Mitinitiator des IFG in den achtziger Jahren, und Prof. Wilfried Reinke.

Nicht zu vergessen die langjährige Seele unseres Geschäftes, Frau Ilse Hochstrasser, der es oblag, die schwierige Koordination zwischen Stiftung, Beirat, Intendanten, Referenten und der Organisation des Symposiums zu meistern, was ihr mit Bravour gelang. Mit unserem herzlichen Dank verbinden wir die Hoffnung, daß sie in ihrer Funktion in der Stiftung auch die Zukunft des IFG unterstützend begleitet.

Die neue Konzeption des IFG, seine Aufgaben und Ziele werden sich im Laufe des nächsten Jahres manifestieren, das vorgesehene Programm für das Symposium 2003 wird ein Start in diese Phase sein. Näheres dazu wird Frau Süß im Laufe dieses Forums übermitteln.

Das 16. Symposium des Jahres 2003 wird eingebunden sein in Veranstaltungen, die aus Anlaß der Gründung der Stiftung Hochschule für Gestaltung Ulm – damals die Geschwister-Scholl-Stiftung – im Jahre 1953, stattfinden werden. Stiftung und IFG wollen damit dokumentieren, daß die damalige Zielsetzung und der Geist, die mit der Gründung und der Arbeit der Ulmer Schule eine so globale Wirkung erzielen konnten, auch 35 Jahre nach der Schließung der Schule lebendig sind und daß unter den veränderten Randbedingungen unserer Zeit von der Stiftung und dem neu ausgerichteten Internationalen Forum für Gestaltung IFG Ulm ein zukunftsorientierter Beitrag zur Gestaltung mit interdisziplinärer Ausrichtung geleistet werden kann.

In diesem letzten, dritten Fünfjahreszyklus, der unter das Motto ›Zukunftsfähigke‹ der weltweiten Gesellschaft‹ gestellt worden war, hatten wir, aufbauend auf den Ergebnissen der Vorjahre, mit dem Thema ›Gestaltung des Unsichtbaren‹ begonn› Ein Plädoyer fur die Notwendigkeit der Nachhaltigkeit in unseren gestalterischen Aufgaben, das im darauffolgenden Jahr umgesetzt werden konnte bei dem städte- baulichen Thema ›Strategischer Raum – Urbanität im 21. Jahrhundert‹. Um dann vorletzten Jahr nach diesem Ausblick auf Raumplanung und Architektur eine ähn liche Bestandsaufnahme und Vorschau für den Bereich der Gestaltung im allgeme nen und der Produktgestaltung im besonderen vornehmen zu wollen und mit dem Titel ›Gestaltung Macht Sinn – Macht Gestaltung Sinn?‹ daran zu erinnern, daß unsere Themenreihe vor nunmehr 14 Jahren begonnen hatte mit dem Titel ›Gesta tung und neue Wirklichkeit‹. Gestaltung und Entwerfen im weitesten Sinne, ›Heu- reka oder die Kunst des Entwerfens‹ öffneten uns im letzten Jahr den Blick über d Rahmen von Architektur und Design hinaus, die Buchausgabe dieses Symposiums ist erschienen und kann uns das Heureka-Erlebnis nochmals nachvollziehen lasse

Nach alldem lag es dann nahe, uns einem Thema zu widmen, das in unserer zunehmend visuellen Welt immer größere lokale und globale Bedeutung gewinnt, einigten wir uns auf das Thema ›Form und Zeichen – Globale Kommunikation‹.

Da Frau Süß im Anschluß im Detail über die Motivation für diese Themenwahl un die Auswahl der Referenten zu diesem Thema sprechen wird, lassen Sie mich desh kurz auf einige mehr organisatorische Aspekte unserer diesjährigen Tagung zu spr chen kommen.

Tagungen sollten nicht nur von den Vorträgen leben, sie sollen auch allen Teil- nehmern die Chance geben, mit den Referenten und auch untereinander ins Gespräch zu kommen. Natürlich stehen dazu auch die Pausen zur Verfügung. Wir wollten aber darüber hinaus einen Zeitraum zur Verfügung halten, der besser aus- reicht, als die wenigen Minuten nach jedem Vortrag.

Deshalb haben wir am Ende jeden Tages zwei Stunden (am Sonntag eine) für eine Debatte mit den Referenten vorgesehen; die Referenten haben zugesagt, mö; lichst die gesamte Zeit präsent zu sein.

Über das genaue Procedere werden Sie zwei Moderatoren informieren, die sowoh den Vortrags- als auch den Diskussionsteil begleiten werden und die ich Ihnen vorstellen möchte. Sie kommen beide aus Berlin, sind beide neben vielen anderen Aktivitäten als Journalisten in der Kulturredaktion eines Berliner Senders tätig.

Frau Barbara Wiegand, Studium der Musik, Germanistik, Politologie und Pub zistik, Interessenschwerpunkte sind zeitgenössische Bildende Kunst und Musik- theater, und Herr Reiner Veit, Studium der Germanistik und Literaturwissenschaf ten, ebenfalls Kulturredakteur und Moderator, Hauptschwerpunkt seiner Interess ist der Film.

Als erste Aufgabe werden sie die Moderation des Pressegesprächs übernehmen, da wir diesmal nicht separat durchführen, sondern im Anschluß an die Ausführungen von Frau Süß und vor den beiden Vormittagsvorträgen hier im Saal, gemeinsam mi Ihnen.

Der erste Abend ist traditionsgemäß einer öffentlichen Veranstaltung mit anschlie-ßendem Empfang der Tagungsteilnehmer durch den Oberbürgermeister der Stadt Ulm gewidmet, dem wir an dieser Stelle schon unseren Dank für die Einladung sagen möchten.

In diesem Jahr beginnen wir um 20 Uhr mit einen Konzert im Ulmer Münster, dargeboten in einer für die meisten von uns unbekannten Form von einem Referen-ten unseres Symposiums, Herrn Prof. Feßmann, und seinen Kollegen. Daran schließt sich dann der Empfang im Stadthaus direkt vor dem Münster an.

Vielleicht nutzen Sie dazwischen ein wenig die Zeit, die Syrlin-Skulpturen aus dem späten 15. Jahrhundert im Chorgestühl zu bewundern. Und wenn Sie etwas mehr Zeit haben, besuchen Sie doch die gerade eröffnete Ausstellung im Ulmer Museum über die beiden Ulmer Bildhauer und Holzschnitzer der Spätgotik, Jörg Syrlin und Michel Erhart. Im Rahmen der Ulmer Kulturnacht am Samstagabend ist dies und vieles andere für einen geringen Obolus machbar.

Wir selbst und das HfG-Archiv laden Sie zwischen 20 und 21 Uhr zu Filmen über die Hochschule für Gestaltung Ulm in das HfG-Archiv ein.

Die im letzten Jahr begonnene Kooperation mit der Volkshochschule Ulm setzten wir auch in diesem Jahr mit drei Workshops fort, die von den Herren Thallemer, Lionni und Feßmann, Referenten unseres Forums, betreut wurden.

Ich hoffe, daß auch unser diesjähriges Forum von Ihnen mit Interesse verfolgt wird und daß Sie mit neuen Anregungen zu Ihrer Arbeit zurückkehren werden.

Ich darf nun Frau Süß, die Leiterin dieses 15. Forums, bitten, uns in das gewählte Thema einzuführen.

Das Internationale Forum für Gestaltung Ulm konnte in diesem Jahr vierzehn international tätige Referenten gewinnen, die sich mit uns über das Thema des Symposiums ›Form und Zeichen – Globale Kommunikation‹ an drei Tagen auseinandersetzen wollen. Im letzten Jahr, als das IFG Ulm sich auf das Thema Form und Zeichen festgelegt hatte, kam nach einigen Überlegungen, welche Relevanz Form und Zeichen in der Gestaltung unserer Umwelt heutzutage haben, der Hinweis auf globale Kommunikation dazu. Warum?

Wir leben in einer Zeit, die durch digitale Vernetzung, Globalisierungstendenzen und kulturelle Entgrenzung den Eindruck vermittelt, als ob ungehinderte Verständigung und uneingeschränktes Verständnis füreinander möglich sein müssen. Dafür werden täglich Produkte entwickelt, Gebäude entworfen und Zeichen gesetzt, die diese Annahme stützen.

Wir leben in einer Welt, die uns selbstverständlich und sich selbst erklärend erscheint. Wir interpretieren und verstehen Formen und Zeichen, dies auf langjährigen Lernprozessen und Erfahrungen basierend. Veränderungen werden ebenso souverän in unseren Alltag integriert – aber die Geschwindigkeit und vor allem die Komplexität dieses Prozesses nehmen immer mehr zu. Die Halbwertzeit der Gültigkeit etablierter, gewachsener Zeichen hat sich in den letzten Jahren rapide verringert, ebenso wie sie sich durch neuen Bedeutungskontext weiterentwickelt haben.

Und wir leben in einer Welt, deren räumliche, aber auch kulturelle Entfernung durch die technische Entwicklung einer übergreifenden Kommunikationsmöglichkeit von Satellitenverbindungen und Internet auf der Basis von Netzwerken geschrumpft sind und die ihr globales Gesicht verändert hat.

Zumeist wird Globalisierung unter ökonomischen oder ökologischen Gesichtspunkten betrachtet. Kulturelle Auswirkungen globaler Aktivitäten jedoch sind noch wenig beachtet. Die ökonomischen sind von größerem Interesse: Für Globalisierungsbefürworter, die große Möglichkeiten im virtuellen Finanzstrom entdeckt haben, wie auch für Globalisierungsgegner, die die Kluft zwischen Arm und Reich sich vergrößern sehen. Die internationale Ausweitung der Geschäfte ist der Dreh- und Angelpunkt. Es geht um Ausdehnung des Marktes, vielleicht um Marktkolonisierung. Aber international wurde schon immer gehandelt, also ist dies eigentlich nicht neu. Neu ist allerdings, daß wir im Umgang mit anderen Nationen stärker auf kulturelle Besonderheiten achten, um möglichst paßgenau und zielgerichtet agieren zu können.

Die Vielschichtigkeit anderer Nationen und Kulturen nur unter dem Brennspiegel der Verbesserung eigener Absatzmärkte zu sehen, kann durchaus dazu führen, wie Freimut Duve, OSZE Beauftragter für die Freiheit der Medien, es auf der 5. Deutschen Designkonferenz in Berlin nannte, eine ›Kulturmystifizierung‹ zu betreiben. Er warnte davor, im Kontext der Globalisierung andere Kulturen zu überhöhen und sich rein auf ihre für die Ökonomie interessanten oder wichtigen Aspekte dieser Kulturen zu konzentrieren. Es gäbe zu oft Aspekte, die im Welthandel und in der Weltkommunikation gerne ignoriert werden, weil sie nicht verkaufsfördernd, also zu vernachlässigen sind. Er nannte hier unter anderem Zensur der Medien, Sklaverei und Frauenhandel.

Sabine Süß
Form und Zeichen – Globale Kommunikation

kfurter Allgemeine Zeitung,
ptember 2002

Ein gutes Beispiel, wie weit Zensur auch die Informations- und Wissensgesellschaft mit ihrem neuen Leitstrahl Internet trifft, ist die letzte Meldung aus China. China hat in diesem Jahr fast unbemerkt die Internetzensur eingeführt, die auf chinesischen Websites alle Informationen verbietet, die »gegen die Verfassung, Einheit, Souveränität des Landes« gerichtet sind. Nun wurde bekannt, daß die chinesische Regierung vor zwei Wochen die Internetsuchmaschine Google verboten hat.[1] Welche Relevanz das für die tatsächlich stattfindende ›globale Kommunikation‹ zu bedeuten hat, kann sich jeder vorstellen, der darüber nachdenkt.

In der globalen Kommunikation, verantwortungsvoll genutzt, liegt eine große Chance. Denkbar wäre, und hier ist die globale Kommunikation ebenso Instrument wie sie Inhalt sein kann, die Globalisierung als Prozeß zu betrachten, der weltweit nicht nur in anderen Nationen und Kulturen nach Absatzmärkten sucht, sondern vor allem auch dazu genutzt wird, durch den Einfluß einer humanen Zivilisation, durch Verbreitung anerkannter humaner Mindestwerte Mißstände auszugleichen und denen, die unterdrückt werden, eine Perspektive zu bieten und somit auch Vertrauen in die globale Vernetzung zu schaffen.

Aber unser Thema an den kommenden drei Tagen ist ja nicht, den allumfassenden Begriff der Globalisierung zu schärfen, sondern globale Kommunikation, ihre Instrumente, Motive und Inhalte auf den Gebrauch und den Einsatz von Form und Zeichen zu untersuchen.

Das IFG Ulm hat sich zum Ziel gesetzt, sehr genau hinzuschauen, was es auf sich hat mit den alltäglichen Ausdrucks- und Anwendungsformen auf der Basis von technischen Entwicklungen und weltweitem Einsatz, die sich uns allen, vor allem jedoch den Gestaltern anbieten.

Noch eine Seitenbemerkung sei erlaubt: Jeden Tag gibt es neue, weiterführende technische Entwicklungen, die unser Leben bestimmen werden, von Kindern spielend erlernt, an die sich Ältere schon gar nicht mehr herantrauen, da ihnen oftmals bereits das Basisverständnis für die grundsätzliche Anwendung fehlt. Gemeint ist hier unser Kulturkreis, für den der Umgang mit mobilen Telefonen, Taschencomputern, E-Mails, Touchscreens, digitalen Kameras et cetera ganz normaler Alltag geworden ist. Armeen von Gestaltern arbeiten daran, diese Instrumente immer wieder neu zu erfinden in seiner Erscheinung, immer kleiner, feiner zu machen, zum Verschwinden zu bringen. Die Zeit, in der bestimmte Objekte uns unter die Haut gehen werden, ist nicht mehr weit. An der Verschmelzung von Mensch und Objekt, die Integration von Kommunikationselementen in unseren (Körper-) Kreislauf wird bereits gearbeitet.

Oder es werden Gebäude geschaffen, die in ihrer Skulpturalität zu Ikonen stilisiert und überall und irgendwo geschaffen werden können, ohne einen Kontext gesellschaftlicher oder nationaler Eigenheit zu benötigen – vorausgesetzt, es findet sich jemand, der sie bezahlt. Marktchancen und eine Industrie, die Morgenluft wittert, bestimmen die Entwicklung.

Es muß jedoch neben aller Euphorie im Blick gehalten werden, daß die Wissens- und Informationsgesellschaft sich immer noch nur auf einen kleinen Teil unserer Erdbevölkerung bezieht. Es gibt weiterhin Menschen ganzer Kontinente, die an den Errungenschaften nicht teilnehmen können, da ihnen die Bedingungen dafür fehlen. Auf der Expo 2000 fand ein Radio Aufmerksamkeit, das in Afrika entwickelt wurde und durch eine Handkurbel aufgezogen Strom erzeugte. Es konnte so die Wellen empfangen und die Bevölkerung mit Information versorgen.

Man stelle sich diesen Grundversorgungsmangel in Bezug auf die Nutzung von uns alltäglich erscheinenden Medien wie Radio und Fernsehen vor, so daß die Länge des notwendigen Schritts zur weltweiten Verfügbarkeit und Nutzung von mobilen Telefonen oder Internet überdeutlich wird.

Wenn wir es nicht schaffen, die globale Kommunikation aus dem Penthouse herauszuholen, wird es eine fortschreitende Spaltung zwischen jenen geben, denen sie durch Technik, Geld, Energieversorgung, Lebensumfeld et cetera zur Verfügung steht, und denen, die davon abgeschnitten sind, und zwar weltweit. Da ist die Trennung nicht mehr nur zwischen Arm und Reich anzusiedeln, sondern mit ebensolchen Folgen zwischen denen, die Zugang zu Informationen haben, und denen, denen dieser versagt bleibt. Das sind keine neuen Erkenntnisse, sie sollten uns aber bei all unserer Arbeit mit diesen für uns selbstverständlichen Instrumenten und Möglichkeiten bewußt bleiben.

Doch wo steht der Gestalter in diesem Prozeß?

Mit der scheinbar banalsten aller Aussagen, die man über die Designer und Architekten machen kann, soll geantwortet werden, die trotz aller Schlichtheit nicht weniger relevant und wahr ist: *Die Gestalter und gestaltenden Entwickler prägen das Bild unserer Welt.* Natürlich müssen wir ergänzen, daß Controller, Marketingfachleute und Techniker zumindest in den industrialisierten Ländern ebenfalls zu der Schar der Gestalter hinzugekommen sind und weltweit den Ausdruck mitbestimmen.

Sie alle entwickeln Formen für unsere menschlichen Bedürfnisse, erschaffen Zeichen, setzen Signale, die uns durch den Dschungel und die Steppe unserer Umwelt führen. Im Kontext globaler Kommunikation, sei es durch Formen, Sprache und Zeichen von Produkten und anderer Ware oder durch Zeichen wie Signets, Piktogramme, Codes et cetera ergeben sich *Fragen*, die allesamt unsere tägliche Arbeit beeinflussen und bestimmen, ob bewußt oder unbewußt.

Sind Formen und Zeichen, deren inhaltliches Verständnis wir als selbstverständlich betrachten, in Zukunft gültig? Werden durch die weltweite Nutzung und Integration digitaler Medien neue Zeichen und Sprachen nötig? Werden sich Formen in der Gestaltung durch weltweiten Einsatz verändern? Wodurch und wie schnell verändert sich durch die technischen und biologischen Entwicklungen unsere Umwelt?

Ist der mächtig, der über die Zeichen und Bilder verfügt? Werden wir es schaffen, uns über die Konsequenzen unseres Handelns Gedanken zu machen, bevor wir der Verlockung der Möglichkeiten nachgeben? Inwieweit spielen im Design von Prozessen, Gebäuden, Produkten, Grafik, in den Medien, der Werbung Reflexionen über langfristige Bedeutung eine Rolle?

Wird bei der Gestaltung und Entwicklung neuer Produkte der Verständniskontext anderer Kulturen berücksichtigt? Wie weit setzen wir uns mit dem Kulturverständnis anderer Nationen auseinander? Wird es eine gewisse Form der global wirksamen Vereinheitlichung kultureller Ästhetik geben? Wird es eine größere kulturelle Diversifizierung geben, ausgelöst durch verfügbare und nicht verfügbare Informationen? Sind die Form und das Zeichen bereits der Inhalt?

Wird globale Kommunikation noch an die gesprochene Sprache gebunden sein? Werden wir uns physiologisch und neurologisch den Geräten anpassen? Verändern wir unsere Form?

Wir werden in diesen drei Tage eine Menge interessanter, wichtiger Vorträge hören, die unser Thema aus sehr unterschiedlichen Blickwinkeln betrachten. Es werden grundsätzliche Überlegungen zur Philosophie des Zeichens und zum Einsatz von Produkten im internationalen Markt geäußert. Wir befassen uns mit den neuen Anforderungen an Bedienoberflächen im Zeitalter von akustischen Signalen und digitalen Symbolen. Wir schauen auf die Bedeutung von Corporate Design im globalen Kontext und lernen die Bedeutung der Emotionalität für die Markenbildung und -etablierung kennen. Wir werden hören, wie unser Bewußtsein für Formen und Zeichen gebildet wird, welche Rolle Bildwahrnehmung und Musik für uns spielen. Wir folgen den Zeichen auf unserer Erde und verlassen sie, um uns in unsere gegenwärtige Zukunft oder zukünftige Gegenwart ins All entführen zu lassen und uns mit den Anforderungen an wahrhaft globale Kommunikation vertraut zu machen. Nicht zuletzt der Blick auf das Internet: Instrument oder Inhalt?

Das Internationale Forum für Gestaltung bietet einen geistigen Raum, den wir in den kommenden drei Tagen gestalten wollen. Wir treffen uns hier, um all unser Wissen, unsere Informationen zu sammeln, zu sortieren, zu analysieren und zu bewerten. Wir wollen sie diskutieren, zusammenfassen und möglichst viele neue Ideen und Zusammenhänge entdecken. Wir wollen uns besinnen auf die logischen Prozesse, auf Verbindungen und Auswirkungen. Wir wollen unser Handeln überprüfen und auch die Frage nach der Verantwortung des einzelnen, sei es des Produzenten, Gestalters oder auch des Nutzers stellen.

Zu dieser geistigen Raumgestaltung beizutragen, lade ich alle Anwesenden ein. Unser Raum ist überschaubar genug, so daß nicht nur die Referenten gebeten werden, am Nachmittag in die Diskussion einzusteigen, sondern auch alle anderen Anwesenden. Unsere Moderatoren werden uns durch den Tag führen und die Debatten steuern. Jeder kann mitreden, nicht nur auf dem Podium.

Noch eine Erklärung zum Ablauf: Nach dem Zyklus der Einzelbeiträge werden am Nachmittag die Referenten des Tages gebeten, auf dem Podium für die Debatte Platz zu nehmen. Wir hoffen, daß diese Debatten zu gemeinsamen Gesprächen führen, die über die drei Tage unseres Forums und darüber hinaus weiterverfolgt werden – oder zumindest nachwirken. Nun hoffe ich, daß Sie drei anregende Tage bei und mit uns haben und das Thema ›Form und Zeichen – Globale Kommunikation‹ ebenso spannend finden werden, wie wir.

1

Vgl. schon Immanuel Kant, nach dem der Verkehr mit anderen Völkern, »die Veranlassung dazu giebt, daß Übel und Gewaltthätigkeit an einem Orte unseres Globus an allen gefühlt wird«; zu Kants Zeiten erforderte das noch »Besuchung« oder gar »Niederlassung« (*Metaphysik der Sitten,* Des öffentlichen Rechts dritter Abschnitt: Das Weltbürgerrecht, § 62, Akademie-Ausgabe VI 353). – Zum Begriff der Weltgesellschaft vgl. Niklas Luhmann, *Die Politik der Gesellschaft,* hg. von André Kieserling, Frankfurt am Main 2000, 220–227. Danach ist für die entstehende Weltgesellschaft typisch »eine heterarchische, konnexionistische, netzwerkartige Verknüpfung von Kommunikationen auf der Ebene von Organisationen und Professionen« – weniger von Staaten (221).

2

Vgl. Knut Hickethier, ›Synchron. Gleichzeitigkeit, Vertaktung und Synchronisation der Medien‹, in: Werner Faulstich und Christian Steiniger (Hg.), *Zeit in den Medien – Medien in der Zeit,* München 2002, 111–129.

3

Vgl. André Kieserling, *Kommunikation unter Anwesenden. Studien über Interaktionssysteme,* Frankfurt am Main 1999.

1. Evolution zur Weltgesellschaft durch globale Kommunikation

Die Globalisierung der Kommunikation gilt als sichere und doch ungewisse Zukun So wirkt sie bedrohlich und beängstigend. Zu beobachten ist, daß in sich ruhende K turen verlorengehen und schon verlorengegangen sind. Das ist im Prinzip jedoch nicht neu. Immer wieder haben Kulturen dazu angesetzt, sich über den Rest der We zu verbreiten, und die europäische hat sich darin besonders hervorgetan. Neu ist n allerdings, daß es der inzwischen amerikanisch-europäischen oder kurz westlichen Kultur tatsächlich zu gelingen scheint, mit ihren Errungenschaften den ganzen Glo bus zu umspannen. Insbesondere mit den Mitteln ihrer modernen Verkehrs- und Kommunikationstechnik verknüpft sie die Gesellschaften dieser Welt zu einer Wel gesellschaft, in der die Probleme *jeder* Gesellschaft mit mehr oder weniger großer Dringlichkeit zu Problemen *aller* werden.[1] Dies könnte, und so erfahren wir es, eine evolutionären Schub der Menschheit bedeuten, mit allen Ungewißheiten, aber auc mit allen Hoffnungen, die damit verbunden sind, zu denen die weltweite Durchset-zung der Menschenrechte und ein nachhaltiger Schutz der Natur gehören. Aus der jungen Generation, deren Leben vom Vollzug der Globalisierung bestimmt sein wi erhebt sich wohl aggressiver und spektakulärer Protest gegen die Globalisierung im allgemeinen. Zugleich aber nutzt sie mit wachsender Virtuosität die neuen Möglich keiten der globalen Kommunikation. Sie wird sich ohne sie die Welt nicht mehr vor stellen können. Ältere sehen hier rasch alt aus. Als einer dieser Älteren, der seine Eltern noch Postkarten schreiben sah, um Telephonkosten zu sparen, und als Philo-soph, zu dessen Profession die großen Orientierungen und Umorientierungen gehö ren, will ich versuchen, die vergleichsweise schöne Seite der neuen Welt, die globale Kommunikation, die das Thema dieser Tagung ist, daraufhin zu befragen, wie sie unser Denken und Handeln überhaupt verändern könnte. Dabei werde ich von den tiefgreifenden Wandel ausgehen, den die Begriffe der Form und des Zeichens seit d Wende zum 20. Jahrhundert durchlaufen haben – der Zeit, in der auch das Konzept des designs entstand. Vielleicht ist das kein Zufall. Die Umorientierungen, die sich a der Wende zum 21. Jahrhundert jeder und jedem aufdrängen, der an der globalen Kommunikation teilnimmt, lassen sich gut in Begriffen des designs beschreiben.

2. Synchronisation der globalen Kommunikation und Folklorisierung der Kulturen

Am auffälligsten ist zunächst: Durch die globale Kommunikation können Vorfälle, gleichgültig, wo auf der Erde sie sich ereignen, nun nahezu zeitgleich über den gan-zen Globus hinweg kommuniziert werden, und man kann in Unternehmen, Börsen Medien, Regierungen nahezu unmittelbar darauf reagieren. Durch laufende Nach-richtensendungen werden wir in immer kürzeren Abständen in das Weltgeschehen eingetaktet.[2] Der Preis dafür ist die Kanalisierung der Kommunikation, zum einen durch die Digitalisierung, zum anderen durch die Ökonomisierung der Informatio-nen. So sehr beide die Kommunikation in ihrem Tempo beschleunigen, so sehr limi tieren sie sie in ihrem Gehalt. Auch das ist im Prinzip nicht neu. Auch die Schrift, di man seit einigen Jahrtausenden zu gebrauchen gelernt hat, läßt große Teile dessen verschwinden, was die Kommunikation unter Anwesenden aussagekräftig und hin-reichend eindeutig macht,[3] vor allem das Gesicht, aber auch die Stimme und das A treten des anderen, die starke Anhaltspunkte dafür bieten, wie er meint, was er sag

Werner Stegmaier
Denken in Formen und Zeichen.
Umorientierung durch globale Kommunikation

Platon, *Phaidros*, 274b–277a,
~~~~ues Derrida, *Grammatologie*
~~7), übers. v. Hans-Jörg Rhein-
~~er und Hanns Zischler, Frankfurt
Main 1974, und Werner Stegmaier,
~~losophieren als Vermeiden einer
~~~re. Inter-individuelle Orientierung
~~Sokrates und Platon, Nietzsche
~~Derrida‹, in: Josef Simon (Hg.),
~~~anz im Verstehen. Zeichen und
~~~pretation II*, Frankfurt am Main
~~~, 214–239.

~~h Luhmann sprechen wir eben
~~alb von Kulturen, um sie mitein-
~~~er vergleichbar zu machen.
~~~~Niklas Luhmann, *Die neuzeit-
~~~n Wissenschaften und die Phäno-
~~ologie*, Wien 1996 (Wiener Vorle-
~~gen im Rathaus, Bd. 46), 19: »Jetzt
wird alles, was vorher schon da
~~~und alles, was in anderen Regio-
~~des Erdballs existiert, zur Kultur
~~ärt und als Kultur erklärt.« S. auch
~~~as Luhmann, ›Kultur als histori-
~~r Begriff‹, in: *Gesellschaftsstruktur
Semantik*, Bd. 4: Studien zur Wis-
~~soziologie der modernen Gesell-
~~ft, Frankfurt am Main 1995, 31–54,
~~~ders., *Die Gesellschaft der Gesell-
~~ft*, 2 Bde., Frankfurt am Main
~~7, 587 u. 589: Die moderne Gesell-
~~aft hat den Begriff der Kultur ein-
~~ihrt »vermutlich doch wohl: um ihr
~~~~lächtnis umzustrukturieren und es
~~Erfordernissen der modernen,
~~hkomplexen, eigendynamischen
~~~ellschaft anzupassen [...]. Durch
~~Begriff der Kultur wird die Orien-
~~ung von Gleichheit auf Vergleich-
~~keit umgestellt und damit mobili-
~~t.« – Vgl. dazu Werner Stegmaier,
~~ltur der Zeichen‹, Einleitung zu:
~~s. (Hg.), *Kultur der Zeichen. Zei-
~~~ und Interpretation VI*, Frankfurt
Main: Suhrkamp 2000 (stw 1488),
~~3.

~~Aristoteles, *Metaphysik*, Bücher
~~–IX, und dazu Werner Stegmaier,
~~stanz. Grundbegriff der Metaphy-
~~Stuttgart-Bad Cannstatt:
~~mmann-Holzboog 1977, 35–84.

Durch die Beschränkung auf wenige Schriftzeichen läßt sich Kommunikation räumlich unbegrenzt verbreiten und zeitlich unbegrenzt vorhalten; die Schrift macht die
Kommunikation aber auch vieldeutig, auslegungsbedürftig und in ihrer Wirkung
schwer kontrollierbar. Das hat ihr schon früh die Kritik Platons eingetragen.[4] Dabei
sind in schriftlichen Dokumenten und Briefen immerhin noch Gestaltung und Hand-
schrift charakteristisch geblieben. In e-mails sind auch sie verschwunden.

Man kann das als Verlust von Kommunikationskultur beklagen. Man kann
e-mails ebenso wie nach Ulm auch nach Tadschikistan senden, Flughäfen und Hotels
gleichen sich auf der ganzen Welt, auch McDonalds und Bankautomaten sind immer
schon da. Kulturen überhaupt und Kommunikationskulturen im besonderen gehen
durch Medialisierung und Globalisierung aber nicht einfach verloren; verloren geht
nur ihre Exklusivität, ihre Verständlichkeit und Selbstverständlichkeit nur für die, die
ihr angehören. Global medialisiert werden Kulturen auch für alle andern verständlich, allerdings nur in dem, was sich global medialisieren läßt. Kulturen beobachten
sich nun immer auch von andern her und stellen sich für sie dar. Sie präsentieren,
ästhetisieren, folklorisieren sich, setzen sich einem ständigen Vergleich mit anderen
Kulturen[5] aus und verlieren damit ihre Selbstverständlichkeit auch für ihre Angehöri-
gen, sie sehen sich selbst anders. Sie werden sich, mit einem Wort, ihres designs bewußt
und können ihr design dann auch bewußt profilieren. Sie werden zu design-Kulturen.

3. Digitalisierung des Weltverstehens: design-Welten

Design ist im weitesten Sinn Form. Form ist hier jedoch nicht einfach Form eines
Inhalts, Umschließung von Material, sondern Form, die als Form aussagekräftig,
bezeichnend ist, Form, die etwas kenntlich macht und dadurch selbst zu einem Zeichen wird, unter dem sich etwas präsentiert und um Aufmerksamkeit wirbt. Das hat
dem design wie allem, was um Aufmerksamkeit wirbt, den Vorwurf eingetragen, daß
es die ›Inhalte‹ hintansetzt und im Extrem, bei entsprechenden Werbestrategien,
gleichgültig macht. Das Denken, aus dem dieser Vorwurf kommt, speist sich aus sehr
alten Vorurteilen. Es könnte ein veraltetes Denken sein. Philosophie befaßt sich im
Grundsätzlichsten damit, wie das Denken, auf dem alle Gestaltung beruht, selbst zu
denken ist. Im Denken des Denkens aber hat sich von langer Hand ein Umdenken
gerade in Sachen Form und Zeichen vollzogen. Um es kenntlich zu machen, müssen
wir kurz auf die Antike, auf Aristoteles zurückblicken.

3.1 Antiker Begriff der Form nach Aristoteles: eidetischer Formbegriff

Aristoteles war es, der die Unterscheidung von Form und Inhalt eingeführt hat, um
Sein und Werden zu begreifen.[6] Er dachte die Form als bleibende Form für wech-
selnde Inhalte und konnte so Sein und Werden unterscheiden: Sein als die Form, die
bleibt, Werden als der Inhalt, der wechselt. Er machte die Unterscheidung an technisch Hergestelltem plausibel, etwa einer Statue, die aus Bronze oder Marmor gefertigt werden kann und dennoch dieselbe bleibt, bezog sie aber auch auf Lebewesen:
Fliegen, Pferde, Menschen werden geboren und sterben, die Formen der Fliege, des
Pferdes, des Menschen bleiben (an Evolution dachte man damals noch kaum). Man
sieht zwar immer andere Fliegen, Pferde und Menschen, das Denken aber erfaßt
darin die bleibenden Formen und verfügt so über sie, daß es sie von sich aus mit
neuem Inhalt erfüllen kann, so, wenn die Statue eines Menschen modelliert wird.

7

Peter Sloterdijk benennt in seinem jüngsten Essay: *Luftbeben. An den Wurzeln des Terrors*, Frankfurt am Main 2002, als die drei wesentlichen Beiträge zur Geschichte der Zivilisation »die Praxis des Terrorismus, das Konzept des Designs und den Umweltgedanken« (Werbetext).

8

Ernst Cassirer, *Philosophie der symbolischen Formen*, 3 Bde. (1921–1929), Neuausgabe im Rahmen der Gesammelten Werke, Hamburg 2001. – Vgl. dazu Ernst Wolfgang Orth, *Von der Erkenntnistheorie zur Kulturphilosophie. Studien zu Ernst Cassirers Philosophie der symbolischen Formen*, Würzburg 1996, und Oswald Schwemmer, *Ernst Cassirer. Ein Philosoph der europäischen Moderne*, Berlin 1997.

9

Vgl. Werner Stegmaier, ›Art. Schema, Schematismus‹ I, in: *Historisches Wörterbuch der Philosophie* (1971ff), Bd. 8, Basel/Darmstadt 1992, Sp. 1246–1291, hier 1249–1252.

10

Vgl. zum disegno der Renaissance Niklas Luhmann, *Die Kunst der Gesellschaft*, Frankfurt am Main 1995, 352.

11

Vgl. Immanuel Kant, *Anthropologie in pragmatischer Hinsicht*, Abschn. Von dem Bezeichnungsvermögen (facultas signatrix), Akademie-Ausgabe VII 191 ff. Vgl. eine Philosophie der Zeichen nach Kant Josef Simon, ›Zeichenphilosophie und Transzendentalphilosophie‹, in: ders. (Hg.), *Zeichen und Interpretation*, Frankfurt am Main 1994, 73–98, ders., ›Von Zeichen zu Zeichen. Zur Vermittlung von Unmittelbarkeit und Vermittlung des Verstehens‹, in: ders. und Werner Stegmaier (Hg.), *Fremde Vernunft. Zeichen und Interpretation IV*, Frankfurt am Main 1998, 23–51, und ders., ›Verstehen ohne Interpretation? Zeichen und Verstehen bei Hegel und Nietzsche‹, in: ders. (Hg.), *Distanz im Verstehen. Zeichen und Interpretation II*, Frankfurt am Main 1995, 72–104.

12

Vgl. Wolf Singer, *Der Beobachter im Gehirn. Essays zur Hirnforschung*, Frankfurt am Main 2002.

Aristoteles gebraucht für die Form darum nicht nur den Ausdruck μορφή, ›äußere Gestalt‹, sondern auch den Ausdruck εἶδος, (für das Denken) bleibender Anblick, und dieses εἶδος wird, an Stelle der ἰδέα, der ›Idee‹, die Aristoteles' Lehrer Platon dafür vorgeschlagen hatte, nun sein Begriff für den Begriff selbst. Dieser Begriff d Form als Begriff für den Begriff selbst hat das Denken in der Folge über zwei Jahr tausende lang beherrscht. Nennen wir ihn den *eidetischen Begriff der Form*.

3.2 Moderner Begriff der Form nach Immanuel Kant und Ernst Cassirer: synthetisch symbolischer Formbegriff

In der Moderne wird die Form immer mehr als bewußte Gestaltung gedacht, als Gestaltung durch das menschliche Bewußtsein. Immanuel Kant hat am Ende des 18. Jahrhunderts dafür den Begriff des Synthetischen gefunden. Er denkt die Ding nun nicht mehr so, daß sie von sich aus zu ihrer Gestalt finden, sondern geht von unseren vielfältigen Wahrnehmungen von ihnen aus, die erst durch unsere Begriffe eine einheitliche Gestalt und damit Bedeutung bekommen. Die Begriffe unseres Denkens werden so zu *synthetischen Formen* unserer Wahrnehmungen. Die Pointe dabei ist, daß wir danach die Dinge nur in unseren begrifflichen Synthesen haben. könnten ›an sich‹ anders sein, als sie uns bewußt sind und von uns begriffen werde Aber das könnte uns dann eben nicht mehr bewußt werden. Ernst Cassirer, ein sog nannter Neukantianer, der zur Zeit eine starke Renaissance erlebt, hat dann zu Beginn des 20. Jahrhunderts, der Zeit, in der das design aufkommt,[7] den Begriff de synthetischen Form zum Begriff der *symbolischen Form* erweitert. Er nahm nicht r wie Kant Formen des Verstandes und der Anschauung, sondern nun auch Formen der Sprache, der Kunst und des Mythos an, aussagekräftige, bezeichnende Formen die nicht hinreichend in Begriffen erfaßt werden können und darin auch gar nicht erfaßt zu werden brauchen.[8]

Zu derselben Zeit wird auch der Begriff des Zeichens prominent. Er läßt Denken und Wahrnehmen, die Aristoteles und Kant noch als Form und Inhalt unterschieden, als Einheit denken und eröffnet dadurch neue Möglichkeiten der Unterscheidung. Im nachhinein wird deutlich, wie künstlich die Unterscheidung von Denken und Wahrnehmen war: Wenn man ein Verkehrszeichen beachtet, was sollt da Denken und was Wahrnehmen sein? Oder wenn man dem Gesichtsausdruck se nes Gegenüber folgt und sich danach auf ihn einstellt? Kants These war ja gerade, daß man ohne Wahrnehmung nichts denken und ohne Denken nichts wahrnehmer also beides nicht trennen kann. Er hatte selbst vorgeschlagen, daß Begriffe und Wahrnehmungen in ›Schemata‹ zusammenhängen, Vorzeichnungen von Begriffen Umrißbildern, die die ›Einbildungskraft‹, die konstruktive Phantasie, entwirft und über die man dann nichts mehr weiter sagen kann.[9] Das ist nahe am Wortsinn von ital. ›disegno‹[10] und engl. ›design‹. Und auch schon nach Kant vollzieht sich die Erkenntnis zuletzt und wird kommunikabel durch das »Bezeichnungsvermögen«: Erst die Zeichen geben der »Erkenntnis des Gegenwärtigen« eine identifizierbare. bleibende Gestalt.[11]

Inzwischen hat die philosophische These von der *synthetisch-symbolischen For* guten Rückhalt auch in der psychologischen und neurologischen Kognitionsforschung gefunden. Auch hier wird davon ausgegangen, daß wir Gestalten welcher A auch immer nicht in der Welt vorfinden, sondern daß unser Gehirn sie uns zurechtlegt.[12] Es vermittelt unserem Bewußtsein, könnten wir sagen, die Welt in passender

Denken in Formen und Zeichen. Umorientierung durch globale Kommunikation

22 / 23

in philosophischer Perspektive
~on Goodman, *Ways of World-
ing*, Indianapolis / Cambridge
~8, dtsch.: *Weisen der Welterzeugung*,
~rs. v. Max Looser, Frankfurt am
~n 1984.

Niklas Luhmann, *Die Gesellschaft
~Gesellschaft*, Frankfurt am Main
~7, 886: »[...] die Beobachtung
~italisiert‹ das, was geschieht; [...]
~ebt das eine im Unterschied zum
~~ren hervor.« Luhmann setzt
~~erenztheoretisch an, das heißt, er
~~t nur Differenzen voraus, die durch
~~erenzen differenziert werden.
~~ei rekurriert er jeweils auf binäre
~~erenzen (Unterscheidungen),
~~deren Rekombination er Kom-
~~ität erzeugt. Darin kommt er mit
~~Digitalisierung der aktuellen
~~~rmationstechnik überein.

Niklas Luhmann, ›Weltkunst‹,
~~ers., Frederick D. Bunsen und
~~k Baecker (Hg.), *Unbeobachtbare
~~t. Über Kunst und Architektur*,
~~efeld 1990, 7–45.

designs, präsentiert ihm design-Welten. Wir denken heute so, daß wir die Welt nur in diesen designs und nicht noch einmal ›an sich‹ haben.[13]

Doch unser Gehirn ist nicht unser Bewußtsein. Es arbeitet auch ohne Bewußtsein, wenn wir schlafen. Also muß die synthetisch-symbolische Gestaltung der Welt vor dem Bewußtsein angesetzt werden. Das geschieht aktuell am umfassendsten in der Systemtheorie Niklas Luhmanns.

3.3 Aktueller Begriff der Form nach Niklas Luhmann: autopoietischer Formbegriff – Zwei-Seiten-Form

Niklas Luhmann faßt Denken und Wahrnehmen im Begriff der Beobachtung zusammen und verbindet diesen Begriff der Beobachtung mit einem Begriff der Form, der die alte Blickrichtung auf die Dinge, wie sie an sich sind, die Kant schon gekappt hat, nun konsequent darauf umstellt, wie die Dinge präsentiert werden – und zwar nun: in der Kommunikation der Gesellschaft. Er nimmt den Begriff der Zwei-Seiten-Form auf, den der Mathematiker George Spencer Brown entworfen hat. Spencer Brown versteht die Form so, daß sie nicht Inhalte umschließt, die es schon gibt (bei Aristoteles die Stoffe, bei Kant die Wahrnehmungen), sondern daß sie überhaupt erst etwas unterscheidet. Zum Beispiel eine Linie: sie muß keine Fläche umschließen, sondern unterscheidet zunächst einfach zwei Seiten. Ebenso eine Farbe: hier grün, dort alles übrige. Zwei-Seiten-Formen unterscheiden immer ein So-oder-anders, unterscheiden also, in der Computersprache, digital.[14] Damit ist auch Beobachtung nicht mehr so gedacht, daß sie etwas wiedergibt, was es schon gibt, sondern daß sie etwas so oder anders sichtbar macht, indem sie es so oder anders unterscheidet und bezeichnet. Paul Klee hat von der Kunst gesagt, sie gebe nicht Sichtbares wieder, sondern mache sichtbar, und hat in seiner Kunst Beispiele gegeben, wie das zu verstehen ist. Er füllt Formen nicht mit Farben aus, behandelt sie also nicht als Formen für Inhalte, sondern distanziert Formen und Farben voneinander, überlagert sie einander, kreuzt sie miteinander. So werden beide als Zeichen gesehen (und Klee gibt in seinen Bildern dafür wiederum Zeichen), Zeichen, die auf nichts als aufeinander verweisen. Wir können hier von einem konstruktiven, herstellenden oder *poietischen Begriff der Form* sprechen.

Soweit scheint das Bewußtsein jedoch noch den Formprozeß zu beherrschen. Aber dazu müßte es ihn im ganzen übersehen. Das ist nach Luhmanns Zwei-Seiten-Form jedoch ausgeschlossen. Denn die Beobachtung kann von den beiden Seiten, die sie unterscheidet, zu einer Zeit immer nur eine bezeichnen (zum Beispiel als grün) und muß dabei die andere unbezeichnet lassen. *Danach* kann sie sich der andern zuwenden, muß solange aber die erste unbeobachtet lassen. Da jede Beobachtung eine Operation ist, die Zeit braucht, bleibt auf diese Weise bei jeder Beobachtung anderes unbeobachtet. Und nicht nur anderes, auch die Beobachtung selbst, sofern sie nicht zugleich *etwas* beobachten und dabei *sich selbst* beobachten kann. So fällt beim Beobachten stets auf doppelte Weise Unbeobachtbares an, das bedeutet, daß das Bewußtsein niemals die volle Übersicht über den Formprozeß haben kann, den es vollzieht. Darum kann sie ihn auch nur sehr begrenzt steuern. Der Formprozeß verläuft insofern, wie Luhmann mit einem Begriff des Biologen Humberto Maturana sagt, autopoietisch. Wir haben es nun also mit einem *autopoietischen Begriff der Form* zu tun. Was diese ›Autopoiesis‹ bedeutet, macht auch Luhmann mit Vorliebe am künstlerischen Produktionsprozeß klar.[15] Hier schränkt sichtlich jedes Zeichen die Wahl unter allen weiteren ein. Wenn eine Linie gezogen, eine Fläche gefärbt ist, müssen

16
Vgl. Niklas Luhmann, *Die Kunst der Gesellschaft*, a. a. O., 67: »Auch ein Künstler kann sein Herstellen nur durch ein Beobachten steuern, er muß sich vom entstehenden Werk gewissermaßen zeigen lassen, was geschehen ist und was weiterhin geschehen kann. Ein klassischer Ort der Erörterung dieses Sachverhalts ist die Theorie der Skizzen [disegno].« Das Kunstwerk zwingt »den Künstler wie den Betrachter (!), von Form zu Form weiterzugehen, um schließlich die Form, mit der man begonnen hatte, als die andere Seite einer anderen Form wiederzuerreichen. Form spielt mit Form, aber das Spiel bleibt formal. Es erreicht nie die ›Materie‹, es dient nie als Zeichen für etwas anderes.« (ebd., 190). »›Disegno‹ oder später ›Zeichnung‹ ist einer der interessantesten Begriffe der Tradition – vor allem, weil man ihn ontologisch nicht fassen kann. [...] Disegno ist das Aufbrechen eines Kontinuums, das Bersten der Welt mit der Folge, daß es dann eine und eine andere Seite gibt. Es ist nichts, was man der Natur entnehmen könnte. [...] An sich ist es nichts anderes als ein Sonderfall der Aufforderung Spencer Browns: draw a distinction.« (ebd., 426)
17
Charles Sanders Peirce, *Collected Papers*, vols. 1–6, ed. C. Hartshorne / P. Weiss, Cambridge / Mass. 1931–1935, 5.253
18
Josef Simon, *Philosophie des Zeichens*, Berlin / New York 1989, 40 u. 43.
19
Luhmann, *Die Gesellschaft der Gesellschaft*, a. a. O., 312.

alle folgenden daran anschließen, zu ihnen passen. Jede Form determiniert so die nächste, von Zeichen zu Zeichen wird der Spielraum enger. In diesem Sinn ist der Formprozeß autopoietisch: er gestaltet sich ebenso selbst, wie er gestaltet wird. Damit wird die Form autonom.[16] Was bedeutet das, in aller Kürze, für die globale Kommunikation?

4. Konsequenzen für das Denken: Denken in Formen und Zeichen

Ziehen wir zunächst die Konsequenzen für das Denken. Es ist nun selbst als Denken in Formen und Zeichen zu verstehen. »All thought is in signs«, heißt es am Ende des 19. Jahrhunderts bei Charles Sanders Peirce,[17] »alles Denken ist ein Denken in Zeichen«. Damit ist nach Kant vollends klar gemacht, daß unser Weltverstehen ein Beziehen von Zeichen auf Zeichen ist. Danach haben wir nicht Formen und Zeichen für etwas, das wir außer den Formen und Zeichen noch hätten. Das scheint so bei Verkehrszeichen zu sein, die für bestimmte Verhaltensregeln stehen. Doch auch diese Verhaltensregeln bestehen natürlich wieder aus Zeichen, nun lediglich nicht aus Bildzeichen, sondern aus Wortzeichen, und schließlich ist auch das beobachtbare Verhalten, wie dargestellt, nur auf Grund von Unterscheidungen und Bezeichnung beobachtbar. Am Ende des 20. Jahrhunderts konnte so Josef Simon sagen, der die Philosophie im ganzen als »Philosophie des Zeichens« entwickelt hat: »Ein Zeichen ist das, was wir verstehen. – Alles, was wir verstehen, ist [...] Zeichen.«[18]

Wir haben von der Relation Zeichen–Dinge auf die Relation Zeichen–Zeichen umgestellt. Das heißt: Zeichen sind nur aus Zeichen, also im Kontext anderer Zeichen zu verstehen. ›Kontext‹ ist wörtlich etwas ›Zusammengewobenes‹, also ein Netz. In einem Netz halten sich die Fäden gegenseitig, und das Zentrum kann überall, an jedem Punkt sein, an dem Fäden zusammenlaufen. Ein Netz hat kein festes Zentrum, von dem aus man es im ganzen kontrollieren und steuern könnte. Luhmann spricht von einem »Trend von hierarchischer zu heterarchischer Ordnung«[19] von Ordnung, die nicht mehr an einer herausragenden Spitze hängt, sondern durch wechselseitige Kontrolle zustande kommt.

5. Konsequenzen für die Kommunikation: design-Identitäten

Das gilt für Menschen wie für Dinge. Auch wir sind Zeichen füreinander. Wir sind allerdings besonders interessante, weil besonders komplexe Zeichen: Zeichen, die selbst Zeichen geben und verstehen können. Auch das Verstehen ist eine Zwei-Seiten-Form: Man kann so oder anders verstehen, und wir sehen immer wieder, daß andere dieselben Zeichen anders verstehen können. In der alltäglichen Kommunikation wird damit immer schon gerechnet. Man gibt, wenn man das Verstehen absichern will, darum zusätzliche, redundante Zeichen und beobachtet umgekehrt bei andern möglichst vielfältige und unabhängige Zeichen, zum Beispiel ob sie lächeln oder die Stirn runzeln, wenn sie etwas sagen, ob sie mir in die Augen sehen, zu stottern beginnen usw. Wir beobachten die Zeichen der andern auf bezeichnende Kontexte hin. Daraus entnehmen wir, routiniert und ohne langes Nachdenken, wie die andern die Zeichen verstehen, die wir geben. Auf diese Weise ›stellen‹ wir uns, wie man sagt, ›aufeinander ein‹. Das heißt: Wir passen unseren Zeichengebrauch, soweit es uns eben möglich ist oder notwendig scheint, dem der jeweiligen Kommu-

Denken in Formen und Zeichen. Umorientierung durch globale Kommunikation

24 / 25

ques Derrida sieht im Internet eine Form der Gastlichkeit (»hospitalité«), diese Gastlichkeit aber wiederum dadurch bedroht, daß staatliche Stellen die Internetkommunikation kontrollieren. Vgl. *Anne Dufourmantelle invite Jacques Derrida à répondre de l'hospitalité*, Paris: Calmann-Lévy 1997, 45 ff.

Aleida und Jan Assmann (Hg.), *Aufmerksamkeiten. Archäologie der literarischen Kommunikation VII*, München 2001, und darin zu den neuen Medien Siegfried J. Schmidt, ›Aufmerksamkeit. Die Währung der Medien‹, 183–196.

Luhmann, *Die Gesellschaft der Gesellschaft*, a. a. O., 302–311.

Elena Esposito, *Soziales Verges-sen. Formen und Medien des Gedächt-nisses der Gesellschaft*, Frankfurt am Main 2002, 346. Esposito arbeitet in diesem Zusammenhang die kommuni-tiven Wirkungen der Unergründ-lichkeit des Mediums für den Normal-nutzer heraus (346–358).

nikationspartner an. Wir halten um der Kommunikation mit andern willen unsere Identität flexibel. Oder in Begriffen des designs: Wir geben uns, schon in der alltäglichen Kommunikation, von Fall zu Fall ein passendes Kommunikations-design, wir kommunizieren mit andern in fungiblen und flexiblen design-Identitäten.

6. Weltgesellschaft als Kommunikationsmarkt unter web-designs

Im Internet werden daraus web-designs. Das Medium der globalen Kommunikation ist wie die Kommunikation in Zeichen überhaupt als Netz organisiert: ohne festes Zentrum und ohne volle Übersicht über das Ganze und darum auch ohne Möglichkeit einer globalen Steuerung. Man mag auch das beklagen, aber man kann auch hier die andere Seite sehen. Das Netz schafft mit seinem Widerstand gegen eine globale Steuerung auch einen Widerstand gegen totalitäre Regime, die stets zuerst die Kommunikation zu kontrollieren suchen. Auf dem aktuellen Stand der Technik ist das kaum mehr möglich.[20] Das Internet hat (jedenfalls noch) die Liberalität eines Marktes, auf dem Informations- und Kommunikationsangebote um Nachfrage werben, mit und ohne ökonomische Interessen. Es geht zunächst um bloße Aufmerksamkeit.[21] Auch dies ist im Prinzip nicht neu: Selbst Götter konkurrierten um Aufmerksamkeit, Menschen versuchten und versuchen es bei jeder Gelegenheit, Massenmedien tun es professionell. Neu im Internet ist das Suchen und Finden (oder auch Suchen ohne Finden und vor allem: das Finden ohne Suchen: das Surfen) über ein Massen zur Verfügung stehendes Medium, das zur Interaktion genutzt werden kann. Informations- und Kommunikationsangebote im Internet stehen Massen offen, ohne daß sie Massen würden: Netzteilnehmer suchen und finden einzeln, Gemeinschafts-Gefühle, Wir-Gefühle kommen nicht auf. Der Grund dafür ist: Im Internet werden Zeichen und Zeit zugleich gekoppelt und entkoppelt. Seine Zeichen stehen wie Schriften zu jeder Zeit und potentiell überall, aber anders als Schriften überall zu gleicher Zeit zur Verfügung. Das Internet vergleichzeitigt, simultaneisiert die Zeichen. Doch der Nutzer kann die Zeichen nur nach und nach abrufen, er braucht Zeit, um sie zu lesen und von einem zum andern überzugehen. Er entgleichzeitigt, retemporalisiert die Zeichen, nun aber auf seine ganz eigene, von den übrigen unabhängige Weise. In seiner Selektion der global angebotenen Zeichen ist er singulär. Medial mit allen verkoppelt, ist er sozial entkoppelt.[22]

Das äußert sich in einer verschärften Selektion aller durch alle auf dem globalen Kommunikationsmarkt. Je mehr sich das Informations- und Kommunikationsangebot erweitert, desto mehr erhöht sich der Selektionsdruck. Nirgendwo kann man schneller Kontakt aufnehmen als im Internet, und nirgendwo kann man ihn schneller verlieren. Nirgendwo kann man aber auch an seinem Kommunikations-design so arbeiten wie im Internet. Man kann, frei vom Zeitdruck der face-to-face-Situation, in aller Ruhe seiner home-page das design geben, das man für das wirkungsvollste auf dem Aufmerksamkeitsmarkt hält, und man muß es ihr nicht einmal selbst geben, man kann es auch in Auftrag geben. An die Stelle der physischen Präsenz in traditionellen Lebensformen mit all ihren Privilegierungen und Diskriminierungen tritt in der globalen »Selektionsgesellschaft«[23] die technisch-artifizielle Programmierung, das interface design, auf dessen Oberflächen sich jeder nach eigener Entscheidung sein web-design gestalten kann. Und je mehr der Selektionsdruck steigt, desto artifizieller, raffinierter, interessanter und das heißt letztlich: desto individueller kann er sein

24
Vgl. Luhmann, *Die Gesellschaft der Gesellschaft,* a. a. O., 311: Die neuen Medien »verschärfen damit das Selektionsproblem, worauf die Gesellschaft auf der einen Seite mit Organisierung, auf der anderen mit Individualisierung der Selektion reagiert«.
25
Vgl. Werner Stegmaier, ›Anti-Lehren. Szene und Lehre in Friedrich Nietzsches *Also sprach Zarathustra*‹, in: ders., *Interpretationen. Hauptwerke der Philosophie. Von Kant bis Nietzsche,* unter Mitwirkung von Hartwig Frank, Stuttgart 1997, 402–443, und in: Volker Gerhardt (Hg.), *Klassiker auslegen: Friedrich Nietzsche, Also sprach Zarathustra,* Berlin: Akademie Verlag 2000, 191–224, und ders., *Nietzsches Zeichen,* in: *Nietzsche-Studien 29* (2000), 41–69.
26
Friedrich Nietzsche, ›Jenseits von Gut und Böse‹, Nr. 40, aus: Friedrich Nietzsche, *Sämtliche Werke. Kritische Studienausgabe in 15 Bänden* (KSA), Hg. von Giorgio Colli und Mazzino Montinari, München/Berlin/New York 1980, Bd. 5, 58 f.

web-design gestalten. So hat die Uniformierung der Kommunikation durch das Medium eine neue Individualisierung des Kommunizierten zur Folge.[24]

Und die technisch-artifizielle Gestaltung eines web-designs kann man lernen, und man kann sie sichtlich leichter und darum rascher lernen als das Register der Kommunikations-designs für face-to-face-Situationen. So erhöht das web-design Chancengleichheit. Aber natürlich erhöht es auch den Manipulationsverdacht. Wer traut wem in einer Werbewelt?

7. Manipulationsverdacht und neues Tugend-design

Design steht in unserer Tradition unter moralischem Verdacht, wenn es als bloßes design, bloße Zurechtmachung, Maske, Schein erkennbar wird. Man stellt ihm dann das wahre Sein oder, wie man heute lieber sagt, das Authentische gegenüber. Mit Authentizität der Kommunikation wird Aufrichtigkeit, Vertrauen, Geduld, Güte, Liebe verbunden, Tugenden, die das Zusammenleben in einer Gesellschaft erst erträglich und erfreulich machen. Muß man im Blick auf design-Identitäten in der globalen Kommunikation also ethisch pessimistisch sein?

Man müßte es nicht, wenn Aufrichtigkeit, Vertrauen, Geduld, Güte, Liebe auch unter den neuen Bedingungen möglich wären. Ist das denkbar? Halten wir zunächst fest, daß wir auch in der altgewohnten Kommunikation nicht ohne design-Identitäten auskommen – Friedrich Nietzsche hatte am Ende des 19. Jahrhunderts noch von Masken gesprochen. Er verstand sich in seiner Einsamkeit wie wenige auf die Zeichen und ihre schriftstellerischen Möglichkeiten,[25] und er hat sich zugleich wie keiner sonst auf ethische Umorientierungen, »Umwertungen«, eingestellt. Von ihm müßte man hier am ehesten lernen können.

Er bejahte die Maske. Ein vielfältiger Mensch, schrieb er, »*will* es und fördert dass eine Maske von ihm an seiner Statt in den Herzen und Köpfen seiner Freunde herum wandelt; und gesetzt, er will es nicht, so werden ihm eines Tages die Augen darüber aufgehn, dass es trotzdem dort eine Maske von ihm giebt, – und dass es gut so ist.«[26] Nietzsche war bereits klar, daß wir nicht anders als in Masken miteinander verkehren können, daß wir aber eben darum auch gelernt haben, die Masken angemessen einzusetzen. Nietzsche selbst hat in seinem Werk unentwegt damit experimentiert, wie er durch schriftstellerische Gestaltung Leser auf sich aufmerksam machen und dabei die gewinnen konnte, die das Neue, um das es ihm ging, aufzunehmen imstande waren. Die aber, die an den alten Vorstellungen hingen und ohne sie nicht leben konnten, sollten verschont bleiben. Nietzsche versuchte also durch Zeichen-Kunst Leser zu seligieren – zu ihrem eigenen Besten und ohne daß sie dessen gewahr wurden. Und so schickt er an der zitierten Stelle voraus: »es ist nicht nur Arglist hinter einer Maske, – es giebt so viel Güte in der List.« Es ist dann Güte in der List der Masken, wenn sie denen entsprechen, denen man sie anbietet, andernfalls werden sie ohnehin durchschaut werden. Auch Aufrichtigkeit ist so gesehen eine Maske, eine Einstellung zu jemandem, der Aufrichtigkeit wünscht und sie ertragen kann. Es gibt dann auch eine Aufrichtigkeit der Maske, die daran kenntlich wird, daß dem einen mehr, dem andern weniger an Aufrichtigkeit zugemutet wird. Jeder kann beobachten, wie andere sich auf ihn einstellen, und daraus viel über sich selbst erfahren. Mehr ist unter design-Identitäten nicht möglich und auch nicht notwendig. Wir kommen immer nur von Zeichen zu Zeichen, nicht, auch wenn wir es wollten, hinter

Denken in Formen und Zeichen. Umorientierung durch globale Kommunikation

26 / 27

Luhmann, *Die Gesellschaft der Gesellschaft,* a. a. O., 312 f.: »Die moderne Computertechnologie [...] greift die Autorität der Experten an. Im Prinzip wird in nicht allzu ferner Zukunft jeder die Möglichkeit haben, Aussagen von Experten wie Ärzten oder Juristen am eigenen Computer zu überprüfen.« Man wird also weniger Vertrauen auf Personen oder ihren Status, um so mehr »Systemvertrauen« aufbringen müssen.

Friedrich Nietzsche, ›Die Fröhliche Wissenschaft‹, Nr. 334, aus: *KSA 3,*

die Zeichen zurück. Vertrauen war nie einfach Vertrauen in den andern, sondern auf die Erfahrungen, die man selbst mit seinen Zeichen gemacht hat, und das bleibt im Prinzip auch unter web-designs so. Im Internet braucht man einerseits mehr und andererseits weniger Vertrauen. Mehr, weil man nun einer durch hohen Systemaufwand kontrollierten Selbstdarstellung vertrauen muß, weniger, weil man, je besser man solche Selbstdarstellungen seinerseits erzeugen kann, sie auch leichter durchschauen wird. Auch auf Expertenwissen kann nun jedermann rasch zugreifen, so daß man auch Experten nicht mehr unbedingt vertrauen muß.[27]

Und zuletzt bleibt ja weiterhin die Kommunikation face-to-face. Auch wenn man sich breites Fachwissen aus dem Internet holen kann, geht man noch persönlich zum Arzt und zum Anwalt. So wie die Schallplatte nicht den Konzertbesuch, der Film nicht das Theater, Telephonkonferenzen nicht Geschäftstreffen erübrigt haben, wird auch die Internet-Kommunikation physische Begegnungen nicht ersetzen, nur ergänzen. Durch die Tele-Interaktion könnte die Nah-Interaktion sogar wertvoller werden, einfach deshalb, weil man sich nun bewußt für oder gegen sie entscheiden kann. Interessant ist hier die Kommunikation durch SMS, die vor allem unter Kids zu einer neuen Interaktionskultur geworden ist. Man bleibt selbst im engeren Umkreis ständig durch Botschaften in Verbindung, ohne sich dauernd zu treffen, man sendet Botschaften und läßt dem anderen Zeit, sie abzurufen, wann er will. Dies, dem andern seine Zeit zu lassen, könnte eine neue Form der Geduld sein, und dies bei Jugendlichen, von denen man sie kaum erwartet. Durch SMS intensivieren und entspannen sie die Interaktion zugleich, individualisieren sie zudem durch die Erfindung eigener Kürzel und eigener Idiome und beziehen, soweit sie wollen, andere darin ein oder schließen sie aus, doch nun, ohne es sie, wie bei der Nah-Interaktion, unmittelbar spüren zu lassen.

Und Liebe? Hier übergebe ich nochmals an Nietzsche. Er verstand sich auch gut auf Musik, hörte um so mehr alles Neue und Fremde in ihr und machte es sich schwer damit. Er nahm die Musik als Beispiel dafür, daß man für das Fremde erst Geduld erwerben muß, um es schließlich lieben zu lernen. Vielleicht hätte er auch seine Freude an den neuen Möglichkeiten des Internet gehabt. Ich schließe mit einem Aphorismus aus seiner *Fröhlichen Wissenschaft:*

»*Man muss lieben lernen.* – So geht es uns in der Musik: erst muss man eine Figur und Weise überhaupt *hören lernen,* heraushören, unterscheiden, als ein Leben für sich isolieren und abgrenzen; dann braucht es Mühe und guten Willen, sie zu *ertragen,* trotz ihrer Fremdheit, Geduld gegen ihren Blick und Ausdruck, Mildherzigkeit gegen das Wunderliche an ihr zu üben: – endlich kommt ein Augenblick, wo wir ihrer *gewohnt* sind, wo wir sie erwarten, wo wir ahnen, dass sie uns fehlen würde, wenn sie fehlte; und nun wirkt sie ihren Zwang und Zauber fort und fort und endet nicht eher, als bis wir ihre demüthigen und entzückten Liebhaber geworden sind, die nichts Besseres von der Welt mehr wollen, als sie und wieder sie. – So geht es uns aber nicht nur mit der Musik: gerade so haben wir alle Dinge, die wir jetzt lieben, *lieben gelernt.* Wir werden schließlich immer für unseren guten Willen, unsere Geduld, Billigkeit, Sanftmüthigkeit gegen das Fremde belohnt, indem das Fremde langsam seinen Schleier abwirft und sich als neue unsägliche Schönheit darstellt: – es ist sein *Dank* für unsere Gastfreundschaft. Auch wer sich selber liebt, wird es auf diesem Wege gelernt haben: es giebt keinen anderen Weg. Auch die Liebe muss man lernen.«[28]

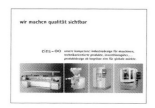

wir machen qualität sichtbar

eins – ∞ unsere kompetenz: industriedesign für maschinen, technikorientierte produkte, investitionsgüter... produktdesign als langreise eins für globale märkte.

die aufgabe des designers

know how- und innovationstransfer quer durch alle branchen

kulturelle und religiöse aspekte

1
2
3

aus der ehemaligen hochschule für gestaltung kommend, ist heute meine gestaltu philosophie weiterentwickelt, aber im wesentlichen aus ulm gefestigt.
die philosophie ist geprägt von der reduktion auf das wesentliche:
›klare gestaltungsprinzipien einerseits und die besinnung auf die elementaren bedürfnisse des menschen andererseits‹, zitat von otl aicher.

produktdesign bedeutet nicht ausschließlich die schaffung von produktästhetik. e technisch orientiertes produkt ist in seiner gestalt nie losgelöst von funktionalen, ökonomischen, ergonomischen und vielfach auch kulturellen sowie sozialen zusammenhängen. bei einem designprozess ist auch immer der entwicklungs- und lebenszyklus eines produkts von bedeutung. hohe priorität haben die wünsche un bedürfnisse der benutzer aller altersgruppen, auch in emotionalen belangen.

wir gestalten produkte nie beliebig oder modisch. sie sind vielmehr formal un funktional langfristig gültig. um diesen weg erfolgreich zu gehen, entwickeln wir e einfache, eigenständige, merkfähige formensprache. (abb. 1–2)

wie erkennen und finden wir die kriterien, um in den unterschiedlichen märkten u kulturen den benutzer mit seinen gewohnheiten und bedürfnissen zu erreichen? w sensibilisieren wir uns als designer dafür?

wir sind als designer in eine grenzenlose situation gekommen, stehen zwischen de fronten von design, marketing und globalisierung:
welche rolle spielt das design in einer globalisierten wirtschaft mit international a gerichteten marketingstrategien?
was sind die spezifischen anforderungen der einzelnen märkte in den unterschied- lichen kulturen? was leistet das design?
wie werden produkte beschaffen sein, die für zielgruppen von hier bis bilbao, von kapstadt bis london, von new york bis moskau, von seoul bis berlin bestimmt sind? wie sollen diese anforderungen erfüllt werden?

die veränderte aufgabenwelt des designers

eine der kernaufgaben für den designer ist das bemühen um unterscheidungsmerk male von produkten in einer immer mehr polarisierenden marktsituation. bei dich werdenden vernetzungen globaler marketingstrategien für unterschiedliche kultu und märkte ergeben sich neue aufgaben und herausforderungen für den designer. gilt, produktwerte und funktionen im kontext ›traditioneller markt – neuer markt‹ visualisieren.
bei der erarbeitung und visualisierung der produkteigenschaften in konkreten sow emotionalen bereichen bedarf es nun einer zusätzlichen beobachtung der individu len marktbedürfnisse. die abstimmung mit den attributen der klassischen unterneh mensauftritte wie ci und cd mit ihren neuen herausforderungen braucht eine sensi informations- und kommunikationspolitik. beachtet werden muss in diesem konte auch die bedeutung unterschiedlicher religionen bei stark geprägten semantischen formensprachen der produkte. die rücksichtnahme auf symbolik und empfindlichk ten der einzelnen kulturen sollte selbstverständlicher bestandteil des entwurfproze ses sein. (abb. 3)

Horst Diener
industriedesign für globale märkte.
kulturelle unterschiede und ihre relevanz für den gestalter

ist in- jung ist klein

welt der däumlinge

welt der däumlinge

neue globale zielgruppen durch die neuen alten

ein wichtiger aspekt ist die einbeziehung globaler und regionaler marktveränderungen durch das wachsende marktsegment der ›neuen alten‹. jung ist hipp, klein ist in. nahezu die gesamte kommunikation in den unterschiedlichsten medien für die meisten bekannten marken wird von 16 bis 30-jährigen belegt, aber immer mehr über 60-jährige kleiden sich mit den gleichen labels wie die jüngere zielgruppe – und fühlen sich prima dabei. oma geht joggen und opa ins fitness-studio, denn sie wollen alle 100 werden, doch alt sein will niemand.

um 2040 wird es weltweit mehr alte als junge menschen geben. alle diese statistiken sind bekannt, doch wird kaum darauf reagiert. noch sind von den 50 bis 70jährigen benutzern des internets nur 14% dabei und 86% nicht drin. das wird sich ändern, wenn wir designer uns um die belange und bedürfnisse bemühen, die userführung vereinfachen und helfen, schwellenängste abzubauen.

wenige designer und entwickler fühlen sich hier angesprochen. die meisten sind wesentlich jünger als die zielgruppen, für die sie tätig werden, und sie können sich in deren belange und bedürfnisse kaum hineindenken. das kann man auch mit age-simulatoren wie beispielsweise des consulting-unternehmens meyer-hentschel, das hier pionierarbeit leistet, kaum nachvollziehbar darstellen. aber unsere neue welt muss gestaltet werden. das ist in japan, wo die durchschnittliche lebenserwartung mittlerweile fast 82 jahre beträgt, seit längerem erkannt worden, und marketing und industrie haben sich dieses außerordentlich lukrativen marktes angenommen.

es bleibt zu hoffen, dass wir bei der weltweit eskalierenden entwicklung der medienkonformen kommunikationsinstrumentarien wieder zurückfinden zum wesentlichen: zum menschen, zu seinen fähigkeiten und zum lernen komplexer zusammenhänge. es muss möglich sein, die offene barriere zwischen jung und alt zu überbrücken. dieser globale markt der ›neuen alten‹ ist ein sehr kritischer, ein erfahrener, im allgemeinen ein wohlhabender markt, er ist aber noch nicht gegenwärtig und akzeptiert.

einer der wesentlichen designrelevanten aspekte hier ist die ergonomie, die über funktion und brauchbarkeit von produkten entscheidet – und damit auch über die wertigkeit für den benutzer. *es geht darum, die ergonomie für alle zielgruppen zu erarbeiten.*

jung ist in – jung ist klein

klein ist in, klein ist jung – aber darf deswegen nicht der ausschlaggebende motor für gestaltung sein. unsere hände und finger haben eine feste körperliche größe, denen minimales und unergonomisches design mehr schwierigkeiten denn nutzen bringt. (abb. 4 – 6)

diese verkrampften hände sind nicht krank, sondern sie zeigen wie handys meist gehalten und bedient werden. der millionenfach mißbrauchte daumen und die verkrampften bedienbewegungen, wie sie weltweit bei den handys angewendet werden, waren von der evolution nicht so gedacht. wir sind zu ›däumlingen‹ geworden. waren

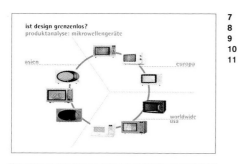

ist design grenzenlos?
produktanalyse: mikrowellengeräte

asien
europa
worldwide
usa

7
8
9
10
11

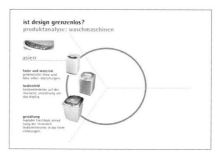

ist design grenzenlos?
produktanalyse: waschmaschinen

asien

farbe und material
goldmetallic-töne und blau-silber-abstufungen.

bedienfeld
bedienelemente auf der oberseite, anordnung um das display.

gestaltung
toplader (vertikale anordnung der trommel). bedienelemente in die form einbezogen.

12
13
14
15

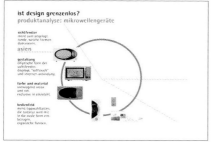

ist design grenzenlos?
produktanalyse: mikrowellengeräte

sichtfenster
meist oval angelegt. runde, weiche formen dominieren.

asien

gestaltung
elliptische form der sichtfenster. displays. "softtouch" und internet-anbindung.

farbe und material
vorwiegend weiss und rot. exclusive in edelstahl.

bedienfeld
meist tippwahltasten, die tastatur wird mit in die ovale form einbezogen. organische formen.

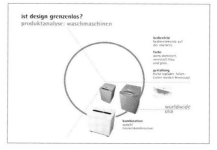

ist design grenzenlos?
produktanalyse: waschmaschinen

bedienfeld
bedienelemente auf der oberseite.

farbe
weiss dominiert. vereinzelt blau und grün.

gestaltung
meist toplader. folientasten werden bevorzugt.

worldwide
usa

kombination
wasch/ trockenkombinationen.

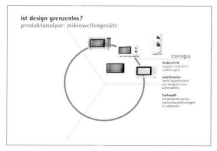

ist design grenzenlos?
produktanalyse: mikrowellengeräte

europa

bedienfeld
typisch sind drehwahlknöpfe.

sichtfenster
meist quadratisch zur besseren einsichtnahme.

farbwahl
vorwiegend weiss. exclusivausführungen in edelstahl.

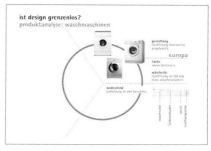

ist design grenzenlos?
produktanalyse: waschmaschinen

gestaltung
türöffnung frontseitig angebracht.

europa

farbe
weiss dominiert.

wäschetür
türöffnung wird das max. waschvolumen.

bedienfeld
einteilung in vier bereiche.

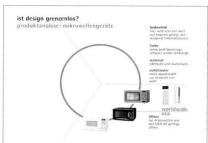

ist design grenzenlos?
produktanalyse: mikrowellengeräte

bedienfeld
hier wird sehr viel wert auf hygiene gelegt, vorwiegend folientastaturen.

farbe
weiss wird bevorzugt. schwarz wirde verdrängt.

material
edelstahl und aluminium.

sichtfenster
meist quadratisch zur besseren einsicht.

worldwide
usa

öffner
bei mikrowellen aus den USA oft griffige öffner.

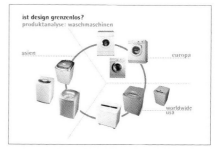

ist design grenzenlos?
produktanalyse: waschmaschinen

asien
europa
worldwide
usa

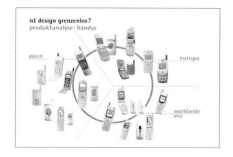

ist design grenzenlos?
produktanalyse: handys

asien
europa
worldwide
usa

ist design grenzenlos

ist grenzenlos

ist grenzenlos

wir eine geraume zeit unserer evolution für fingerdinge zum tasten und drücken erzogen, übernimmt nun der daumen eine sensible funktion.

ist design grenzenlos?

wie sind in den drei großen globalen märkten asien, europa, world-wide usa design-aspekte zu bewerten? abbildungen 7 bis 15 zeigen das beispiel einer kleinen produkt-analyse: formensprachen verschiedender produktgruppen in drei großen märkten mit unterschiedlichen traditionen, kulturen, gewohnheiten: asien, europa und world-wide usa.

auffallend dabei ist, dass viele trends aus dem fernen osten zu uns gelangen. aber auch die anpassungsfähigkeit der asiaten in bezug auf das etablieren eines produktes in unsere märkte ist bemerkenswert. dies spiegelt sich in der ausgelassenen produkt-sprache, der vielfalt der formen und dem material- und farbenreichtum wider. kaum eine andere kultur experimentiert mehr als korea und japan. gerade im konsum-güterbereich entstehen produkte, die den weg zum kunden suchen und durch ihr aus-sehen einen paradigmenwechsel hervorrufen. produktformen sind durch ihre interpretation austauschbar geworden und scheinen nicht mehr einer bestimmten formensprache zu unterliegen. dennoch gibt es interkulturelle unterschiede in bezug auf formwahrnehmung und gebrauchsverhalten.

design ist grenzenlos

atemberaubend ist die entwicklung chinas. (abb. 16) 80 millionen chinesen werden sich in den nächsten zehn jahren ein auto kaufen. schon heute hat china das zweit-größte straßennetz der welt.

wie will der designer auf diese speziellen lokalen gewohnheiten und bedürfnisse reagieren? wie will sie erkennen? wie und woher bekommt er sein briefing, seine aufgabenstellung? neben den allgemeinen kommunikationsmitteln und -methoden wird sicher immer dort, wo nicht vor ort live recherchiert und agiert werden kann, künftig eine neue art der designanalyse, der recherche stattfinden – im konzeptionel-len und analytischen bereich. man wird sehen, dass sich rasch neue dienstleister anbieten und etablieren werden, die global vernetzt auftreten und diese basisinfor-mationen gewissermaßen als scoutinformationen für produkt-designkonzeptionen liefern werden. hier wird auch die schnittstelle zwischen den sprachbarrieren sein. viele unternehmen sind vor ort, häufig meist mit lokalen besetzungen für globale auf-gaben, um die vorgaben für lokale ansprüche zu entwickeln. (abb. 17–18)

die foodindustrie bedient sich schon lange umfassender globaler untersuchun-gen und setzt die ergebnisse erfolgreich ein. coca-cola hat eine vielzahl von fein-abstimmungen allein in der geschmacksdosierung. marlboro hat in europa sieben differenzierte geschmacksrichtungen unter einem label und einem corporate-design-auftritt. diese beispiele lassen sich beliebig fortsetzen.

design visualisiert visionen und vorstellungen von produktentwicklungen und strate-gien in rationalen sowie in emotionalen bereichen. innovative entwicklungen werden durch den designer visualisiert.

in zukunft wird design mehr mit komplexen innovationstragenden themenspektre
zu tun haben. das berufsbild des designers wird sich vom entwerfer zum partner fü
das strategische marketing als präferenz- und marktimpulsstrategie entwickeln.

folgendes muss jedoch bedacht werden:
– wo werden diese global-designplayer ausgebildet – und wie?
– mit welchen schwerpunkten ist die ausbildung strukturiert?
– in welcher weise sind die lehrenden dafür vorbereitet und kompetent?
– wo sind die wegweiser? das wird spannend!

die globalisierung bringt zwangsweise die anpassung, die verstärkte austauschbark
von technischen standards und normierungen. hier wird eine anpassung der bedür
nisse, gewohnheiten und prioritäten der globalen user vorausgesetzt.
    ist sony japanisch oder global? ist porsche deutsch? wie ist es mit der marke
deutschland, mit ›made in germany‹, mit ›design made in germany‹ im kontext der
globalisierung, der vernetzten und verknüpften märkte?
    finden wir die charakteristiken, die individuellen besonderheiten der lokalen
märkte, und schaffen wir es, sie so zu differenzieren, zu erkennen und zu analysier
um mit unseren begrifflichkeiten über gutes design, über designstrategien auf unte
schiedlichen märkten bestehen zu können? es wird darüber hinaus auch verstärkt
um die identitäten, die sich unsere spaßgesellschaft auch künftig leisten möchte,
gehen. gibt es noch spezifisches deutsches design?
    wenn design der identitätsmotor für ein unternehmen ist, dann ist ergo design
auch die innovationsebene, von der produkt- und präferenzimpulse ausgehen werden – weniger vom marketing.

global-player wollen heute viele unternehmen sein, und globalisierung ist der meg
trend. global präsent zu sein, ist auf unserem kleiner werdenden globus mit kürzer
werdenden zeitfaktoren einfacher geworden. der zugang zu unterschiedlichen mär
ten bis in die einzelnen lokalen regionen und die sinkenden zeiteinheiten sind
bestandteil unserer heutigen wirtschaftswelt. digitaler informationstransport vernetzt uns. auch die einführung des euro hat hier einen wichtigen beitrag geleistet.

das finden und erkennen der lokalen und regionalen zusammenhänge wird machb
rer und gewinnt auch zunehmend an bedeutung. die industrie passt sich diesen
erkenntnissen an und sucht bereits neue globalisierungsstrategien. für großuntern
men ist dies sicher eine bedeutende herausforderung, denn großunternehmen sind
mit ihren produkten fast immer auch großserienhersteller, die aus ihren kostenstru
turen schmerzhaftere einschnitte für individuelle lokale marktbedürfnisse hinnehmen müssen. bei mittelständischen unternehmen ist eine besondere chance zu seh
sich hier mit individuelleren lösungen auf individuellere bedürfnisse leichter plazie
ren zu können. diese chance und herausforderung ist gleichzeitig auch für designer
besonders interessant, da es unserem berufsfeld neue, erweiterte perspektiven
schenkt.

es wird regional eine höhere aufmerksamkeit für bedienerführungen, userleit-
systeme und ergonomie geben.

wo plötzlich der reisbauer an eine werkzeugmaschine gestellt wird, handelt es sich mit wahrscheinlichkeit um ›design made in germany‹, denn deutschland ist mit sehr hohen marktanteilen global dabei.

wir haben mit den unterschiedlichen wertevorstellungen der benutzer zu ihren produkten und ihrer produktumgebung zu tun. um sich diesen aufgaben zu stellen, werden wir interdisziplinär mit neuen designrelevanten disziplinen teamorientiert zusammenarbeiten und darüber hinaus neue disziplinen zum gesamtkontext industriedesign entdecken.

in diesen belangen gibt es eine aufbruchstimmung, eine situation der neuorientierung, und es wird in naher zukunft, in zwei, drei jahren deutlich werden, mit welchen strategien sich die unternehmen in diese prozesse einbringen. interessant wird auch, wie sich die marke ›design made in germany‹ als erfolgsbeitrag in der gesamtszene darstellen wird. wir designer können in zukunft sicher nur dann bestehen, wenn eine interdisziplinäre zusammenarbeit funktioniert. auch innerhalb der nahen, um uns liegenden, lokalen märkte gibt es deutliche differenzierte prioritäten zu erkennen.

wir können heute in einer stunde in einen anderen kultur- und gewohnheitskreis fliegen. designer und produkte müssen sich im rahmen dieser eher lokalen marktbasis behaupten und vor allem die neuen aufgaben und probleme erkennen.

die faszination der neuen aufgaben

die faszinierenden neuen aufgaben des designers lauten also unter anderem:
wie schaffen wir die individualisierung für die kaum mehr faßbaren zielgruppen?
welche semantik ist im kontext der marktpositionierung zu entwickeln?

ein aspekt wird besonders wichtig werden: wir müssen uns in zukunft mehr um die bedürfnisse und belange der kunden unserer kunden kümmern. wir werden, um eigenständigkeit und merkfähigkeit der produkte zu erreichen, mehr zusatznutzen entwickeln, features suchen, also emotionalen mehrwert schaffen. und hier bieten sich die meisten möglichkeiten, gutes design zu schaffen, nämlich die bessere bedienungsanleitung, das bessere handling. hier liegt ein großes betätigungsfeld, dazu bedarf es zielorientierter kreativität und visionen.

›visionen sind wichtiger als wissen‹ – das erkannte schon albert einstein.
visionen zu haben gehört zum job eines jeden designers – und ist für mich neben einer zielorientierten kreativität die größte herausforderung und faszination.

wir werden uns in zukunft verstärkt mit globaler semantik beschäftigen.

wir werden in zukunft mit tradition und high-tech im kontext unserem faszinierenden beruf, unserer berufung nachgehen.

Digital and technical development have lost their innocence. The experimental stage is over. Time and money are limited and our managers have everything under control! Welcome to this world of global design.

Over the past decade, the world has changed. Designers found new ways for communication. Globalization succeeded. Everything is connected to everything. We enjoy all this. It's beautiful! One planet, one network, one style.

In the nineties, we designers were supposed to shape this emerging digital world. Design became a booming business. A very popular profession! Become a designer today and you'll be rich by tomorrow.

Maybe it's all a matter of timing. It is now or never! Products, visions, statements, politics, subcultures and everything that is possibly interesting for the economy has to be transformed into a brand. There is visual inflation. Consumers have to stay impressed. We want to be surprised all the time, at least once a day. Consequently, there is a grotesque turnover of concepts, designs and people.

We are not interested anymore in developing sustainable technologies and products. That's too uncertain and much too expensive. We want more money to buy the same commodities and services again and again, presented with new, even more exciting logos and styles to make us believe we are connected to the others.

Design itself has become a style. The profession itself has turned into a fashion. The more exclusive everything has to be, the more wide-spread the mass distribution of sameness and expensive uselessness has become.

That's what designers do these days: restyling, restyling and restyling. Instead of claiming responsibility, designers are being marginalized again to the old profession of ›window dressers‹, subordinated to the rules of Microsoft Windows.

But in the meantime life is losing quality.

What does it mean to make a statement in the world of design these days? So much is being designed. We live in the age of overdesign. This leads us to the design paradox. With an exponential increase in designed surfaces and objects (both in the real and the mediated world), design as a profession and discipline is stagnating.

For me, this age of design globalization is hard to comprehend. The reason for my misunderstanding is that I'm a designer who still respects originality, passion and craziness. I encourage students to find and develop their individual styles. This is going contrary to the general trend of management culture in which designers are required to work within trend parameters of the day.

Enough styles have already been developed in the past and you can use them or mix them. Restyling remains an option but not the preferred one. Style is not just aesthetics but makes connections between countries, cultures and people all over the world.

Designers should change the world. But changing the world actually has nothing to do with designing. It has to do with the responsibility for how this world functions and looks. One of the interesting aspects of design is that it does not have to be visual anymore. Design got out of its isolation. But – this is both a liberating and a dangerous tendency.

Mieke Gerritzen
The state of design

creasingly, politicians are designing rules. Managers and directors are designing
bureaucracy. It's funny that a lot of these people are calling themselves designers. But
why do they call themselves designers and not creators or whatever? That's because
they want to pretend to have a brand. They think they need to sell and market their
work.

Design has become a magic word.

And the experience economy will be driven by more style and brand concepts. More
designers are needed, no matter what they used to do before. In the past, only graphic
designers were making the logos and brands. But logos and brands have become an
industry in itself. That's why designing as a profession lost its meaning. Too popular.

1

I founded NL.Design in early 2000. NL.Design is a company permanently under construction. It is a work in progress without a business plan. I am the initiator and still
experimenting what kind of structure would be the best for the creation of the plat-
form. It's part of the process to look into other ways of running an organisation.
　I don't want to buy into the cyberdream of the friction-free, paperless, virtual
office. We all know they don't exist. The commercial new media industry is facing an
even more brutal concentration of power. The big losers of this recession will be the
small players with design offices either forced to merge, close, or reduce their range
to few local customers.

As I said before – We live in the age of overdesign. Design as such has become a
religion. The more exclusive everything has to be, the more wide-spread the mass
distribution of sameness and expensive uselessness has become.
　Seduction and sexually explicit references have become more and more wide-
spread. There is visual inflation. Consumers have to stay impressed. The market
makes people buy the same things again and again every month or every week. The
same products, just another look and feel.
　Design should not be ignorant. Design could help to express that this world
should not be about selling only. It's not about marketing and managing only. It's
about creating culture, a new culture, and about changing culture.

This catalogue is a product we developed a year ago. (illustration 1) NL.Design is
no life style but it is a style nonetheless. The key word is mentality, not just to follow
trends but to counter and provoke, question, driven by one's personal vision and
opinion. This book is not made for eternity. ›Catalogue of Strategies‹ is not an anthol-
ogy of works from the past. Rather, it is the starting point for a discussion on the
directions of a more challenging design culture in the age of digital technology. To
me, it was the beginning of something new.
　Since branding is the strategy for transforming a product into an icon, lots of
famous people became products to make money from. The meaning doesn't matter
much, the marketing strategy is merely the same everywhere. The media and
advertisement culture offers too many standard ways for promotion. I made a billboard for an art exhibition in Berlin. As soon as persons become an icon they get
some value. The title ›Beautiful World‹ means that we lose style, everything is com-

mercial and even commerce and the economy is becoming a fashion. Lots of cultural people around me are subscribed to the ›Economist‹, they read and talk about the economy as if it's their work. *Economy has become the culture of today.*

Talking about icons. There is another use of icons. A movie I made for a very bad and overdesigned exhibition of useless furniture for the future of the office in the New York MoMA. I'm not so proud of being in that exhibition but I still think the movie is interesting. I am sort of obsessed by these simple icons of man and woman. I always use them in my work.

Technology is a religion. If you want to get into the IT-business you'd better convert to this very principle. Become a believer. Those who remain techno-sceptical will fail to sell their product. Tailor your aura to market needs. The economy does not exist without its prophets, priests and the herds of nerds, the true believers in your product. Fire up the inventors and investors. Stay friends with journalists, consultants and other digirati. They are all adding to your glamorous philosophy. Make your message a positive one, no matter what. And keep in mind: salvation will come, one day. Humankind will be liberated from its dark forces – once you will have your first 20 millions.

These were strategies when we were living in the New Economy bubble. I designed lots of covers for these fortune-tellers. It was a colourful world. (illustrations 2–4)

When I was a designer for Internet sites, the design criteria were mostly defined by managers. Managers took over from art directors and creatives. Design is a product of commerce these days. Money designs the world! But the question to me was whether we will make more quality with this. Because of this question, which I asked a couple of years ago, I started a book: everyone is a designer, manifest for the design economy. This book is not against the market. It would be naïve, but it makes things clearer and it makes you more conscious of the state of visual culture. Almost 50 critical thinkers, writers, artists and designers contributed their visions about the designers' culture…

The ›Mobile Minded‹ book is reflecting the very young state of culture in wireless thinking. Almost 60 different designers, thinkers, artists and other creative people around the world have sent their ideas and comments on mobile culture to NL.Design. We gave all quotes and slogans their own visual identities.

What will it mean to be connected, think wearable and live mobile. Liberated from cables and heavy objects, being always available is a human condition remarkably light – and not reflected. Mobile phones, for example, seem to fit almost unconsciously in our busy everyday lives. (illustration 5)

Involvement of designers in the development of both mobile interfaces and content developing is still in an early stage. The main reason for this could be the proprietary nature of the devices and their software. It is uncertain what kind of visual culture the mobile environment will bring. How colourful will the mobile world be? Is it appropriate to make a comparison with the Internet? People who are busy with the mobile

2
3
4

ture are pioneering a new critical discourse. But there is no mobile phone theory
. While you read and browse, the vocabulary is in the making. The question raised
e is still one of bewilderment and excitement. What is the mobile condition?

Will visual culture disappear in the future and will we, for instance, use our ears
ead to experience beauty and excitement? Now that globalization has brought us
rldwide visual inflation, we are closing our eyes and open up other senses and
plore new parts of the body. Then the question comes up: will we get a similar
agery delivered on our mobile devices, this time embedded in our bodies? Does it
lly make sense to repeat the telephone, radio and television culture of the twen-
h century, this time delivered in a matchbox?

wever, over the past few years we have seen a slow rise in cultural projects which
›cellspace‹ as their communication environment. Where are further promoting
bile phone projects in order to shape a rich and diverse public space within this
hly commercial and controlled virtual environment? The so far problematic rela-
nship between the more or less free Internet environment and the highly edited
ormation streams accessible via mobile devices is certainly a controversial topic
ich is not going to be resolved overnight.

Mobile technology has liberated objects from their serfdom. Objects are no
ger bound to a determined locality. Instead of staying behind when people start
ving, the techno-objects are accompanying us in an almost unconscious manner.
bile phones express an ambivalent relationship towards locality. While mostly
d nearby home and workplace, cellphones are as well part of global information
tems.

We carry PDAs and mobile phones of our choice close to our body as if they
re our most intimate friends. Often, people don't even get that close, compared to
invasiveness of ›wearable‹ technologies. They are truly becoming ›extensions
nan‹, as Marshall McLuhan once described media. The tiny electronics navigate
through the busy everyday life. They assist us in finding the right information
logy. They assist us in beating the boredom. Always on the move, always acces-
le, 24/7, on every possible spot you can imagine.

e other side of techno-mobility is the liberating dimension of ›Becoming Mobile‹.
operate ›mobile minded‹ gives us the possibility of moving around freely, question
hority and predetermined behavior. Freedom of movement is an essential human
ht and with it comes the possibility of leaving behind conservative frameworks,
ich try to tie us to one place, one position and one ideology, thereby preventing
ople from designing their own mindsets.

we all know the browser is the Interface, which provides access to information on
Internet. Currently, the browser is at the beginning of its development. Browser-
y is the international competition for new media designers. I organized six
owserdays in Amsterdam, New York and Berlin. (illustrations 6–7) In 1998, the
st Browserday was staged in the midst of the so-called ›Browserwar‹ between
tscape and Microsoft. Ever since, the question of who owns infrastructure, and
s determines the ways in which billions of people communicate, has become
reasingly urgent. The techno-economic battleground has shifted from the Internet

5
6
7

to mobile networks but the issues are still the same: Who sets the standards and who owns them? What degree of freedom does the user have and what is the role of designers in this fast changing world of new media?

Browserday has the goal to stimulate the world of young designers and artists to create and present new ideas based on creativity and not on market-driven design strategies. Browserday gives the possibility to young designers and artists to show their work in front of an audience. It combines entertainment, serious statements, radical concepts and critical visions about the future of communication and information.

»Realize your fantasy, blast the standards of today, take down the portal regime. Ignore dot-technology and today's corporate constraints for a minute and let your digital imagination roar. Put design back in the driver's seat and show the world that it is possible to dream up radically different ways to navigate information. Goodbye copy-paste. Close files and folders. We don't just want a piece of the cake, we want to design the whole damn bakery!« This was part of the call we made to the American students of the east coast last year for the International Browserday in New York.

»Talk back to your mobile.« Bertolt Brecht's ›Radio Theory‹ (1932) is an early example of an interactive utopia in which Brecht investigated the possibility of two-way communication. Brecht's proposal was to break down the hierarchy between sender and receiver. This demand is gaining importance within the turbulent world of wireless applications. Wireless services, running on closed, proprietary standards, are treating their customers as passive, downloading consumers. The New York Times noticed: »Mobile Web Remains a Promise.« Correct. The use of mobile phones is unstoppable and the development of more advanced wireless devices is growing every day. On the other hand, that same industry of new technology is facing its first recession because of overproduction and overinvestment. The Berlin Browserday last December was an event to further promote mobile communication projects.

The networks have liberated themselves from their cables. Electroclouds blow through the streets. The heavy desktop computers of yesteryear have shrunk and accompany us everywhere and nowhere. The unbearable lightness of the media makes us feel uneasy about the almost perfect accessibility of the world. The invisible abundance of signs takes users into a technological unconscious. For the moment all problems seem to be solved. But who are the ones that invite us to this technological wonderland? Are wireless networks part of society or are we merely paying guests of this cell space; clients granted access only after having paid? Does wireless mean powerless? Can we act against wireless devices being tapped? Are there public spaces on the network that aren't being run by the big telecoms? What do the tiny screens look like that offer more facilities than sending text messages or photographs?

In part, the lack of a sophisticated graphic user interface culture is to be blamed on the visual blindness of IT engineers, better known as geeks. The rise of the IT-business has not really changed their dominance over design, which says something about the poverty of business culture. It is all a matter of management in IT-firms, long-

m research, and of education. That's why the Browserday competitions start at
ools. The organizers of the International Browserdays have the naïve idea that
ogrammers, designers and business can team up in order to develop innovative,
mpetitive quality products which challenge the organized stupidity of most US-
merican software (and its copies). We think that a technological culture can be
ly polydisciplinary, shaped by all. Not just consumed. Perhaps this is all too much
a European idea. Euros can be cocksure and have this fatal tendency to fail.
t why not try instead of just adapting, or complaining from the sidelines, knowing
t one will always be right. The question would be how to perform negativity in
e act of doing, as a part of an overall design strategy.

e current situation concerning wireless technologies seems to be ambivalent.
hereas the use of mobile phones worldwide seems unstoppable and continues to
ow at an unprecedented pace, the involvement of designers seems to pick up only
owly. It seems hard to go beyond the level of the ordinary consumer.

in the early days of radio, there is a sense of limitless frequencies. However, cer-
n technologies and platforms are proprietary and degrade developers to early
apters. There is no need for even more consumers. The danger of electromiasma is
the air. Nifty telco giants are already polluting the future spectrum. The answer to
e wireless enclosures could be found in the beauty of radical locality. The revolu-
n will be topical or it won't be. There is no general interest in abstract globalism.
e power of wireless is lying in networked vicinity. But the most radical air is the
e we breathe.

part of the post-graduate faculty in Amsterdam, the design department of the
ndberg Institute[1] is working in the tradition of social commitment, artistic freedom
d experiment. New Media influences the existing forms of communication. That's
ay designers have to learn to work with new tools, but more important to develop
w ways of thinking, experimenting and of collaboration. The act of doing is the
ntral point for education. The complexity of the growing media environment re-
ires not only visual quality, but also self-reflection on one's doing.
    The design department wants to influence the war of images outside the insti-
te, manipulate the future of visual culture. The institute is a workplace and a
mpaign centre, Amsterdam is the source but also the place from where dreams,
eas, visions and critics will be sent all over the globe.
    »News doesn't exist anymore in our informational visual culture. Everything is
virtual as it is actual,« says Henk Oosterling. »As a result of speed, acceleration
d the need for transparency, an opposition between theory and practice has no
ore explanatory power. What counts is conceptuality and – literally and figuratively
reflectivity on and of the media.«
    World news is limited to disasters, wars and advertisements. The media distribute
e same information everywhere, with little variation. Front-page colour images
ow in size, as papers devote more and more space to imagery. Disasters and wars
e presented on television like video clips.
    The expansion of imagery in the news signals a change in the meaning of the
formation being reported. Are we giving less value to authorship and unique

vision; is it too expensive to create new ways of distributing information? Does the consumer desire only recognizable imagery, will the copy-paste culture continue to grow or do the new designers create revolutionary visual languages with powerful meaning? Are image creators becoming authors and journalists out of work?

News/technology

To say that news and technology are closely connected is to state the obvious. The historical overview of technological advancement – from marathon runner and courier to telegram and satellite – can be easily drawn but doesn't help us address the urgent questions put to us by the real-time condition of the global news industry. Understanding technology is one thing, to give it direction is quite something else.

Marshall McLuhan asked, »Are you living in the present?« It struck him that the public, gathered round the new medium television, loved watching the cowboy series Bonanza best. Modern television viewers lived in the 19th century more than in the sixties. »They live in Bonanzaland,« said McLuhan. Similarly, the pioneers of the Wild West lived not in the industrial revolution but instead surrounded themselves with the atmosphere of 18th century countryside romanticism, added McLuhan to his observation. This historical pattern goes for the Internet era as well. The content of the new communications platforms comes from old media. This is just one of the media laws that ›new‹ media cannot escape from. In today's news industry, we recognize yesterday's ideology. The French technology sociologist Bruno Latour proposes that we have never even been modern. Old goods are sold in a new form. News is not new, however much technology is thrown at it. The ideological character of news doesn't change because it flashes by on the screen of your mobile.

Never before did news belong so much to consumer goods. Never before was it so cheap and was so much money made from it. It isn't surprising either. The postmodern enlightenment criticism has done its job. Through deconstructivism, media have been stripped of their claim that with the support of information the population would enhance its critical consciousness. The news industry forms. It guides the public's attention in a special direction. Technological news ›mobilizes‹ public opinion in the sense of speeding it up. News doesn't behave as a passive and neutral outsider but creates active vectors and produces events. These are generally accepted viewpoints I repeat here. In the adventure society, it is necessary to carry further the production and distribution of facts by as many channels as possible.

The definition of what is news and what isn't and how it should be presented remains in control of a small band of journalists and editors who determine the world agenda. More and more violence (and tragedy) is needed to get through to the select group of images that circulate across the globe and are repeated endlessly. There is hardly any notion of differentiation in what news offers. The percentage of local reporting decreases due to the possibility to run media with less and less human resources by rationalisation. Radio stations are programmed from a distance and have no need of presenters or editors. Automated software reads the news that is sent to the speechbot once an hour. News has become bulkware.

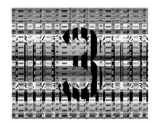

the technological front, miniaturizing of gadgets progresses at the same speed.
ols for recording and communication are becoming invisible. This process in-
ases general unease. Instead of enhanced security, news technology only produces
w sort of ›strategy of tension‹ in which media events aren't just recorded but
n actively designed. The sense of permanently figuring in a movie is how modern
is felt by many already, even if the technology isn't around yet. The awareness
being in the media‹ is enough. Increasingly, there is no reason to assume you are
side the media atmosphere. Small, mobile media only serve to underpin these
lings. The paradox between the phenomenal increase in available data and the
inishing amount of news that's being pumped round over more and more
nnels creates an unstable, ›uneasy‹ regime that will implode sooner or later. The
ppearance of global real-time media will be marked by the occurrence of
re direct storytelling at the edges of the media landscape. The new news will be
t-technological and it will take time to tell stories. Media can only slow down.
re isn't much going on at the other side of the speed of light.

the publicity and invitation card of an art project, which will take place in New
k City next week, it is funny to see that all cultural events are focussing on
nomy and recession. This project is about trading for garlic. It reacts to the sick
ling culture that appeared with the new economy a couple of years ago. New York
already quite a good wireless network structure, so on this card you can trade
he street and manipulate the market of garlic.

the wallpaper of your subconscious, the stuff your dreams are made of. (illusion 8) Use it to write your own stories or use it to help the others write theirs. Use
right words and you will be understood. To be copied means to be heard. Give
take. We live in a copy-paste culture.

st of the logos are very ugly, but as soon as they become wallpaper they turn into
e-looking patterns. Repetition also means something to me because of the mass,
of stuff and it's all the same. It's an endless growing image, the same sort of end-
idea as the virtual world. Wallpaper was the first image you could process as a
kground image for an Internet page. The whole space of that page, no matter what
, was filled up with wallpaper. The program generates the copy-paste of an image
omatically. Actually, this happens on a larger level, too. Every city or place in this
rld sell the same stuff, the same brands are everywhere. People are talking world-
e about the same things. They get the same news and information. Media decide
at is good and bad. It's not a matter of taste or creativity – it's about marketing
manipulation. Copy-paste is a popular activity. We live in a monoculture.

Kindliche Lebenswelten und Lebenswelten von Jugendlichen sind andere als die Erwachsenen. Heute sind wir gewohnt, dies zu akzeptieren. Die Zeit der Aufklärung hat uns diese Anschauung nahegebracht, seit der Aufklärung wird das Kindes- und Jugendalter nicht mehr als Zeit des ›kleinen Erwachsenen‹ gesehen, sondern als eigenständige, sich selbst definierende Lebenswelt. Eine eigene Welt zu haben, das meint auch, eigene Codes, Zeichen und Formen zu besitzen, die diese Welt definieren, ihr Ausdruck verleihen, sie kommunikabel machen.

Zu fragen ist, inwieweit diese Formen und Zeichen der Kinder- und Jugendlichenwelt nun tatsächlich eigene, von der Erwachsenenwelt differente sind. Inwieweit hat die Erwachsenenwelt, die sich nun in den letzten Jahren vermehrt zu der wie auch im Titel dieses Symposiums stehenden globalen Welt mit globalen Zeichen und Formen und einer transnationalen und translingualen Kommunikation entwickelt hat, aber ihre Zeichen auf die Welt der Heranwachsenden übertragen und sie vielleicht abgewandelt? Was ist die Andersartigkeit der Zeichen und Formen in ihrem Gebrauch durch Kinder und Jugendliche, inwieweit sind deren Zeichen und Formen nur letztlich veränderte, neu encodierte der Erwachsenen?

Mein Vortrag steht unter dem Titel ›Visus, Visualisierung und Vision‹. Diese Begriffe sollen auch den Kontext verdeutlichen, aus dem ich mich diesem Kongressthema annähern möchte. Ich bin Mediziner, Kinder- und Jugendpsychiater, und so ist es auch ein medizinischer Blick, mit dem ich auf dieses Thema schaue. Bedeutet doch Zeichen und Form für einen, der im medizinischen Denken geschult ist, auch zuerst einmal die Verbindung mit dem Sehsinn. Das Sehen als elementare Eigenschaft, um in Kommunikation treten zu können, und als Sinnesorgan ist für den Mediziner ein komplexes System mit vielfältigen Bezügen zu anderen Sinnen und Strukturen des Gehirns und des Körpers.

Aus der kinder- und jugendpsychiatrischen, entwicklungspsychologischen Sicht heraus möchte ich die Bedeutung der Visualisierung diskutieren, über das was Zeichen und Formen, was globale Kommunikation für kindliche und jugendliche Entwicklung bedeutet oder bedeuten könnte.

Kaum etwas lockt so zu Visionen, wie die Vorstellung und der Begriff der Globalisierung. Visionen darüber, was möglich sein kann, was entstehen kann, beispielsweise, welche neuen Welten der Kommunikation und des Lebens. Die Vision, eine Eigentlichen theologische Begrifflichkeit, ist aber auch eine psychiatrische, ist sie doch das Sehen von Nicht-Realem, von Irrealem, welches für das Individuum plötzlich eine subjektive Realität erhält. Die Frage ist zu stellen, welche Visionen für die Realität Aufwachsender von Bedeutung sind?

Ich will Ihnen nun die Entwicklung des Sehens kurz skizzieren, bevor ich dann auf die Bedeutung des Bildhaftmachens der Dinge für Kinder eingehe.

Der Sehsinn hat sich für uns als einer der wichtigsten Sinne herausentwickelt, neben dem Gehör ist er sicherlich für Kulturerwerb und die soziale Interaktion der wichtigste. Allerdings geht seine Dominanz manchmal so weit, daß er zur Verkümmerung anderer Sinne, etwa des Fühlens führt, da man nur noch über das Sehen wahrnimmt und das Erfassen, das körperliche Wahrnehmen dabei zu kurz kommen. Solcherart einsinnig geprägte Kinder begegnen uns Kinderpsychiatern in der Praxis übrigens tatsächlich, es sind jene, die ungeschickt im Händischen sind, die schwer Klettern

Michael Kölch
Visus, Visualisierung und Vision

können, denen die Tiefenperzeption abgeht und die den Raum nur als Bild, aber nicht mehr als etwas wahrnehmen, woran sie mit ihrem Körper teilnehmen und von dem sie selbst ein in allen Dimensionen erfahrbarer Teil sind.

Doch zurück zum Sehsinn, die Augen werden beim Embryo bereits um den 25. Tag als sogenannte ›Augenfurchen‹ angelegt, bereits in der siebten Woche bildet sich die Pupille. Das Sehen ist in seiner Grundstruktur mit Auge und Sehnerv bei der Geburt angelegt. Das Rohwerkzeug ist also vorhanden, nicht vorhanden ist aber das Eigentliche, was dem Sehen für das Individuum erst seine Bedeutung gibt, die Verknüpfung und Verschaltung, die Zuordnung zu kognitiven Anteilen, der ›link‹ vom Sehen zum Erkennen, Zuordnen, Verstehen und Denken. Alles das wird erst postnatal entwickelt, und es entwickelt sich eben nicht von selbst, sondern es bedarf der Interaktion mit der Umwelt. Einmal durch die Reizung von visuellen Stimuli, aber auch der Erklärung und Förderung durch andere. Das Gehirn eines nicht mit mannigfachen Reizen konfrontierten Kindes wird nicht dazu kommen, in einem hochkomplizierten und hochkomplexen Prozeß Verknüpfungen und Verschaltungen herzustellen. Der Begriff der Neuroplastizität trifft auf die Entwicklung des Sehens voll und ganz zu. Die Wahrnehmung von Kontrasten, die Entwicklung der Erkenntnis von Dreidimensionalität, die Proportionierung der Umwelt im Erkennen wie in der Reproduktion derselben in einem Bild im Individuum, sind Prozesse, die nach der Geburt erfolgen.

Man weiß durch neuroanatomische Untersuchungen, daß in den ersten Lebensjahren im Gehirn, im zentralen Nervensystem eine Vielfalt von Querverbindungen entsteht und wie wichtig diese Querverbindungen sind, um aus einem Reiz, wie ihn jedes Bild der Umwelt darstellt, einen Sinnzusammenhang generieren zu können. Aber die Entstehung dieser Synapsen und Verbindungen sind nur zum Teil automatisch und regelhaft ablaufende Prozesse, alles kann, nichts muß entstehen. Und so können die erwähnten Strukturen auch in ihrer Entwicklung zurückbleiben, verharren oder gar nicht erst entstehen. Die Darbietung von Reizen und die Erläuterung derselben, das Hinführen zu den Bedeutungen der Reize müssen verknüpft sein, um beim Kind Verstehen und Zuordnung der prinzipiell bedeutungslosen Muster zu ermöglichen. Hier ist also eine ganz frühe Stimulation wichtig, um Möglichkeiten, die prinzipiell angelegt sind, auch auszuschöpfen. Aber auch eine aktive Leistung der Umwelt beim Sinngeben ist nötig, um die Welt mit Bedeutung zu versehen. Wenn wir ein konkretes Bild sehen, so stellt sich bei uns unwillkürlich die Bedeutung dieses Bildes ein – ein für uns Erwachsene automatischer Prozeß. Magritte, der Maler, hat dies in einem Bild sehr paradox inszeniert, indem er eine Pfeife in seiner sehr realistischen Manier gemalt hat und darunter, wie in einem Kinderlehrbuch, geschrieben hat: »Dies ist keine Pfeife«. Nun haben wir ein Problem, wir sehen doch eine Pfeife, aber das Geschriebene sagt uns, das ist keine Pfeife. Durch den sich in uns aufbauenden Widerspruch wird deutlich, wie verknüpft für uns der Zusammenhang von Sprache, Bild, Zeichen und Form sowie Bedeutung ist und wie sehr kongruent die Wahrnehmung und das Denken laufen müssen, um uns nicht in verwirrende Zustände inkompatibler und inkongruenter Empfindungen zu bringen. Für ein kleines Kind aber stellt sich das anders dar. Nehmen wir an, es hat noch nie eine Pfeife gesehen, ihm wird dieses Bild von Magritte präsentiert und ihm wird gesagt, dies ist keine Pfeife, so wird es dies hinnehmen. Das, was für uns Pfeife ist, ist für dieses Kind dann eben

HOTEL

keine Pfeife, und es wird große Überzeugungsarbeit benötigt, diese Sinnzuschreibung wieder umzucodieren.

Noch etwas anderes zeigt uns dieses Beispiel: denn natürlich hat Magritte Recht mit seinem Paradoxon, tatsächlich ist das, was wir auf seinem Bild sehen, keine Pfeife. Es ist das Bild einer Pfeife, und dieses Bild zeigt die Form und alle Zeichen einer Pfeife. Auch diese Differenzierung zu erkennen, ist eine immense Transfer-leistung für das sich entwickelnde Gehirn, daß es nämlich zu jedem Gesehenen eine Metaebene gibt, die sich zwar in Form und Zeichen ähnlich präsentiert wie die Realität, aber eben eine abstrakte Ebene ist, der die konkrete Realität fehlt: daß es Bilder von Bildern gibt, daß es Zeichen und Formen gibt, die nur Abbilder von anderen Zeichen und Formen sind, und daß Zeichen und Formen Medien der Kommunikation sind, die letztlich Vehikel für menschliche Kommunikation darstellen.

Abbildung eins und zwei sollen diese eben erwähnten Prozesse der Dechiffrierung und Sinngenerierung von Bildern in unserem Gehirn veranschaulichen.

Was zeigt uns Abbildung eins? Es zeigt den meisten von uns fremde Schriftzeichen. Für denjenigen, der die sich durch diese Zeichen ausdrückende Sprache nicht gelernt hat, haben die Zeichen möglicherweise ästhetische Qualitäten – inhaltliche Qualitäten besitzen sie für ihn nicht. Wir nehmen nur Striche mit Häkchen und Bögen, bestimmte Winkelstellungen von Strichen zueinander, nur Striche wahr. Aus den Strichkonfigurationen können sinnvolle Informationseinheiten erst in unserem Kopf entstehen, wenn das von der Netzhaut weitergeleitete Bild auch auf Cortex- und andere Hirnanteile projiziert wird, die ein Wiedererkennen möglich machen. So wie bei Abbildung zwei.

Nun wird allen recht schnell die Bedeutung dieser Strichkombination bewußt geworden sein. Im Auge haben sich nur wieder Striche abgebildet und diese sind weitergeleitet worden; über den Weg der Sehbahn und das visuelle System wurden diese fünf Strichkonfigurationen zu den Bahnen unseres Sprachzentrums verschaltet. Automatisiert wurde die Bedeutung dieses Wortes in Zusammenarbeit mit dem visuellen Systems generiert.

Kinder lernen also Sehen in den ersten Lebensjahren. Sie lernen auch Denken mit dem Sehen, und je komplexer man ihren Sinn reizt, umso komplexer bilden sich Synapsen aus, desto komplexer modelliert sich das Gehirn und desto komplexer sind dann auch die Strukturen, auf die das Kind oder auch der Lehrer zurückgreifen kann beim kognitiven Erfassen, beim Verbinden von Inhalten oder bei sonstigen Transferleistungen genannten Tätigkeiten des Gehirns.

Was die Inhalte sind, die Kindern in ihrer Entwicklung dargeboten werden sollen, dazu gab und gibt es vielfältige Theorien. Wahrnehmungsmaterial und Stimulationsmaterial mannigfacher Art ist heute existent, man braucht nur Namen wie den von Maria Montessori oder Rudolf Steiner erwähnen, und man wird allgemein einen Begriff davon haben, welchen bunten Strauß an Theorien es zur Wahrnehmung und zum dazu nötigen Material gibt. Allen diesen Materialien, die wir heute in Industriekulturen pädagogisch als wertvoll erachten, ist jedoch gemein, daß sie in Grundzügen sich auch wiederfinden in ganz anderen Kulturen und auch in historischer Betrachtung letztlich aus Elementen bestehen, wie sie seit Jahrtausenden verwendet werden.

Offenbar besitzen diese Objekte und Materialien für die menschliche Entwicklung eine grundsätzliche Qualität, so daß sie sich über Jahrtausende erhalten konnten. Ihre Eigenschaften beruhen vor allem auf folgendem: Farbe, Konturen, Kontraste, Beweglichkeit, diese letzte, um Bildpunkte bei der Wahrnehmung entstehen zu lassen, sowie Mehrdimensionalität. Das sind die Grundprinzipien. Ein Steinspiel früher Kulturen unterscheidet sich darin nicht vom Perlenrasseln neuerer Provenienz. Hier findet sich – ohne daß es zwischen den verschiedenen Kulturen tatsächlich kommuniziert worden wäre – eine Ähnlichkeit, ein Grundmuster menschlicher Gestaltung. Andererseits sehen wir einen Prozeß intergenerationeller Kommunikation, der über Jahrhunderte verläuft. Als Beispiel sei angeführt, daß die meisten der Prinzipien und Paradigmen, auf die sich heute die Pädagogik beruft, sich auf Erkenntnisse und Theorien der Aufklärung beziehen.

In unseren Fähigkeiten, Zeichen zu erkennen, die in der allerersten Lebensphase in ihrer Grundpotenz angelegt werden, sind wir alle gleich – oder eben ungleich, mundus globalis. Wo auch immer auf der Welt, Kinder werden sich nur unwesentlich in ihrer prinzipiellen Fähigkeit zu erkennen, zu kombinieren, Gesehenes in andere Cortex- oder Hirnareale zu verschieben und damit Neues zu kreieren, unterscheiden. Sie können damit in Kommunikation treten und das Gesehene, hernach Empfundene dechiffrieren, zerlegen, vergleichen und verschiedenen Empfindungs- und Verarbeitungsebenen zuordnen. Nach erneuter Chiffrierung werden Engramme erstellt, und bei Bedarf können Kinder diese wieder mitteilen, meist über das Medium der Sprache. So erhalten Bilder eine andere Bedeutung, sie sind zu komplexen Chiffren mit breiter Bedeutungsvariation geworden, eine eminente Leistung für ein Kind.

Soweit stellt dies nichts Neues dar, Entwicklungen und Prozesse, die stattfinden, seit es Menschen gibt. Neu ist für unsere Industriekulturen etwas anderes. Die Frage ist, inwieweit durch globale Kommunikationsformen Kindern neue Zeichen und Formen vermittelt werden und in welchen Sinnzusammenhang diese neuen Zeichen und Formen gesetzt werden. Zuvor wurde angesprochen, daß es zu Zeichen und Formen eine Metaebene gibt, den Bedeutungsgehalt und die Mehrdeutigkeit von Zeichen und Formen. Wenn nun im Rahmen der globalen Kommunikation einerseits eine Vereinfachung und Vereinheitlichung von Zeichen und Formen stattfindet, andererseits aber über den unmittelbaren Umgebungsraum hinaus Kommunikation möglich ist, so könnte sich auch das Spektrum des Erfahrbaren verändern.

Dabei hat die Vereinheitlichung der visuellen Erfahrungswelt schon länger begonnen: seit circa dreißig Jahren wachsen Kinder in Deutschland mit Fernsehen auf. Zumindest im Westteil Deutschlands bedeutet dies, daß amerikanische und später auch vermehrt asiatische Produktionen Kinder geprägt haben. Anfangs waren es Buster Keaton und Stan und Olli-Filme, später dann Biene Maja und ähnliches. Das gleiche Filmmaterial prägte Kinder in Japan, in den USA und in Europa. Damit, von Erwachsenen ausgedacht, wurde die bildliche Prägung kein lokales Geschehen mehr. Das, was damit als real wahrgenommen für Kinder visuelle Erfahrungen wurden, war nicht mehr die unmittelbare Umwelt, sondern ein hybrides Gebilde, das von seiner Zeichenhaftigkeit gleich war, jedoch in der Rezeption sehr verschieden aufgenommen wurde, je nachdem, wo man diesen gleichen Film sah: eben weil alles Gesehene mit einer sehr individuellen Bedeutung belegt werden kann. Akira Kurosawa hat dies in seinem Filmklassiker ›Rashomon‹ sehr ästhetisch gezeigt.

Nun ist dieser Trend der Globalisierung kindlicher Erfahrungswelt weitergegangen, Teletubbies sind die mediale Erfahrungswelt kleinster Kinder geworden, sprachfrei und daher ohne große Synchronisations- und Transferleistungen verwendbar. Hier werden selbst für kleinste Kinder Erfahrungswelten nivelliert, indem sie, egal an welchem Ort der Erde, das Gleiche vermittelt bekommen. Dies sei ohne Kritik gesagt, es ist eine Feststellung.

Aber die Veränderungen gehen weiter. Zu den passiven Medien, und das ist das wirklich Neue der Jetztzeit, kommen nun auch aktive Medien hinzu. Ich meine damit Instrumente, die eine Reaktion des Bedieners nötig machen, deren Sinn die Kommunikation, auf welche Weise auch immer, mit dem Nutzer ist. Gameboys, Spielcomputer und andere vergleichbare Elemente sind teilweise in ihrer Funktionalität alters adaptiert worden für den Gebrauch durch Kinder. Sie benutzen Bedienelemente, die im Eigentlichen für die Erwachsenenwelt geschaffen sind, aber – scheinbar spielend – von Kindern und Jugendlichen angeeignet wurden. Das Internet, ursprünglich ein Netz, das der Wissenschaft Wissensaustausch gewährleisten sollte, ist zur Erfahrungs- und Kommunikationswelt der Kinder und Jugendlichen geworden.

Das Bildhafte, Sichtbare ist eine essentielle Komponente der Globalisierung. Die Globalisierung, die Vernetzung, geschieht über Zeichen und Formen – diese sind zu einem großen Teil sichtbare Elemente. Kinder lernen also vermehrt über visuelle Medien, sie lernen über interaktionelles Geschehen anhand visueller Muster.

Der Umgang mit diesen Medien, der nur über bestimmte Zeichen und Formen funktioniert, die Bedienung über Knöpfe, Tastaturen, Symbole, das Erkennen des eigenen Tuns über Displays (die Formebene), über serielle kausale Verknüpfungen als innere Logik prägt Kinder heute. Hier lernen sie die Bedeutung von Zeichen und Formen, verknüpfen sich für sie Bilder mit Sinnzusammenhängen. Aber bereits auf der Bedienebene hat eine Neuerung stattgefunden. Man vergegenwärtige sich bitte selbst, wie häufig man mit der Hand schreibt. Der zunehmend seltenere Gebrauch der Hand zur Stiftführung findet sich ebenso bei Kindern und Jugendlichen. Die Gewöhnung an das mittels einer Tastatur vermittelte Schreiben ist selbstverständlich geworden. Die Symbole der Computerdisplays sind die geläufigen Kommunikationsmedien für Jugendliche. Mittels Pfeilen steuert man ein Objekt an, es wird also mittelbar erreicht, mittels Klicken auf Symbole werden Befehle zur Ausführung gebracht. Mittelbar wird Handlung erreicht. Was die Zeichen der Kommunikationsmedien also bewirken, ist eine Verschiebung der Erfahrung zur Mittelbarkeit, eigenes Tun wird dadurch distanzierter, weil es nicht mehr selbst haptische Qualität besitzt. Die Globalisierung dieser Technik hat also in diesem Falle zu einer Entkörperlichung der Handlung geführt. Realität hat seltener eine dreidimensionale Erscheinung, sondern eher eine zweidimensionale. Wenn Dreidimensionalität erscheint, so ist es häufig nur das Bild der Dreidimensionalität, das ›Als-ob‹, weil es mittels grafischer Tricks gelingt, zweidimensionalen Strukturen Räumlichkeit zu geben, wie dies etwa auf Computerbildschirmen geschieht, wo man nie eine wirkliche Dreidimensionalität erleben kann.

Etwas Zweites ist wichtig zu erkennen im Zusammenhang mit diesen Kommunikationsmedien. Kinder und Jugendliche lernen recht problemlos, das meint mühelos den Umgang damit, überflügeln ihre Eltern darin, nutzen diese Medien geradezu selbstverständlich und lernen verstärkt autonom. Das Erstaunliche ist hier, daß Kinder über diese Zeichen schnell lernen, daß sie es vermögen in autodidaktischer Form, zumindest ohne direkte Anleitung, durch ein anderes direkt anwesendes Individuum, durch Zeichen, Piktogramme oder ähnliches gesteuert, sich selbst Wissen zu erwerben. Das Erlernen der Sprache oder des Lesens und Schreibens erfolgt durch Konfrontation des Kindes mit einem Gegenüber. Schriftsymbole erschließen sich nicht von selbst, sie müssen durch einen anderen erläutert werden. Auch wird darin ein Kind einen normal gebildeten Erwachsenen nicht überflügeln.

Bei den neuen Medien ist das anders, sie ermöglichen den Erwerb ihrer Praxis durch sich selbst, hier vermögen Kinder vom Erwachsenen relativ unabhängig sich zu perfektionieren. Dadurch, daß die Zeichen in hohem Maße sich selbst erläutern – die Selbsterläuterung ist geradezu die Eigenart dieser Zeichen und soll sie auch sein –, da sie so aufgrund eines größtmöglichen Eindeutigkeitsfaktors global und universell verwendbar und erkennbar sind, haben Kinder und Jugendliche hier die Möglichkeit einer asozialen, weil ohne Gegenüber stattfindenden Art der Kommunikation. Man kann es als Paradoxon auffassen, daß ein Jugendlicher, der immense Probleme in Mathematik hat, dem dieses Schulfach sehr wenig Spaß macht und der nur mit Widerwillen sich auf die komplexen und komplizierten Denkschritte mathematischer Logik einläßt, ohne größere Probleme das Menü seines Handys zu bedienen im Stande ist und die, natürlich für den Bediener möglichst vereinfachten, jedoch letztlich eben nicht wirklich einfachen Strukturen der Bedienung tätigt. Er vermag in diesem Kontext etwas, was ihm im Bereich der Mathematik große Mühe macht: er praktiziert schrittweises, logisches und serielles Denken und daraus folgendes Handeln. Macht die schnelle Rückmeldung des Displays bei Fehlern es aus, daß ihm hier gelingt, was andernorts ihn versagen läßt? Macht es das Design, das ihn visuell führt und ihn verstehen macht, was zu tun ist, gleich einem Begleiter, an den man sich wenden kann, wenn die eigene Lösungspotenz versagt?

Einerseits ist die globale Kommunikation durch Erwachsene geprägt und von ihr definiert worden, andererseits aber haben sich Kinder und Jugendliche diese Welt angeeignet und sie verändert. Der Markt für Computerspiele ist neben den USA nirgendwo so groß wie in der Bundesrepublik, die Internationalisierung der Musik über das visuelle Medium hat bereits stattgefunden, und die globale Welt, globale Zeichen und Formen sind hier eindeutig jugendspezifisch geprägt.

Jedoch habe ich auch erwähnt, daß Kinder und Jugendliche in der Bedeutungszumessung noch recht stark auf externe Vermittler angewiesen sind. Trifft dies auch im Falle der globalisierten Kommunikation zu? Eindeutig ja. Denn je verfügbarer Bilder, je uniformer Zeichen, je vernetzter Chiffren sind, desto mehr besteht die Gefahr, daß alle diese Chiffren zwar gesehen werden, in der Dechiffrierung und Sinnzuweisung der Jugendliche oder das Kind aber vollkommen überfordert ist. Das Erkennen bleibt dann aus, die Zeichen bleiben inhaltlich leer. Hier sind Bezüge zum eigenen, sehr unmittelbaren Raum wiederherzustellen. Wenn ich von Entkörperlichung durch die mediale Form und Zeichenkommunikation sprach, so hatte ich an die Tendenz gedacht, die wir, damit meine ich Kinder- und Jugendpsychiater, beobachten können, nämlich die destruktive Betonung der Körperlichkeit durch Jugendliche. Denn so abstrakt und unkörperlich die Erfahrungswelten gestaltet werden, so vehement gehen manche Jugendliche an den eigenen Körper heran, sei es durch exzessives Hungern, sei es durch selbstverletzendes Verhalten.

Es handelt sich auch hier um globale Zeichen, wenn man in diesem Rahmen Globalität auf die moderne, westlich geprägte Kulturalität reduzieren darf, die auch den vernetzten und aus Informationssicht globalisierten Raum ausmacht – weite Teile der Welt nehmen schließlich an der sogenannten globalen Kommunikation nicht ... Es sind dies die Erscheinungen psychischer Zustände bei Jugendlichen. Ich meine hier das selbstverletzende Verhalten. Immer häufiger werden wir in der Praxis damit konfrontiert, daß vor allem Mädchen sich selbst verletzen, indem sie sich etwa an Armen ritzen. Teilweise geht dies aber weiter, Füße, Beine, Bauch, auch das Dekolleté werden mit Rasierklingen, Messern oder Glasscherben traktiert. Die Antwort der Jugendlichen, weshalb sie das tun, sind meist recht redundant und erklären nicht die Handlung. Es reduziere eine innere Spannung, man fühle sich dann wieder, sind häufige Antworten.

War das an den eigenen Körper gehen, ihn mit bestimmten Zeichen und Insignien zu versehen, früher bestimmten Kulturen überlassen oder auf bestimmte gesellschaftlich akzeptierte Formen beschränkt, so ist dieses Zeichnen des eigenen Körpers eine kulturell neue Form. Das Interessante daran ist, daß es sich um ein Phänomen handelt, das erstaunlich ansteckend ist, es greift um sich, und es ist im Kontext der globalen positiven Körperentwürfe von Schönheit und bestimmter Erscheinungsform der Körper zu sehen. Sind einerseits Schönheitsideale, die den Körper zur unübertrefflichen Form stilisieren, dem kaum mehr zu genügen ist, weweit immer weiter angeglichen beziehungsweise dominant geworden, so ist die Gegenbewegung, dieses Ideal dadurch zu unterlaufen, daß der eigene Körper bis aufs Blut oder Fleisch malträtiert wird, ebenso umfassend und für bestimmte Altersgruppen selbstverständlich. Es ist auch der Zusammenhang mit einer abstrakt und unerfahrbar zu werden drohenden Welt zu sehen. Wie sehr zwar die globale Verfübarkeit von Kommunikation genutzt wird, wie wenig sie aber dem Individuum zu nutzen imstande ist, das erlebt gerade der Jugendliche oder die Jugendliche. Was nutzt eine multipel abrufbare Bildhaftigkeit von Liebe, wenn dazu das eigene Gefühl vollkommen unterentwickelt ist, wenn nur global identische Abbilder bekannt sind ohne jemals selbst eine fühlbare reale Erlebniswelt erfahren zu haben. Erfahren nicht nur durch eigenes Tun, sondern vor allen Dingen auch passiv, als etwas, was einem gegeben oder vermittelt wurde. Die Bezüglichkeit in die Globalität läuft hier Gefahr, zur Bezüglichkeit in die Unverbindlichkeit zu werden, weil sie zur Ersetzbarkeit und Relativität der Singularität zu geraten scheint.

Ich möchte dies an einem Beispiel verdeutlichen:

Ein 16-jähriger Patient, auf Grund einer komplexen Symptomatik mit Gewalterfahrung, Drogenkonsum und einer starken affektiven, das heißt einer Stimmungs- und Gefühlsproblematik war bei uns in der Klinik. Diesem Jugendlichen war es nur äußerst schwer möglich, sein Innenleben, sein Erleben und Fühlen für sich selbst zuzulassen, da es mit sehr traumatischen Erlebnissen in der Vergangenheit verbunden war, die sehr schmerzhaft wiederzuerleben sind. Natürlich fiel ihm der nächste Schritt, die Probleme mitzuteilen und Unterstützung zu suchen, noch viel schwerer, es war ihm größtenteils unmöglich. Gleichwohl, dieser Jugendliche war trotz aller

Stimmungsproblematik verliebt, er hatte eine Freundin, sie war ein hochgradig wichtiger Bezugspunkt in seinem Leben. Nun ist es kaum mehr möglich, heutzutage eine Freundin oder einen Freund zu haben, ohne daß mit dieser oder diesem über das Handy kommuniziert würde. Das tat auch dieser Jugendliche. Stundenlang, auch während des Aufenthalts bei uns, im Garten, bei Gruppenaktivitäten, vormittags, nachmittags. Dabei ist wichtig zu wissen, daß er abends und nachts durchaus Möglichkeit gehabt hätte, seine Freundin zu sehen, da er nicht in der Klinik übernachtete.

Nun ging die Freundin nach Amerika, für ein Jahr. Die Kommunikation riß nicht ab, man telefonierte, die Kosten summierten sich, auf über Tausend Euro. Die Kommunikation über das Telefon wurde zum Ersatz für die reale Begegnung, sie verhinderte aber gleichzeitig, daß der Jugendliche sich mit etwas sehr Existentiellem auseinandersetzte, nämlich mit der Bedeutung dieser Trennungssituation für sich selbst. Was noch vor wenigen Jahren als selbstverständlich gegolten hätte, daß nämlich das Weggehen für beide Beteiligte mit einem Prozeß der Auseinandersetzung über Trennung, die eigene Person und mit der Chance einer Verselbständigung und Erfahrung des Neuen verbunden gewesen wäre, hat in diesem Falle dazu geführt, daß das Unlustgefühl der Trennung dadurch aufzuheben versucht wurde, die räumliche Distanz über die direkte Kommunikation zu beseitigen. Dabei wurde aber der Umstand eben nicht bewußt gemacht, daß dieser Telefonkontakt nur eine Ebene und zwar eine abstrakte Ebene des Austausches ist. Die Kommunikation über das kleine Gerät avancierte zum Ersatz für die Person, es wurde in diesem Fall zu einem Statthalter der eigentlichen Person.

Ein weiteres Beispiel. Wir haben häufiger Patientinnen erlebt, die, selbst bereits aus der Klinik entlassen, in regem Kontakt zu ehemaligen Mitpatientinnen über das Handy standen. Dies führte dann zu der therapeutisch grotesken Situation, daß diese entlassenen Patientinnen, die durchaus selbst noch mit vielen Problemen belastet waren, gleichsam eine Ko-Therapeutinnenrolle einnahmen und dem Stationspersonal – ebenfalls über Handy – mitteilten, daß es dieser und jener Patientin schlecht ginge und sie in die Klinik kommen wollten, um sich um diese zu kümmern. Selbst Kranke nehmen so spielend die Rolle von Seelenmanagerinnen ein.

Der Filter für die Umsetzung von Impulsen zu Handlungen, der durch den Zeitfaktor Aufschub schafft und eine Prüf- und Relativierungsfunktion besitzt, fällt durch eine allzeit verfügbare Kommunikation mit globaler Reichweite fort. Dem Impuls kann rasch nachgekommen werden, Abwarten und Aushalten sind nicht mehr nötig, glaubt man.

Haben Kinder nun in der Welt der globalisierten Kommunikation eigene Zeichen und Formen entwickelt? Sind es unter diesen Voraussetzungen tatsächlich noch eigene Welten, die Kinder und Jugendliche zur Verfügung haben, oder sind wir beim ideengeschichtlichen Status vor der Aufklärung angelangt, wo Kindsein bedeutete, ein kleiner, unkompletter Erwachsener zu sein?

Tatsächlich bleibt festzustellen, daß aus pädagogischer Sicht vieles, was vor zwanzig oder dreißig Jahren visioniert wurde, heute sich durch die Realität relativiert hat. Auch ist wirklich die Welt der Minderjährigen in sehr starker Weise durch Erwachsene definiert und geprägt, gerade unter dem Aspekt der globalen Zeichen und Formen. Unterschiede zwischen Erwachsenen und Kindern sind in der Lebenswelt verschwommener geworden. Aber andererseits ist das Instrumentarium, wie

Kinder oder Jugendliche mit diesen, ihre kognitiven und emotionalen Fähigkeiten noch übersteigenden Ansprüchen umgehen, nicht wirklich entwickelt. Zweifelsohne bietet ein erweiterter Strukturraum Chancen auch für Kinder und Jugendliche. Die Erweiterung kognitiver und der Erlebnismöglichkeiten sind solche Chancen.

Aber es sind eben für Kinder nicht nur Chancen, die eine globale Kommunikation bietet. Sie trägt die Gefahr des Verlusts des für Kinder und Jugendliche eminent wichtigen Nahbezugraums und der komparativen Auseinandersetzung mit sehr basalen emotionalen Modalitäten. Wo alles erreichbar ist, wo die Flucht möglich ist in das virtuell einerseits sehr Eindeutige und andererseits doch in allen Bedeutungsqualitäten letztlich Offene, besteht die Gefahr des Eskapismus, ohne jemals zuvor die Begrenzung erlebt zu haben. Begrenzung als Gegensatz zu einer vollkommen allumfassenden Welt, die ›Schublade‹ im Gegensatz zum Kosmos, sie hat für Kinder und Jugendliche in der Entwicklung eben Bedeutung.

So wird nicht ohne Grund in der therapeutischen Methode des Sandspiels ein fest begrenzter Sandkasten mit den Ausmaßen 50 cm mal 70 cm eingesetzt. Man geht davon aus, daß dieses Maß dem menschlichen Blickfeld am ehesten entspricht. In der Begrenzung des Blickfelds wird der Blick auf das Wesentliche gerichtet, aber es wird auch eine zentrierte große Phantasie und Kreativität möglich, die sich auf Grund des Rahmens nicht ins Unverbindliche verliert. Tatsächlich – und das wird allzugern vergessen bei dem verlockenden Begriff der Globalisierung – bleiben wir letztlich auf uns und unsere Körperlichkeit begrenzt. Determination ist zwar eine nicht lustvolle aber sehr menschliche Erfahrung, die gerade etwa im Kindes- und Jugendalter ständig gemacht wird und gemacht werden muß. Wenn diese Erfahrung nun abgeschwächt wird durch Scheinwelten und Unverbindlichkeiten, so bietet dies nur eine scheinbare Ausflucht vor dem Unlustgefühl der Determination. Tatsächlich wird das Gefühl des eigenen Unvermögens nur um so stärker und schmerzhafter, je weiter man es verdrängt. Daran scheitern eben dann jene Jugendlichen, von denen ich vorhin sprach. Sie können sich zwar in einer Welt bewegen, die vernetzt ist und deren Chiffren sie beherrschen. Aber sie können die Spannung durch die Existenz des Gegenübers oder eben Nichtexistenz desselben nicht aushalten. Hier scheitern sie, hier helfen keine menschlich kreierten globalen Zeichen oder Formen, hier geht es um archaische oder archetypische menschliche Eigenschaften, um das globalste: um menschliches Gefühl.

Denken Sie bitte an große, bekannte Produkte, sogenannte Produktmarken, die sich je nach Kontext, in dem sie auftreten, bewußt nicht integrieren. Ob die Marke mit dem jeweiligen Produkt sich in einer fremden Kultur abgrenzen möchte oder integriert, hängt immer auch vom sozialkulturellen Umfeld ab. Dies ist immer relativ, ich denke hier nicht nur an unser kulturelles Umfeld, sondern man muß das im Wechsel sehen, je nachdem, wo man sich kulturell gerade befindet.

In letzter Zeit sind die Tendenzen so, daß man versucht, in der großen Vielfalt, die kulturell da ist, sich mit einer gewissen Einheit zu integrieren. Die abstrakten Werte, die einer Marke zugehörig sind, werden durch lokale Zeichensätze verbrämt, so daß diese eigentlich in dem regionalen Kontext in der Form eingegliedert sind, daß sie nicht mehr als Fremdkörper erkannt werden. Das heißt, wenn Sie nicht von Produktmarken, sondern von idealen Marken oder ideellen Markenkonstrukten sprechen, haben Sie nicht mehr das tatsächliche Kaufprodukt damit assoziiert, sondern die Werte, die dahinter stehen. Und in den Werten unterscheiden sich einzelne Unternehmen oder Unternehmensgruppen, auch im weltweiten Kontext, sehr stark. Das bedeutet, das einzig Verbindende sind lediglich noch die Wortmarken oder die Signets, die Farben, eventuell auch noch Zeichensätze oder die Gebäude. Alles andere ist aber bereits variabel. Die Zeiten, in denen sich ein Konzern weltweit mit ein- und denselben Gebäuden in allen Ländern präsentiert hat, natürlich wie erwähnt mit dem gleichen Logo, die sind wohl eher im Schwinden. Die Logos an sich müssen natürlich fix bleiben, weil das Visuelle ein sehr, sehr wichtiger Punkt in unserer gesamten Wahrnehmung ist – und gesprochene Wortmarken gibt es noch nicht in diesem Maße.

Die Problematik liegt hier natürlich auch in der Vielsprachigkeit, die wir haben, was ein Übersetzen in den verschiedensten Kontexten absolut nötig machen würde. Ausschließlich grafische Zeichen sind natürlich aufgrund der unterschiedlichen kulturellen Interpretation mit gewissen Problematiken belegt. So denke ich, daß, generell gesprochen, möglichst abstrakte Wortmarken einen weiteren Verbreitungsgrad finden werden, als das mit bildhaften Signets oder Kombinationen von Wort- und Bildmarken der Fall sein könnte. Nachteil von bildhaften Signets ist darüber hinaus, daß das Produkt auch eine Dienstleistung sein kann. Die meisten Firmen verkaufen ja Produkte und seltener Dienstleistungen – wobei wir auch hier immer mehr sprachliche Unschärfen bekommen. Oder aber, daß wir mit mehr oder weniger unsinnigen Wortneuschöpfungen konfrontiert werden, indem man statt des Produktes an sich mit sprachlichen Überhöhungen operiert.

Mir fallen zum Beispiel Unternehmen auf, die eigentlich Dampfstrahler herstellen und dann ›Reinigungssysteme‹ verkaufen. Diese Euphemismen werfen Fragen der sprachlichen Überhöhung auf, weil es sich zeigt, daß in der Markenführung das Produkt schon lange nicht mehr ausreicht, um möglicherweise im internationalen Wettbewerb die Kompetenz noch ausreichend differenzieren zu können. Das ist übrigens ganz typisch für saturierte Märkte, in welchen man in hohen Entwicklungsstufen nur noch mit den größten Schwierigkeiten revolutionäre neue Entwürfe hinbekommt, und gilt sowohl für Marken in der Geschichte als auch für die Produkte an sich.

xel Thallemer
ie hat sich globale Markenästhetik oder Markenführung in der
ergangenheit dargestellt und bis heute entwickelt?

In aller Regel wird in den Bereichen der sogenannten Konsum- und Investitionsgüter – das ist auch immer eine Definitions- und Konventionssache bei hochentwick-
ten Industrieländern – nur noch evolutionär entwickelt, auch was die Marken selb-
anbelangt.

Denken Sie nur einmal daran, heute eine Marke neu zu etablieren – ich verm-
das würde mindestens zehn Jahre bedürfen, bis man sie überhaupt wahrnimmt, un-
weitere 10 bis 20 Jahre, bis man diese wirklich international halbwegs so etabliert
daß sie eine bekannte Größe ist. Es wird daher in aller Regel hergegangen und sic
eher alteingesessener Marken bedient – diese müssen ja nicht mehr unbedingt akt
sein. Hier gibt es einen ganzen Schatz an nicht mehr benutzten Bildern und Wortzeichen, die durch Akquisition und Wiederaufarbeitung neu eingeführt werden
können. Vorteil ist hierbei natürlich, daß man sehr, sehr viel Zeit, aber auch etliche
an finanziellen Ressourcen dadurch einspart, indem man einfach die vorhandener
Altwerte rekrutiert und dann häufig nur eine historische Betrachtung dahingehen
ummünzt, daß man eine sehr lange Historie vorweisen kann.

Gerade aktuell sind die Beispiele einiger Automobilmarken, die jahrzehntela
verschwunden waren, aber jetzt in einem Segment – der absoluten Luxusklasse –
wieder propagiert werden. Wenn man hier allerdings ein wenig hinter die Kulissen
blickt, sieht man auch die Schwierigkeiten, die bei solchen Marken im globalen Kc
text dann auftreten, wenn man eine Zielgruppe hat, die weltweit maximal 3000 Pro
duktexemplare pro Jahr aus diesem Segment abnimmt, denen aber vier, fünf, sechs
sieben Hersteller weltweit gegenüberstehen, die als Anbieter meinen, daß nur sie
90% dieses maximalen Produktabsatzes bedienen können. Daran sieht man schon
mit welchen Schwierigkeiten das behaftet ist. Dann werden im Umfeld dieser teilweise reaktivierten Marken Mythen generiert. Es geht gar nicht mehr um das Produkt an sich, sondern vielmehr um die ideellen Werte. Es wird einfach versucht, üb
Assoziationen bei den Käufern eine höhere Appetenz zu entwickeln. Man versuch
die ethischen Werte, die diese Käufer potentiell vertreten, dahingehend zu assoziie
ren, daß jene zu einem Kaufreflex führen, der dann eben möglichst unbewußt – so
die Hoffnung der Strategen – abläuft.

Bei nicht so konsumorientierten Produkten, also rein Business-to-Business, oc
Industriekomponenten, sieht man auch sehr deutlich, daß weltweit der Hersteller
immer stärker in den Hintergrund tritt, das heißt, nicht wenige der Großkunden ve
langen sogar absolut markenfreie Zulieferung dieser Einzelkomponenten, um sie
entweder mit ihren eigenen Markenzeichen oder aber neutral in ihren Maschinen
oder Anlagen einzubauen.

Auch hier gibt es neue Konzepte in der Form, daß man nur noch das Problem löst,
welches der Kunde eigentlich im Komponentengeschäft für seine Anlage erwartet
und eben dieses Verhalten als Markenversprechen präsentiert. Dies ist ein rein int
lektueller Akt und läßt die eigentliche Kaufkomponente für Industriegüter neutra

Im Moment ist es noch so, und dies ist zum Beispiel bei Schaltschränken sehr
häufig zu beobachten, aber auch bei Schaltern, bis hin zu einzelnen Elektronikbau
steinen, daß Sie fast ein hälftiges Verhalten vorliegen haben: ein Teil wird mit diese
Produktbezeichnung und dieser Marke ausgeliefert und der andere Teil eben bere
neutral. Hier ist die Welt komplett im Wandel. Wir haben hier eine absolute Vergleichbarkeit mit den Markengeschichten nach dem Zweiten Weltkrieg.

Wie hat sich globale Markenästhetik oder Markenführung in der Vergangenheit dargestellt und bis heute entwickelt?

52 / 53

Auch wirtschaftlich war das auf jeden Fall eine Zäsur. Nicht nur politisch betrachtet hatten wir in den 50er Jahren des vorigen Jahrhunderts einen weltweiten Run auf Rohstoffe, das heißt, der internationale Rohstoffeinkauf hat sich zu dieser Zeit etabliert. In den 60er Jahren kamen die Produktionstechnologien quasi auf den Prüfstand – sie haben große Vereinheitlichung in den führenden Industrienationen der Welt, was die Produktionsverfahren anbelangt, erfahren. In den 70er Jahren kam dann langsam der Rechnereinsatz auf, der heute im Bereich der Produktentwicklung nach wie vor unabsehbar ist. Wie sich hier noch die weiteren Virtualisierungstendenzen – ich habe ja heute auch von Entstofflichung gehört – auswirken, ist noch nicht absehbar.

Es gibt einen guten Begriff, auch im Bereich der Architektur oder in der Gestaltung: man spricht im anglo-amerikanischen Raum auch vom ›disembodiment‹. Das heißt, es zählen sowieso nur noch die intellektuellen Konzepte, was ich einen sehr positiven Akt finde, weil man dann immer vor Ort produzieren kann.

Es gibt nicht wenige dieser Weltfreihandelszonen, die geradezu fördern, daß regional der Rohstoff eingekauft, verarbeitet und zum Endprodukt gefertigt oder aufgewertet wird. Das ist eine Wertschöpfung, und andere kleinere Stadtstaaten – zum Beispiel Singapur – haben erkannt, daß Sie über ihre Rohstofflieferung – wenn Sie nochmals daran denken, die 50er Jahre waren die Zeit, in der man den Rohstoffeinkauf durch Wertanalyse weltweit verbessert hat – nicht mehr in der Lage wären, weiter ihren hohen volkswirtschaftlichen Standard zu halten. Solche kleineren Stadtstaaten entdecken jetzt Design als Wirtschaftsfaktor, allerdings erst seit circa zwei bis fünf Jahren, und machen dieses Thema natürlich zur Staatssache. Der Staat fördert Entwicklungsprogramme, um aus den Rohstoffen so weit Industrie- und Endverbraucherprodukte zu generieren, daß die Wertschöpfungskette nahezu vollständig im eigenen politischen Kontext bleibt.

Wir haben das ebenso heute bereits auch von China gehört. Auch dort sind die Tendenzen so, daß wir nur noch in den Industriestaaten, die nicht chinesischer Natur sind, eine Überlebenschance haben, wenn wir die Konzepte, die wir dort anbieten, in einem fast schon virtuellen Netzwerk vertreiben. Mittelfristig wird auch diese aufstrebende und heranwachsende Weltmacht davon ausgehen, möglichst alle Güter selbst zu produzieren. Das beginnt erst in einer Lizenzphase bei den wichtigen Schlüsselindustrien wie im Aerospace- oder auch Transportation-Bereich. Ich bin mir sicher, daß in 20 bis 25 Jahren auch chinesische Marken im Bereich Automobil, Flugzeug und Weltraumfahrt zu finden sein werden. Im Moment ist es noch eine Lernphase, man trifft ja Chinesen allerorts bei Analysen. Sie sind sehr dezidiert, ihre Grundlagenarbeit auch im Bereich der Gestaltung zu machen, das heißt, es werden sehr häufig bei Großunternehmen Projekte in Auftrag gegeben: Studien seitens der chinesischen Regierung, häufig werden auch Markenentwicklungen mitverlangt.

Jeder kennt diesen ›people's car‹, bei welchem auch mehrere große deutsche Automobilunternehmen involviert waren. Solche Aufträge kommen dann letztlich insofern nicht zum Zug, daß eine Produktion davon in Deutschland profitiert, sondern es ist ein ganz eindeutiger Know-how-Transfer. Das heißt, wir müssen uns eigentlich dahingehend weltweit – als eine sehr stark exportorientierte Nation – entwickeln,

daß wir unsere Gedanken noch besser und noch struktureller ausformulieren und
wir dann eigentlich nur noch unser Know-how verkaufen. Für die Produktion in e
gen wenigen Bereichen wird es immer Nischen geben. Ein gutes Beispiel ist hier
Braun mit seinen Scherfolien. Diese werden für die gesamte Welt in Deutschland
gefertigt, obwohl der Gilette-Konzern die Rasierer weltweit vertreibt.

Aber auch das gibt es, eine Markenaufspaltung, bei der sie praktisch sogenannte n
trale Ware haben, die an Wettbewerber verkauft wird, und es gibt eben gebrandete
Ware, die sie in ihren eigenen Kernprodukten einsetzen, obwohl die Produkte abs
austauschbar sind. Sie sind ja eigentlich auch identisch. Es geht letztlich eigentlich
nur noch darum, was man an Werten definiert, in Zeichen übersetzt, mehrere Zeicl
zu einer neuen Sprache, also im Sinne einer Syntax formuliert – praktisch die Rege
dazu definiert. Das ist eine Art von Marke, von der ich denke, daß sie Zukunft hat.
Das wird übrigens meiner Meinung nach immer mehr über das Inter- und Intranet
passieren, also immer weniger als tatsächliche Materie gedruckt vorliegen.

Man versucht, mit Hilfe dieser Anwendungsvorschriften einfach durch Wiederho-
lung in den Medien, über die Kommunikation, sei es nur Bild oder auch Text, imm
größere Gesellschaftsschichten darauf einzuschwören, dieses neue syntaktische
System auch anzuwenden. Letztlich sind das alles nur Sprachgenerierungen, das
heißt, man hat eine Individualsprache erzeugt und versucht schlicht und einfach ü
eine immer größere Verbreitung der Anwendungsregeln mehr und mehr Mensche
in den Kreis dieses Kontextes der Interpretation unter- oder unbewußt zu ziehen.
Und je länger man so etwas gemacht hat – das muß mehrere Jahrzehnte dauern,
damit das wirklich gelernt ist –, um so stärker ist dann auch ein klares inneres Bild
beim Käufer, Kunden oder auch nur bei dem, der die Marke kommunikativ wahrnimmt, verankert.
    Diese Inhalte lassen sich auch deswegen gar nicht so viel schneller in der Zeit-
achse verankern, weil es nicht eine gelernte Sprache in dem Sinne ist, die wie
Englisch, Deutsch, Französisch bereits in der Schule oder durch die Erziehung bei-
gebracht wird. Je früher man eine solche Sprache erlernt, desto leichter und natürlicher kann man sie auch aussprechen und verstehen. Wenn man sich die Marken
ansieht, sind das alles Kunstsprachen oder Kunstzeichen, die nicht international
in einem tradierten Code vorliegen oder über neutrale Kontexte verfügen. Nahezu
jeder Anwendungsfall, jede Branche hat eigene Gesetzmäßigkeiten. Dadurch, daß
sie sehr, sehr stark in unterschiedlichen geistigen Kategorien laufen, haben wir
die große Problematik, daß solche Sprachen eigentlich nicht transkulturell verwen
bar sind und auch überhaupt nicht branchenübergreifende Gültigkeit haben. In
diesen unterschiedlichen Nischen bewegt man sich sehr, sehr stark, das heißt, die
wirklich universelle Marke kann es meiner Einschätzung nach überhaupt nie gebe
Es wird immer in Relation zu einem Produkt, zu einem Anwendungsfall oder auch
zu einer Dienstleistung einzelne Sprachsysteme geben, die miteinander teilweise
konkurrieren, wobei sich dann erfolgreichere, weil angepaßtere, durchsetzen.
    Ich halte es zum Beispiel für recht unwahrscheinlich, um ein Realbeispiel zu
nehmen, daß dieses berühmte koffeinhaltige Getränk noch groß irgendeine ander
Konkurrenz bekommt, weil die Märkte bereits so stark verteilt sind. Ähnliches find
man bei den Zigaretten, von welchen wir schon gehört haben, mit sechs verschiede

nen Geschmacksnuancierungen, die allerdings in der Marke visuell überhaupt nicht ausdifferenziert sind. Was übrigens sehr clever ist. Etwas Ähnliches macht der weltgrößte Uhrenhersteller Seiko, der über eine Plattformstrategie ein- und dieselben Uhrwerke verwendet, diese aber nach den unterschiedlichen Landesgepflogenheiten und insbesondere in Zentraleuropa zwischen dem romanischen und dem germanischen Kulturkreis stark auch in der Zifferblattgestaltung variiert und dadurch eine wunderbare zielgruppenadäquate Ansprache erreicht. Etwas Ähnliches kann man darüber hinaus mittlerweile auch – man wird es kaum glauben – nicht nur im Konsumgüterbereich, sondern auch im klassischen Industriesektor ablesen, auch dort wird sehr viel individueller unterschieden in die drei Hauptblöcke Amerika, Europa und Asien.

Insbesondere bei letzterem wird sehr stark noch in den einzelnen Regionen ein sogenanntes Branchenmanagement durchgeführt, die Marke so zu führen, daß es dicht an den Kundenproblemlösungen aufgehängt ist. Und es ist ein ganz anderer Fall als wir ihn noch vor 10 bis 15 Jahren hatten, da wurde schlicht und einfach nur produziert, insbesondere auch in Deutschland, und dann weltweit verteilt. Und das Blatt beginnt sich zu wenden: Wir sind im Bereich auch der Produktion, bis auf wenige Ausnahmen, nicht mehr so richtig konkurrenzfähig, so daß in Zukunft also nur noch die Neuentwicklungen, insbesondere die geistigen Strategien eigentlich ein wirklicher Verkaufsschlager sein können.

Wenn man des weiteren die Sinnhaftigkeit der Zeichen im Bereich einer Marke betrachtet, dann gibt es jetzt so ›Wellen‹, wie beispielhaft jene mit diesen ›Schlenkern‹, die entweder unterhalb der Wortmarken oder sich oberhalb der Wortmarken befinden. Eine reine Mode, vielen Marken Auffrischung allein dadurch einzuhauchen, daß man diese Art Kommata oder Segel unterhalb oder oberhalb findet, meistens noch mit recht aggressiven oder aktiven Farbgebungen.

War der internationale Sportschuhhersteller hier Vorreiter? Wenn man dann hinterfragt, was das eigentlich bedeutet, wird man nur noch sehr selten Antworten bekommen. Und wenn ich eingangs sagte, daß die Prognose ist, daß die Signets eher am Verschwinden und die rein bedeutungslosen Wortmarken am Zunehmen sind, hat das auch seine Ursache darin, daß es immer schwierig ist, über mehrere kulturelle Kontexte hinweg assoziationsfrei stets nur eine positive Ausstrahlung zu erreichen.

Man kann das zum Beispiel auch an Vacheron Constantin ablesen, jener Uhrenhersteller mit dem Malteserkreuz als Markenzeichen. Dieser hat schon vor über 150 Jahren gewußt, daß sein Markenzeichen im arabischen Raum nicht besonders gut ankommt, insbesondere nach dem Mittelalter. Somit haben sie dort immer markenneutral ihre Uhren und Uhrwerke präsentiert und ausgeführt. Also ohne Signet, aber mit der Wortmarke – auch hier haben jene schon lange, bevor die Diskussion in den letzten Jahren entstanden ist, erkannt, daß man sehr zielgruppen- und auch kulturell- und religionsspezifisch produzieren muß, denn auch schon damals war bereits sehr viel freies Geld im arabischen Raum vorhanden.

Dieses Prinzip gibt es ebenso bis hin zu den Architektursprachen, bei Gebäuden. Es gibt im arabischen Raum eine sehr hohe Affinität hin zu textilem Bauen. Es wird auch als deren Beitrag zur Weltkultur im Sinne eines architektonischen Erbes verstanden, und auch da kann man, wenn man Corporate Architecture macht, sich wunderbar profilieren, wenn man seine ›Corporate-Gedanken‹ so übersetzt, daß in den

arabischen Ländern zwar immer noch sichtbar ist, woher das Unternehmen stamm
es sich aber auch optisch in den Gebäuden integriert.

Ich glaube, daß international gesehen die Zukunft auch darin liegt, daß man zum
Beispiel von einem Unternehmen nicht alle Geschäftsführer in der gesamten Welt
also in den Landesgesellschaften, aus der Nation besetzt, in welcher der Hauptsitz
des Unternehmens angesiedelt ist – was ja auch heute noch häufig der Fall ist.
Sondern daß man jeweils geeignete Personen und Persönlichkeiten in den Länder
sucht, in denen sich die Dependancen befinden, und diejenigen einsetzt, die das
Gedankengut, praktisch die Leitmotive, dort durch ›Vorleben‹ visualisieren und
dann die landestypischen Besonderheiten und das Gedankengut des Unternehme
und der Marke transportieren. Darauf bezogen sind wir aber ganz allgemein, also
nicht nur hier in Deutschland, sondern auch in den USA, die noch sehr viel stärke
markenorientiert sind, davon weit entfernt.

Wir haben heute in aller Regel die ›Weltmarken‹, die unisono von beiden Polkapp
rund um die Erde herum nur eine Linie fahren und ganz selten, bis auf wenige Aus
nahmen, eine Adaptation auf die Örtlichkeit vornehmen, in welcher sie sich gerad
befinden. Das hängt davon ab, wenn Sie zum Beispiel Mode nehmen und wir sage
daß Amerikanismus ›in‹ ist, dann müssen Sie das Produkt natürlich als ›All-Ameri
can‹ labeln. Es gibt Beispiele: Ralf Lauren, Tommy Hilfiger als die etwas preiswert
Subline. Das sind alles Moden, die sich sehr konstant halten können. Hier wird mit
Nationalemblemen oder mit einem Farbschema operiert, was auch ein Nationalem
blem evozieren kann. Damit kann man gewisse Mythen generieren und dadurch ei
Stimmung erzeugen, die in bestimmten Gesellschaftsschichten zu einer Mode führen. Daß das keine kurzfristige Angelegenheit sein muß, das sehen Sie ja zum
Beispiel an den Blue Jeans. Auch wenn die Verkaufszahlen in diesem Bereich mal
wieder heruntergehen, ganz Null wird es nie werden, und die Branche lebt trotzde
sehr gut.
  Das heißt, diese wahrhafte Globalisierung im Sinne einer Regionalisierung ste
uns erst noch bevor. Bedingt durch die ganzen Weltwirtschaftsgipfel und die damit
verbundenen Proteste sieht man auch, daß das ›Über-eine-Leiste-brechen‹ gar nic
mehr gewünscht ist, und ich denke, daß es auch eine clevere Angelegenheit ist, die
nationalen Eigenheiten zu nutzen. Das kann man übrigens auf vielfältige Art und
Weise tun. Zum Beispiel gibt es recht häufig bei Unternehmen sogenannte give-
aways oder company-stores. Dort werden dann die Gäste und Geschäftsfreunde m
Geschenken ausgestattet. Das Einfachste ist natürlich, von jedem Land, in sic
eine Niederlassung befindet, quasi das Landestypische abzufragen und dann natür
lich noch mit einem unternehmensbezogenen Branding zu versehen, damit der
Grund, warum das Geschenk übergegeben worden ist, auch gedanklich haften blei
Das ist ein ganz anderer Vorgang als das, was man heute üblicherweise bei den
›Geschenken‹ sieht. Die üblichen Firmenpräsente sind ziemlich austauschbar: Zun
Glück sind häufig die Logos drauf, daß man noch weiß, wo was hergekommen ist.
Das ist dann nicht sehr günstig, weil die Verankerung nicht so erfolgt, daß man sagt
»Aha, das war das Geschenk von so und so« und schon aus der Entfernung die Her
kunft erkennen kann – man muß erst lesen! In aller Regel bedienen diese großen
Konsumgütermessen ja nur Märkte, die so überschaubar und austauschbar sind, da

wir wissen: »Aha, das ist ein Korkenzieher, das ist ein Taschenmesser.« Man hat sofort sehr schnell innere Bilder, wenn ich Taschenmesser sage, allein schon durch die Kommunikation. In den Medien werden einem nur gewisse Typen mit einer häufigen Wahrscheinlichkeit einfallen, und genau jene finden sich ebenso recht häufig in den Sortimenten der Firmenpräsente wieder, was alles andere als einen Alleinstellungscharakter in sich birgt. Auch das ist noch ein ganz großer Sektor, in welchem man zusätzlich etwas tun kann.

Auch lassen sich die kulturellen Darstellungen der einzelnen Länder in einem Firmen- oder Markenverbund dahingehend fördern, daß man landestypische Motive, sei das jetzt Landschaft oder Gebäude, sammelt und zu einem großen Kontext zusammenfügt, der wiederum allen Landesgesellschaften, zum Beispiel elektronisch abrufbar, zur Verfügung steht. Das bedeutet, man kann in seinem Internet oder Intranet Softwaresysteme installieren, in welchen sich alle Mitarbeiter in der Welt kulturell wiederfinden und trotzdem unter dem Dach der Marke eine Einheit bilden. Mit solchen Landesniederlassungen kann man auch kommunizieren, indem man jeden einzelnen Mitarbeiter später einmal mit Hilfe von Webcams direkt von seinem Computerarbeitsplatz aus anruft und mit ihm gleichzeitig auch visuell in Kontakt tritt. Diese Option habe ich bis jetzt nirgendwo realisiert gesehen, aber wir sind dabei, ein solches System zu erarbeiten. Das Ganze wird auch noch interaktiv so verknüpft, daß man die ganze Erde mit ihren Kontinenten mit politischen und geografischen Umfassungslinien, eingliedert. Also die Darstellung mit Ländergrenzen versieht, gebündelt mit den kulturellen Eigenarten, alles abrufbar auf Screen-Berührung. Dann ist man fast schon an einem Punkt angelangt, eine virtuelle Gruppe geschaffen zu haben, die die Gemeinsamkeiten nur noch über die einzelnen Markenwerte definiert. Und so etwas ist auch relativ universell anwendbar, das heißt, daß man dann bei einem Getränkehersteller inhaltlich nicht das gleiche in der Markenführung wiederfindet wie bei einem Automobilhersteller oder bei einem Hersteller langlebiger Investitionsgüter. Man ist in der Lage, etwas sehr spezifisch auf die jeweilige Gruppe von Menschen in einem Berufsfeld adaptiert zu entwerfen. Damit meine ich nicht das Logo, sondern die Gedankengänge oder den Grund, warum gerade jene Leute zusammen sind. Solche Unternehmen haben immer gewisse Ziele, die sie auch ausformulieren. Je klarer die Formulierungen sind – ich meine, ein Automobilhersteller muß nicht notwendigerweise nur Autos bauen –, desto besser ist das für das innere Bild beim Endkunden.

Das Unternehmen kann sich nämlich auch ganz anderen Zielen verschreiben. Ich denke, auch dort werden wir, ähnlich wie im Energiesektor, in der Zukunft Änderungen sehen. Man denke zum Beispiel an die großen Benzinvertreiber. Wir sind ja letztlich eine Energiewelt, wir haben ein Tankstellennetz, welches ausschließlich auf fossiler Energie basiert. Die Migration der einzelnen Marken, die jetzt angestrebt wird, zum Beispiel zu einer Wasserstofftechnologie, geht einher mit einer Umbenennung der Markeninhalte. Wir haben darauf bezogen schon ein gutes Beispiel bei BP, die sich nicht mehr so stark mit fossilen Brennstoffen nach außen präsentieren will, sondern hohe Anstrengungen unternimmt, sich als allgemein energie-verkaufendes Unternehmen nach außen zu präsentieren. Dieses geht bis hin zu einer Änderung im visionellen Erscheinungsbild, eben schon im Vorgriff auf die Änderungen, die anstehen.

Es war praktisch bisher immer nur so, daß Marken – bleiben wir mal beim Benzin – voll austauschbar waren. Die einen haben sich über Farben kodifiziert, die anderen über Dienstleistungen rund um das Produkt, und letztlich war es doch immer nur austauschbar: das Benzin. Trotzdem haben die einzelnen Unternehmen es sehr gut geschafft, in den einzelnen Ländern unterschiedliche Marken größer im Anteil der Nutzung zu haben als in anderen Ländern – in Wirklichkeit stehen weltweit nur drei, vier Megakonzerne hinter den ganzen Ausprägungen. Wir haben also eine sehr große Markenvielfalt in den Regionen und zwischen den Regionen supranational nur drei, vier große Konzerne. Das Ganze ist auch deswegen so geschickt, weil die Vielfalt den Menschen zumindest in der Allgemeinheit suggeriert, als ob alles sehr egalitär im Verkauf aufgeteilt wäre. Die Tendenzen, die wir politisch gesehen eher stärker beachten müssen, sind, daß wir noch eine stärkere Agglomeration hin zu ganz großen ›Modemarken‹ haben. Die sehr große Gefahr bei globalen Marken ist, daß wir am Ende die Welt nicht mehr von der Politik oder möglicherweise demokratisch gewählten Vertretern regiert sehen, sondern vielleicht nur noch eine Industrie haben, die aus drei, vier Großkonzernen besteht und möglicherweise die zumindest kapitalistisch orientierte Welt regiert. Wie man damit umgeht oder wie man so etwas verhindert, hierzu kann ich auch keine Rezepte geben. Aber ich denke, man sollte als Gestalter sehr stark darauf achten und auch darüber diskutieren. Man befindet sich ja meistens, wenn man solche Konzern-Leitbilder entwickelt, immerhin direkt im Kontakt mit der Geschäftsleitung oder mit den Vorständen.

Wenn möglich, sollte man darauf drängen, daß die ganze Angelegenheit möglichst nach einem rationalen und nicht allzu sehr nach einem autokratischen Verfahren abläuft. Das ist ja nicht selten der Fall: Je stärker und größer die Marken um Konzerne sind, um so autokratischer oder auch um so tautologischer läuft das ganze ab. Und wenn jeder in seinem Berufsfeld seinen Beitrag leistet, daß das möglichst lange ein offener diskursiver Prozeß bleibt, dann sind auch die Entwicklungschancen um so besser. Uns wird ja glauben gemacht, in der sogenannten ›freien Welt‹ zu leben.

Das ist natürlich wieder alles Definitionssache: Was ist frei? In China hat man wahrscheinlich andere Vorstellungen von Demokratie als hier bei uns, und es ist immer relativ oder, wie es so schön heißt, ›kontextabhängig‹. Man kann aber wohl konstatieren, betrachtet man die Entwicklungsgeschichte, insbesondere die des 20. Jahrhunderts, daß, je offener das System war, je freier auch das Gedankengut und die Rede, um so besser waren auch die gestalterischen Ergebnisse. Und je stärker und strenger die Einengungen waren, um so schlechter sind zumindest im kreativen Bereich, und das meine ich nicht nur bei bildenden, sondern auch bei darstellenden Künsten, die Ergebnisse.

Etwas Ähnliches, vermute ich, erlebt man im asiatischen Raum, wo es einige Nationen bereits geschafft haben, sich in diesem Sinne deutlich mehr nach dem ›Westen‹ zu orientieren. Ich möchte dieses aber nicht als Lob verstanden sehen oder als ›Beweis‹, daß wir das bessere System haben. Wenn man die Metaebenen ansieht, die recht häufig von den Sprachsystemen abhängen, dann sieht man sehr deutlich, daß unterschiedliche Sprachsysteme – ich denke da insbesondere ans Japanische – auch eher andere Denkstrukturen fördern, als dies bei uns der Fall ist. Auch das ist keine Wertung, ich sage nicht, daß irgendeine Sprache in der Welt ›besser‹ oder

Wie hat sich globale Markenästhetik oder Markenführung in der Vergangenheit dargestellt und bis heute entwickelt?

58 / 59

›schlechter‹ ist. Es gibt aber Zusammenhänge, die sich nachweisen lassen zwischen den einzelnen Sprachen und den strukturellen Herangehensweisen an Problemstellungen.

Und so ist es eigentlich kein Wunder, nicht als Negativapostrophierung gemeint, daß zum Beispiel die deutsche Sprache gewisse Denkweisen eher fördert als zum Beispiel die französische und daß diese Denkweisen auch wiederum abfärben auf die Art und Weise, wie ein Produkt gestaltet und auch wie eine Marke geführt oder konstruiert wird. Es gibt unterschiedliche Vorteile, und ich denke, daß die asiatischen Länder – Südkorea zum Beispiel oder Hongkong – sich mehr und mehr an diesen westlichen Denkschemata orientieren, aber man recht deutlich sieht, welche Probleme sich daraus ergeben.

Die sprachliche Übersetzbarkeit ist nicht gegeben, das heißt, daß nur das Verstehen alleine, wie man anders in der Gestaltung an eine Sache herangeht, noch keine Lösungsmöglichkeit beinhaltet. Auch wenn Sie Heerscharen an Absolventen haben, die zum Beispiel nach Europa kommen, um zu studieren – damit ist nicht das Studium an der Universität gemeint, sondern in der Praxis zu studieren –, sind die in Projekten und Unternehmen erlernten Gestaltungsstrukturen noch lange nicht direkt, zum Beispiel in den chinesischen Sprachraum hinein, transferierbar. Ich denke, es wird auch noch weiterer universitärer Anstrengung bedürfen, daß man solche Ausgleichsysteme schafft. Das betrifft ebenso die Problematik, daß man auch bei uns allein schon vom Sprachverständnis her sehr verschlossen ist, in die asiatische Welt wirklich gedanklich einzudringen. Ich behaupte also aufgrund der Nichtübersetzbarkeit, daß wir im Bereich der Zeichensysteme, die wir nicht lesen, entziffern oder dekodieren können, auch visuell immer nur an der Oberfläche bleiben und sehr vorsichtig sein müssen, zu meinen, überhaupt ein tieferes Verständnis entwickeln zu können.

Wenn man nicht in ein solches System – so muß man fast sagen – ›physisch‹ hineingeboren und darin aufgewachsen ist, ist man auch nicht in der Lage, dieses authentisch zu verkörpern. Man kann nicht guten Gewissens zum Beispiel einen deutschen Geschäftsführer in Japan einsetzen, um eine deutsche Marke japanisch zu führen. Das funktioniert schlicht und einfach nicht.

Das Einzige, was man machen kann, ist mit Hilfe von mehreren ›Interfaces‹, zu versuchen, Markenwerte dorthin zu übersetzen, in der Hoffnung, daß der Rezeptor dort das Spiel beginnt. Hierzu muß jener gebürtige Japaner in der Lage sein – als der Katalysator dieser Markenwerte –, durch Zeichen Verständnis und Willen für den Wechsel des dortigen Kulturraums zu indizieren, und in der Lage sein, die Firmen- und Markenwerte in Japan so zu übersetzen, daß sie dort auch akzeptiert werden. Ich habe deshalb Japan gewählt, weil das eines der größten und schwierigsten Beispiele ist, als Nichtjapaner etwas zu etablieren, da dort noch sehr stark – mit Ausnahme der Mythenmarken, wie zum Beispiel im Automobilbau BMW, Porsche, Mercedes, die als deutsche Luxusprodukte gekauft werden – die ›eigenen‹ Bezugsquellen absolute Priorität haben. Und Mythenmarken wie Luxusprodukte sind vom prozentualen Anteil des Gesamtumsatzes eines Geschäftsfeldes immer eine Marginalie. In dem Moment, wo man sich im Bereich des klassischen Anlagenbaus und in der Industrie befindet, wird in Japan noch vorwiegend japanisch, das heißt eben asiatisch gekauft.

Die Entwicklungsschritte der Markenentwicklung harren dort einer weiteren Öff
nung – selbst Japan als ›westlichstes‹ Land in Asien muß sich da also noch sehr vie
stärker, als wir das bisher von dort gewohnt sind, umstellen, ›fremden‹ Handel zu
lassen. Die Signets, die man allerorts sehen kann, sind mehr und mehr dahingeher
bestimmt, daß sie universell lesbar gemacht werden. Gutes Beispiel war die Umw
mung von Gold Star, jenem südkoreanischen Mega-Unternehmen, in LG mit
dieser Art von ›Smiley‹-Signet. Das war eine Anstrengung weg von dieser sehr re
naltypischen hin zu einer globalen Marke, und auch dort wird durch verschiedene
Designstudios in den unterschiedlichen Ländern versucht, regionaltypisch praktis
sowohl den anglo-amerikanischen Geschmack als auch den eher romanischen
oder eher germanischen Geschmack abzubilden. LG beispielsweise hat ein Studio
in London, eines in Deutschland, eines in Mailand.

Diese Strategie funktioniert natürlich auch nur wieder über Plattformstrategien u
die Gehäuse, ähnlich wie die unterschiedlichen Geschmacksrichtungen bei den ar
sprochenen Zigaretten. Alle sollen den unterschiedlichen Endverbrauchern mehr
Vergnügen bieten oder garantieren, daß die Verbraucher sich mit ihren eigenen W
ten stärker wiederfinden.

Ich weiß, daß zum Beispiel LG diesbezüglich Zielgruppen nach Seoul einlädt
Dort gibt es Videoräume, in welchen die unterschiedlichen Benutzer aus den einz
nen Kulturzonen in Aktion gefilmt werden. Übrigens nicht nur von vorne oder vo
der Seite, sondern auch von oben, das heißt, LG schaut sich alle drei Raumrichtun
gen in der Handhabung selbst eines Bildschirms an, und es werden auch mehrseit
Fragebögen zum Beispiel zu jenem Logo, zu diesem Smiley oder auch zum Firmen
auftritt von LG, auch in Deutschland, abgefragt. Inwieweit allerdings diese Ergebnisse einen direkten Einfluss auf die Produktgestaltung oder Markenführung hab
das hat mir auch der dortige Chefdesigner nicht beantworten können oder wollen
Ich weiß nur, daß LG sehr intensiv daran arbeitet. In diesem Designbereich, in de
über 400 Gestalter tätig sind, haben sie allein ungefähr 50 Personen, die aus dem
Bereich Psychologie, Physiologie, Medizin und Philosophie stammen.

Das heißt, es gibt dort bereits einen sehr hohen Prozentsatz in der Entwicklur
bei dem es eigentlich eher um rein geistige Werte geht, die analysiert, abgebildet w
den. Man versucht, diese wiederum im Rückgriff in die Produkte einfließen zu lassen. Und um diesen Bruch zur alten Firma Gold Star zu zeigen, deswegen hat sich
Konzern ein komplett neues Erscheinungsbild zugelegt. Für diejenigen, die sich
noch mehr in der Tiefe damit beschäftigt haben: LG macht wesentlich mehr als nu
Unterhaltungselektronik – es ist ein absoluter Megakonzern, der Hotelketten
betreibt, der Aluminium herstellt, der aus dem Aluminium fast die gesamten Hoch
spannungsleitungen in Gesamtkorea macht, Strommasten, Feinchemikalien, medi
nische Produkte. Es ist eigentlich ein Konzern, der sich zu etwas fast wie ein Staat i
Staat entwickelt. Und hier wollte ich noch zu dem vorher Gesagten anmerken,
daß man aufpassen muß, daß sich solche Konglomerate nicht so mächtig entwicke
daß diese eigene politische Systeme oder Instrumente darstellen und somit das
eigentlich gewählte System obsolet wird.

Bei Industrieprodukten, die eigentlich nichts mit dem ›klassischen‹ Endkunden zu
tun haben, findet man eine sehr viel stärkere, ja geradezu globale Toleranz. Da gib

Wie hat sich globale Markenästhetik oder Markenführung in der Vergangenheit dargestellt und bis heute entwickelt?

60 / 61

e Buchempfehlung zu diesem
a *Das wahre Buch vom südlichen*
land von Dschuang Dsi,
enes Verlag.

ntwicklungstendenzen der 90er
des vorigen Jahrhunderts, auf die
egen des stark verschobenen
lanes nicht mehr eingehen
e, finden Sie beschrieben auf den
44 ff in der Reihe ›Moderne
ker‹, *Der Pneumatische Muskel*
xel Thallemer von Absolon
Hampstead, Verlag form, jetzt
den Birkhäuser Verlag.

in aller Regel Aufteilungen: es gibt ein paar Unternehmen, die stellen Kraftwerke her, es gibt ein paar Unternehmen, die stellen Schiffe her – es hat sich mittlerweile fast schon auf der ganzen Welt in den einzelnen Nationen eingerüttelt, wer was machen darf oder was macht. Dieses war ein halbwegs natürlicher Prozeß, wie diese Aufteilung stattgefunden hat.

Sehr stark in diesem Bereich ist auch hier Asien; man hat diese Aufteilungen getroffen, und so bleibt uns eigentlich in der Markenführung die ›Marke Deutschland‹ – oder wofür steht Deutschland?

Ich denke, daß uns kaum noch etwas anderes übrig bleiben wird, als Gedanken, Gedankenstrukturen, Analysen, Strategievorschläge und die Vermittlung derselben. Das bedeutet aber in meinen Augen keine Schmälerung, weil wir hier auch nicht über unseren eigenen Schatten springen können. Und wenn man einmal geistig nach Italien geht oder Dänemark und schaut, wonach sich dort die Definition der Designausrichtungen orientiert, dann wird man feststellen, wenn man weltweit abfragt, was für die Leute das beste Design ist, daß sehr, sehr häufig Italien genannt wird, gefolgt von Skandinavien, und es wird eben anscheinend der deutschen Mentalität – das hat übrigens auch etwas mit einer Marke zu tun – nicht so sehr zugestanden, daß wir im Bereich eben des ›romanischen Designs‹ die Führenden sind.

Ich meine, man kann das auch akzeptieren, das ist ja kein Beinbruch, sondern unsere Schwerpunkte – wenn das von außen so gesehen wird – liegen doch vielmehr im Analytischen, im Rationalen. Und dann muß man eben aus dieser Erwartungshaltung, die uns von außen entgegengebracht wird, auch das Beste machen. Es nutzt ja nichts, wenn die Außenwelt mehrheitlich der Meinung ist, salopp gesagt, wir seien eben keine Tänzer, und wir meinen dann, wir wollen aber die weltbesten Tänzer werden. Man muß auch immer im Auge behalten, was nach der Einschätzung der Außenwelt die Anforderungen sind, und daraus wieder das Günstigste machen. Und im Zusammenspiel, auch der verschiedenen Nationen, wird sich sowieso ein vollkommen neuer Staatenverbund ebenso ergeben wie es Weltmarktführerschaften auch immer weniger geben wird. Also werden wahrscheinlich nur noch Konsortien, die miteinander agieren und produzieren und ihre Produkte vertreiben, letztlich die bessere Chance haben. Es gab auch sowieso nie Phasen, in welchen eine Weltmacht über Jahrhunderte konstant war. Auch hierzu denke ich, daß China ganz stark auf dem Sprung ist und die Änderungen, die uns von dort noch blühen[1], werden auch – das Blühen ist nicht im negativen Sinne gemeint – auf jeden Fall noch unsere Markenauffassungen verändern.[2]

Die Debattenbeiträge der Referenten sind namentlich, die des Auditoriums mit ›Teilnehmer‹ gekennzeichnet. Moderation bei allen drei Debatten: Barbara Wiega Reiner Veit.

Moderation:
Das ist ja nun nicht wirklich ein Podiumsgespräch, das heißt: Sie, das Publikum, si sehr herzlich eingeladen, sich an diesem Gespräch zu beteiligen.

Ich weiß nicht, wie es Ihnen geht, ich finde, das war ein ziemlich kräftiger Tag heute, mit unterschiedlichen Eindrücken, aber genau so war es ja auch geplant. Ei bißchen philosophisch, psychologisch und vor allem praktisch war's ja auch. Wie n das nun verknüpfen kann, das schauen wir uns mal an.

Ich würde ganz gern bei Ihnen, den Teilnehmern, anfangen. Es gibt ja diese hi schen Kärtchen, die wir in die Mappen gelegt haben. Hat sie jemand benutzt, hat jemand eine Frage aufgeschrieben?

Teilnehmer 1:
Ich habe eine Frage an den Philosophen, Herrn Stegmaier, der heute morgen von unterbewußtem Erfassen gesprochen hat. Mich würde interessieren, wenn unterbe wußtes semantisches Denken die Basis für eine Zeichensprache ist, wie entsteht dann Neues? Wenn ich immer nur semantische Bilder immer wieder verarbeite, w kreiere ich richtig Neues? Kommt das nur durch Fieberanfälle oder durch nicht no males Denken? Und wie reagiert ein Mensch auf noch nie Gesehenes, auf *Alien* o *Nine Eleven*? Ist es nur Panik oder können auch positive Reaktionen entstehen?

Werner Stegmaier:
Das Neue zu erklären, ist natürlich immer schwer, weil es ja das Neue ist. Und wei neu ist, kann man es nicht gut auf Altes zurückführen. Das heißt, das Neue muß etwas sein, was man gerade nicht erklären kann, sonst ist es im strengen Sinne nicl neu. Und die Frage ist, wie kann man das konzeptualisieren?

Ich gebe eine philosophische Antwort. Die zur Zeit interessanteste Antwort i wahrscheinlich die der Luhmannschen Systemtheorie, die den Menschen auflöst i verschiedene autopoietische Funktionssysteme, das körperlich-leibliche System, d Bewußtseins- oder psychische System und die kommunikativen Systeme. Um es ga einfach zu machen: Es ist Ihnen manches von Ihrem Körper bewußt, aber schon se wenig. Wenn Sie sprechen, können Sie nicht immer vorher überlegen, wie muß ich jetzt die Zunge bewegen – das funktioniert einfach. Und manchmal meldet sich ih Körper durch Hunger oder durch Schmerzen oder anderes, dann wird er bewußt. Aber durch ganz wenige Kanäle.

Luhmann spricht da von struktureller Kopplung. Und genauso – und das ist je der Punkt – funktioniert das in bezug auf psychische und kommunikative Systeme Wir kommunizieren so, daß wir bestimmte Zeichen gebrauchen, von denen wir annehmen, daß die anderen sie auch verwenden können. Was wir uns dabei denke wird in der Regel nicht mitgeteilt und kann auch nicht mitgeteilt werden. Man kan dann wohl nachfragen: »Was meinen Sie eigentlich damit?« Das können Sie einma tun, zweimal tun, dreimal tun, aber dann sagt der Moderator: »Jetzt ist Schluß!« A zu oft kann man nicht nachfragen, das heißt, das, was Sie oder ich im Bewußtsein haben, wenn wir kommunizieren, was auch vielleicht nur so herumgeistert, bleibt letzlich offen. Und damit haben wir die Antwort auf die Frage.

Nach Luhmann spielen drei verschiedene Systeme zusammen, die füreinande so Luhmann – ›Umwelt‹ sind. Sie wissen nur sehr begrenzt voneinander. Und das

Debatte, Freitag
Podium: Horst Diener, Mieke Gerritzen, Michael Kölch,
Werner Stegmaier, Axel Thallemer

führt zu Überraschungen. Es kann zum Beispiel sein, daß eine körperliche Reaktion bei Ihnen auftritt, die ganz bestimmte Gedankenverläufe auslöst. Das ist das, was Sie angesprochen haben: rauschartige, flaue Erlebnisse oder ähnliches. Es kann aber auch sein, es sagt jemand etwas, und Sie verbinden etwas ganz anderes damit, als er meint, und das bringt Sie auf die Idee, etwas anders zu sehen. Das heißt, das Neue kann man heute so verstehen, daß verschiedene Systeme, die nur lose gekoppelt sind, miteinander interagieren und einander dadurch irritieren und wechselseitig auf neue Ideen bringen. Die allerdings müssen dann wieder verständlich gemacht werden.

Man überschätzt ja die Wirksamkeit des Neuen. Genauso wie in der Evolution 99 Prozent der Arten wieder untergegangen sind, gehen auch 99 Prozent an neuen Ideen wieder unter. Das Meiste kommt ja nicht an von dem, was man sagt. Es ist ganz wenig, was da durchdringt, und dieses Wenige wird dann über ganz bestimmte Schlaufen, das wissen andere besser als ich, hochgetrieben; sehr bekannt im Falle der Medien zum Beispiel: Eine Zeitung schreibt etwas, und die anderen schreiben es ab. Und plötzlich ist es ein Riesenereignis. Dazwischen liegt eine ganze Reihe von nicht determinierbaren Ereignissen, Zufällen, Überraschungen. So könnte man das heute konzeptualisieren. Es gibt sicher auch andere Möglichkeiten, aber der entscheidende Punkt ist: Wir haben heute Möglichkeiten, Neues zu konzeptualisieren, was so im alten Denken gar nicht möglich war, indem wir von interagierenden Systemen ausgehen, die füreinander Umwelt sind. Ist das eine Antwort? Sonst fragen Sie nach.

ration:

Herr Stegmaier, was können eigentlich Designer oder Webdesigner, Kommunikationswissenschaftler von der Philosophie lernen?

er Stegmaier:

Ja nun, darüber habe ich ja heute den Vortrag gehalten.

ration:

Das war die Basis, da kommt ja noch ein bißchen was hinterher. Sie haben uns sehr viel erzählt, worauf man aufbauen kann.

er Stegmaier:

Ich war selber ein bißchen überrascht, wie viel man mit dem Begriff design anfangen kann in der Philosophie. Design ist in der Philosophie ja kein gängiger Begriff, im Gegenteil, er ist da hochverdächtig.

Design heißt ja – jetzt mal moralisch gesehen –, anderen Leuten etwas vormachen, was vielleicht gar nicht so ist. Das kann man moralisch so sehen. Aber ich habe ja versucht, es anders anzugehen. Wir kommen ja ohne designs gar nicht aus. Das heißt, design könnte ein Schlüsselbegriff sein für die wechselseitige Kommunikation, für das ganze Welt-design, das wir haben. Unsere Gehirne geben unserem Bewußtsein bestimmte Designs vor, unsere Körper unseren Gehirnen und so weiter.

Andere Kollegen würden hier vielleicht anders antworten, das bin jetzt auch ich, der hier spricht, und nicht einfach die Philosophie. Was Designer meinem Vortrag vielleicht entnehmen können, ist, wie zentral das design geworden ist für unsere ganze moderne Lebenswelt. Das bedeutet aber auch, ethisch gesehen, daß auch am Design nun viel Verantwortung hängt.

Wir wissen natürlich alle, daß es sich bei design um design handelt, wir stellen uns darauf ein und sind auch hinreichend mißtrauisch. Aber es gibt Spielräume, in denen man manipulieren, verführen, täuschen kann. Und das können Designer wissen, und Sie wissen es auch.

Ich habe auch bei den anderen Vorträgen aufmerksam zugehört, und da hatten w
sehr unterschiedliche Zugänge: die eher gesellschaftskritischen, aber auch die
eher produktorientierten. Die Rettung vor allzu massiver Manipulation ist vielle
in meinen Augen, daß design-Agenturen miteinander konkurrieren. Es gibt einen
Markt. Man kontrolliert sich gegenseitig, und das erleichtert die Verantwortung d
Einzelnen. Wenn es ein staatliches design gäbe, Propaganda à la Goebbels, würde
es wirklich gefährlich. Aber da das design wieder als Markt organisiert ist, beobac
ten sich alle gegenseitig, kontrollieren einander, verhindern Einseitigkeit oder
relativieren sie.

Aber um es nochmals auf den Punkt zu bringen: Ich war selber überrascht, da
design heute vielleicht nicht nur eine Sache des Marketings und der Wirtschaft
ist. Daß es heute vielleicht sehr viel tiefer geht, daß es unser ganzes Weltverständ
unsere ganze Lebenswelt betrifft. Und daß wir dahinter wahrscheinlich auch nich
zurückkönnen.

| Siegfried Frey: | Ich gebe ja morgen noch meine Meinung zur visuellen Kommunikation ab. Aber
Frage, wie Neues entsteht, die scheint mir so wichtig, daß ich jetzt schon einen an
deren Vorschlag zur Debatte stellen möchte, und zwar daß Neues dadurch entsteh
daß wir mit den Ideen im Kopf der anderen konfrontiert werden und zwar durch
die Sprache.

Unser Sinnesapparat ist ja hochleistungsfähig. Wie gut man damit in der Welt
zurechtkommen kann, sieht man an den Tieren. Doch was immer deren sensorisch
Apparat und das daran angeschlossene Gehirn liefert, na ja, das Bild, das sich ein
Tier von der Welt macht, ist sozusagen das letzte Wort zur Sache.

Beim Menschen, durch die Erfindung der Sprache, werden wir erstmals mit de
Gedanken konfrontiert, daß die Dinge anders sein könnten, als sie uns erscheinen
Und es war hier in Ulm, wo Descartes der weltbewegende Einfall kam, daß man
neue Ideen erst dann hat, wenn man an den alten zweifelt. Seine Vorstellung, daß
man zur Wahrheit vorstößt, nicht, indem man die Dinge so nimmt, wie sie unsere
Sinne gratis frei Haus anliefern, sondern indem man seinem Eindruck mißtraut, h
dann die ganze abendländische Entwicklung geprägt, so wie wir sie kennen, von
der Renaissance bis in die Gegenwart. Die Frage ist deshalb für uns hier: Wenn sic
die Balance in der Informationsverarbeitung vom Akustischen ins Optische ver-
schiebt, ob wir dann wieder ganz zurückfallen auf uns selbst und damit keine neue
Ideen mehr haben?

| Axel Thallemer: | Direkte Antwort auf beide Statements oder: Wie fällt was Neues ein oder auf oder
aus? Ich glaube auch, daß das sehr wohl sprachlich induziert ist, wie man auf eine
neue Idee kommt. Das hatten wir ja bei diesen Entwicklungstheorien gehört, wie
Konzeptualität im Gehirn in den frühen Jahren angelegt wird, die kommt ja nicht
später.

Ich denke, daß Neues einem nur dann ein- oder auffällt, wenn man sehr viel –
wie soll man sagen – Wissen hat. Das heißt, das Wissenstraining – und das ist sprac
lich basiert – ist ein entscheidender Faktor, damit einem etwas Neues einfällt. Und
erzwingen kann man das sowieso nicht, das muß man auch nicht. Das kommt von
ganz allein. Notwendige Voraussetzung ist eben nur möglichst umfassendes Wisse
denn das, was man weiß, kann man sehen. Ich meine, die Sachen sind *per se* alle da.

Aber was Sie nicht wissen, nehmen Sie ja auch nicht wahr.

Man kann an vielen Beispielen belegen, daß man überhaupt erst erkennen kann, was neuronal vorliegt, obwohl das Sehbild physikalisch sowieso identisch war. Und so kommt man, denke ich, auch zu Neuheiten.

Was die sprachliche Abstraktion anbelangt, kann ich mir allerdings vorstellen – das noch im Nachgang –, daß man einen nachsprachlichen Zustand erreichen kann, in dem man nur noch in abstrakten Bildern denkt, diese aber wiederum nur sprachlich kommunizieren kann.

␣ration: Bei dem Stichwort Neuheiten will ich noch mal einhaken. Mieke Gerritzen sieht da ja eigentlich sehr schwarz, was das Design anbetrifft, und Herr Thallemer hat auch davon gesprochen, daß man Marken, alte Marken, immer wieder neu erfindet, daß es sehr, sehr schwierig ist, etwas Neues überhaupt auf dem Markt zu etablieren. Sie sprechen sogar von Stagnation, von permanentem Restyling. Was muß passieren beim Design, damit man dort auch Neues schafft?

␣ Gerritzen: Before I listen to you … he spoke about knowledge. I know about it, if there is knowledge. You see the new things and for me it's totally the opposite. You better don't know anything and then you see new things, especially when you are a maker, somebody's doing practical things. I never know something actually. I don't read papers, I don't read anything. I didn't do any reading at school when I was young, because I was too stupid. But I do think now. I started reading a lot, because I'm interested in all kinds of knowledge – and I get less ideas, to be honest. So I think, if people don't know much, you can still know about the world by looking at it and by trying to understand. I don't think knowledge is that important. I'm sorry.

␣ration: Wie wichtig ist denn nun wirklich das Wissen, Herr Diener, in der Praxis, wie wichtig ist Wissen und Kennen, um Neues zu schaffen? Jetzt haben wir ja zwei unterschiedliche Meinungen. Wie ist das bei Ihnen in der Praxis? Nutzt es oder ist es eher hinderlich?

␣ Diener: »Wenn man etwas Neues macht, ist man nicht sicher, ob es besser wird, aber wenn etwas besser werden soll, muß man etwas Neues machen.«

Und zu der Frage mit dem Wissen: Da gibt es ein schönes Zitat von Albert Einstein, der da sagt: »Visionen und Vorstellungen sind wichtiger als Wissen.« Und das reflektiere ich dann schon auf meinen Job oder auf mich persönlich. Ich lebe sehr stark von Visionen und Vorstellungen und Wünschen und Träumen. Das betont auch die bauchorientierte Geschichte in unserem Job.

Aber wir haben durchaus mit dem Erfahrungsschatz und durch die permanente Austauschmöglichkeit von Wissen eine so ungeheure Selektionsmöglichkeit wie nie zuvor. Und das sehe ich außerordentlich positiv, daß wir einen so gewaltigen Zugriff auf alle Dinge im Umfeld unseres Jobs haben und weiterhin alle tangierenden Dinge abfragen und erfahren können.

␣ration: Mieke, do you see a lot of vision when you search the Internet, or is the Internet and the Web, the World Wide Web, just the vision itself?

Mieke Gerritzen:	I think, the World Wide Web is not the vision itself. The World Wide Web is just information, too. I think it's just knowledge – and the World Wide Web is very un-interesting. To me it's very uninteresting, I think also for most of the designers. I d« see a lot of innovative things going on in the World Wide Web. I think innovative things and new things are based on ideas and not on media or technological things
Moderation:	Zunächst Herr Kölch, dann geht's noch mal ins Publikum.
Michael Kölch:	Darf ich vielleicht nochmals kurz etwas zum Wissen sagen oder zum neuen Wisser Ich denke, Basiswissen muß da sein. Ohne Basiswissen wird es nicht gehen, denn ohne Basiswissen wird man auch nicht vergleichen können und vergleichen ist wic tig. Aber der andere Aspekt ist auch, wenn ich zuviel Wissen habe, dann kann zuvi» Wissen auch hemmen, um etwas Neues entstehen zu lassen.

Man kann ja dieses Protobeispiel des Internets nochmals bringen. Die Leute, immer mehr Wissen haben können, aber sich ihren Wissenserwerb sozusagen dadurch zerfleddern, daß sie a) das Wissen nicht mehr zusammenhalten können u b) auch dadurch irrsinnig gehemmt werden, etwas Neues entstehen lassen zu können, weil sie immer weiter versuchen, das Wissen voranschreiten zu lassen ode zu suchen, aber nie mehr selber kreativ etwas Neues entstehen lassen können. Ich denke, Kreativität benötigt Wissen, aber das Wissen ist nicht alles, und zuviel Wisse kann Kreativität sehr, sehr hemmen.

Noch ganz kurz ein anderes Beispiel: Wenn man davon ausgehen würde, daß Wissen prinzipiell die Voraussetzung für Kreativität wäre, müßte man auch davon ausgehen, daß je älter man ist – wenn nicht gerade Alzheimer oder sonst irgendwa einen trifft –, desto kreativer müßte man sein. Weil aber gemeinhin die Kreativität eher der Jugend, die noch nicht so viel weiß, zugeschrieben wird, scheint es doch schon so zu sein, daß Wissen nicht unbedingt Kreativität bedingt oder mit der Kre. tivität einhergehen muß. |
| Moderation: | Also, es schadet zumindest nicht, etwas zu wissen. |
| Teilnehmer 1: | Ich finde, Wissen ist eine Grundlage, die da sein sollte, insbesondere dann, wenn konkrete Aufgabenlösungen zu bewältigen sind. Man sollte das Wissen auch zusam mentragen und vielleicht in einen Kontext stellen, vielleicht sogar in eine Ideologi vielleicht in eine Philosophie. Und dann aber ganz schnell alles vergessen und nochmals von vorn anfangen und die eigentlichen Ziele, die man erreichen will, he auskristallisieren, packen und dann versuchen, sie anzustreben.

Auch mir geht es so, daß ich früher viel spontaner und unbedarfter und kreati war, weil eben nicht so viel Wissen und so viel Hemmnisse da waren. Man weiß heute viel zu viel, was einen ausbremst. Und das einfach über den Tisch wegzufege und nochmals von vorn anzufangen, das ist bei konkreten Lösungen sehr, sehr schwierig, oft auch deswegen, weil man eben in unserem Beruf Marketingleute od« Techniker oder sonstige Kostenfaktoren als Hemmschuhe bekommt. Ich weiß nicht, ob man, um ganz neue Sachen anzufangen, überhaupt nichts wissen darf, ob man da quasi einen Kaspar Hauser hernehmen müßte, der keine Reglementierung kennt, der keine Sprache kennt, der dann plötzlich in arabischen Schriften oder in hebräischen Schriften oder in asiatischen Schriften Zeichen erkennt. |

eration: Ich möchte an dieser Stelle an Herrn Lionni weitergeben.

Lionni: I think we are on a wrong track – design is a bastardly profession. It's very difficult because it's full of contradictions. Designers aspire to the independence of creativity, while being grounded in the necessity of functionality. Creativity is potentially subversive, which means we have to make a mess, to do things that are uncomfortable and to take risks. On the other hand, the functional is conformist, usual and understood. Good design is walking the edge of that razorblade – to dance on that razorblade. Tending toward the subversive quality. The second thing I want to say, with reference to what we said this morning, is that there is great risk in the new liberalism of design marketing. Bad design can sell very well. I think that we are capable of producing a lot of garbage for which we have techniques in order to sell. I think it's very dangerous when you take content out of design and you only talk about form. Form does in fact have meaning, what we call »the implicit meaning in message form«. But the global value of the message must take into account the richness or poverty of both the implicit and explicit meaning in the message, and it's very rare that the Internet software interface uses anywhere near the diversity and richness of more conventional language, verbal or visual forms. Ideally we need both of these qualities: the subversive and the intelligent.

eration: Mehr von Lionni dann morgen über mehr Subversivität und Anarchie. Hat hier jemand eine direkte Replique?

Diener: Ja, nochmal zu dieser Sache mit dem Wissen. Je erwachsener ich werde, desto mehr stelle ich fest, was ich nicht weiß. Und das erfüllt mich mit Sorgen. Wenn man Wissen mit Bildung in Einklang bringen mag, dann möchte ich die Frage, die ich heute vormittag in den Raum gestellt habe, noch einmal wiederholen: Wo ist die Ausbildung, von welchen Leuten, von welchen Lehrern, mit welcher Kompetenz für die Anforderung für die Zukunft? Ist die Design-Ausbildung, wie wir sie allgemein nun kennen, gültig für die nächsten Jahre, oder werden Sie hier auch eine Schnittstelle sehen, die eine gewisse Aufbruchstimmung und Veränderung einläuten wird?

eration: Da würde ich gern einhaken. Es geht ja um die Aufgaben für die Zukunft. Pippo Lionni hat eben schon gesagt, daß der Designer mehr ist als ein purer Entwerfer. Sie, Herr Diener, haben das auch gesagt. Sie haben gesagt, vor allem heute müsse er aufsteigen zum Partner für das Management. Wie soll der Designer das gestalten? Was sind die Aufgaben des Designers, damit es nicht stagniert, wie vorhin ja auch Mieke Gerritzen ausgeführt hat. Was denken Sie, Herr Diener?

Diener: Ja, ich habe das als Frage in den Raum gestellt. Vielleicht kann man das dahingehend vertiefen, wenn wir fragen: Wie mache ich den angehenden Designer dialogfähig für diese Aufgaben?
    Wir versuchen an der Fachhochschule hier in Ulm mit der Zusatzqualifikation ›Industrie-Design‹ nicht mehr und nicht weniger, als die angehenden Ingenieure dialogfähig für Design zu machen. Und die ersten Ergebnisse sind phantastisch.

ner Stegmaier: Herr Lionni, Sie sagten im zweiten Punkt, man kann auch schlechtes design verkaufen. Natürlich! Nur, wer beurteilt, was schlecht ist? Doch wahrscheinlich die Leute, die das kaufen, die halten das für gut, sonst würden sie es ja nicht kaufen. Also, erstens die, die das design kaufen, und dann die, die das Produkt kaufen, das ein bestimmtes design hat. Die müssen es ja wohl letztlich beurteilen. Das ist die Sache des Marktes, und wir müssen, denke ich, eigentlich froh darüber sein. Markt bedeutet ja immer, es entscheidet nicht ein einzelner, sondern das sogenannte Spiel der Kräfte, das frei bleibt.

Und jetzt komme ich zurück auf die Kreativität. Man versucht ja am Markt etwas anzubieten, was die anderen nicht anbieten, also etwas Neues. Aber neu im Verhältnis zu andern. Und Sie sagten, wir seien in unserer Diskussion vielleicht auf einer falschen Spur – das kann schon sein, weil wir natürlich alte Begriffe immer noch so gebrauchen, wie man sie jetzt vielleicht gar nicht mehr gebrauchen kann. Man müßte doch vorher mal klären: Wieso sind wir eigentlich so auf das Neue versessen?

Es gab Zeiten, da war das Neue unanständig. Man baute im Mittelalter so, wie sich gehörte, ein bißchen schöner und ein bißchen meisterlicher, aber doch nicht n Man hat auch Kunstwerke nicht gezeichnet. Das muß ja mal entstanden sein, diese Neuheits-Desiderat, und das hat natürlich mit der Umstellung auf Märkte zu tun.

Man will das Neue ungefähr seit Ende des 18. Jahrhunderts, das kann man ziemlich genau sagen. Das fängt in der Kunst an und geht über auf die Wissenscha auch da will man heute Neues. Kein Mensch will in Zeitschriften einfach lesen, was wahr ist. Nein, man will lesen, was man jetzt Neues gefunden hat, also anderes als bisher wahr war.

Kreativität ist zunächst einmal ein schöner Name für Konkurrenz am Markt. Wenn man nun vom Neuheits-Desiderat ausgeht, kann man wiederum fragen, was heißt denn heute eigentlich Wissen? Wissen war einmal etwas, was alle gleichermaßen annehmen müssen, was man nicht bezweifeln kann. Aber Sokrates hat scho klargemacht: Es gibt ein Kriterium für Wissen, aber es gibt kein einziges Beispiel dafür. Er weiß, daß er nichts weiß, und die anderen wissen auch nichts. Er prüft sie unentwegt, aber er findet kein Wissen, das seinem Kriterium entspricht, in kein Weise bezweifelbar zu sein. Und dabei ist es im Grunde geblieben.

Nennen Sie irgendein Beispiel für Wissen in diesem strengen Sinn. Das heißt etwas, was für alle Zeiten unabhängig von Meinungen von Individuen als wahr zu gelten hat. Schon Kant hat umgestellt von dem Begriff des Wahren auf das ›Fürwahhalten‹. Das verändert den Begriff vollkommen. Hier hat jemand gesprochen von Wissen, das man von Fall zu Fall braucht, wir nennen das pragmatisches Wissen, W sen zu bestimmten Zwecken. Das ist ein eher implementierbarer Begriff des Wisse

Pragmatisches Wissen kommt aus Erfahrungen. Sie machen Erfahrungen mit bestimmten Produkten, mit Kollegen, mit Strukturen, mit Bürokratien, mit Einkü ten, damit haben Sie verdient, damit haben Sie nicht verdient, damit haben Sie Schwierigkeiten gekriegt, damit nicht, und diese Erfahrungen erwerben Sie mit de Zeit. Sie werden zu Wissen, mit dem man von Fall zu Fall etwas anfangen kann, zu pragmatischem Wissen.

Wenn Sie die Begriffe so entwirren, löst sich der scheinbare Widerspruch von Neuem und Wissen auf. Das ist, für meine Begriffe, eine unsinnige Kontradiktion. I werden Begriffe zusammengestellt, die heute so nicht mehr zusammengehören. Wenn wir uns einstellen auf die Konkurrenz auf allen Gebieten, und das ist ja eine

Podium: Horst Diener, Mieke Gerritzen, Michael Kölch, Werner Stegmaier, Axel Thallemer

Darstellungskonkurrenz, also eine design-Konkurrenz, dann bekommen die Begriffe einen anderen Sinn, und zwar einen guten Sinn. Sie verändern sich, wenn Sie so wollen, selbst am Markt.

Wir sind heute darauf angewiesen, uns ständig ein neues design zu geben, sonst kommen wir nicht mehr durch. Und zwar auf allen Gebieten: Identitäten, Marken, was Sie wollen. Heute sollen zum Beispiel Universitäten ein design oder ein Profil haben. Von innen heraus gesehen ist das lächerlich, was soll das? Aber von außen wird es gefordert. Was machen wir? Wir machen's eben. Wir bieten denen etwas an, zum Beispiel Ministerien, Geldgebern, Stiftungen, die können was damit anfangen. Das reicht uns vollkommen, ob das wahr ist oder nicht, ist nicht mehr wichtig. Das ist doch der Stand der Dinge.

Applaus

Thallemer:
Kurz zur Begriffsbestimmung: Was mich vorhin ein bißchen gestört hat, ist, daß gesagt worden ist, Internet sei Wissen. Das Internet ist keine Wissensdatenbank. Auch den Begriff als solchen bezweifle ich. Es ist absurd, so etwas zu behaupten. Es gibt keine Wissensdatenbanken.

Das Beste, was im Internet der Fall sein kann, ist, daß es eine Datensammlung ist, und Sie hatten es ja auch richtig gesagt: Die Daten werden durch uns rezipiert – und zwar visuell – und miteinander verglichen. Dadurch werden sie zu Informationen – Informationen stehen im Internet auch nicht drin – und über die Lebenszeit und die Erfahrung kommt dann das zustande, worüber wir jetzt soviel diskutiert haben, nämlich Wissen. Das Internet ist lediglich eine Datensammlung, die uns sprachlich oder bildlich vermittelt wird. Der Rest ist Erfahrungs- und Zeitfaktor und wie wir die gesamten Verknüpfungen machen.

eration:
Wir sprechen über globale Kommunikation, das heißt, das Wort Globalisierung schwingt immer mit. Doch Globalisierung ist ja eigentlich nicht nur Gutes, davor hat man ja auch ein bißchen Angst. Die heutigen Referate vermittelten eher den Eindruck, Globalisierung heißt oft Regionalisierung oder Individualisierung. Habe ich mich da verhört, oder ist das so?

Thallemer:
Meiner Meinung und Erfahrung nach ist das so richtig, ja. Regionalisierung sehr wohl, wenn Sie an Marken denken, je nachdem, in welchen Bereichen Sie tätig sein wollen. Wenn das beruflich intendiert ist in bezug auf Design, dann ist das Regionalisierung, allerdings unter einem globalen Dach.

eration:
Funktioniert das nur für Produkte?

Thallemer:
Nein, das funktioniert auch für Lebensräume. Also, wenn Sie einen Staat in einem föderalen Verbund auch als ein Produkt akzeptieren oder als ein mentales Konstrukt, dann haben Sie da auch eine Regionalisierung im Bereich von Europa unterhalb einer Dachmarke.

st Diener:
Globalisierung heißt ja in manchen Bereichen dann: regionalisiert da zu sein, im globalen Kontext. Denn es ist ja allgegenwärtig, daß es irgendwo immer wieder eine

regionale Situation gibt. Und das ist nun das Problem: Wie kriege ich denn diese ganzen Parameter in die Reihe, um dort Verständnis, Erkenntnis zu erreichen und die entsprechenden Ableitungen und Aktionen starten zu können?

Moderation: Ist der einzige Grund, weshalb ich mir diese Mühe mache, nach der Individualität Region zu suchen der, daß ich dann noch mehr verkaufen kann? Oder gibt es noch andere Gründe?

Horst Diener: Es gibt sicher eine ganze Reihe sozialer Aspekte. Und sie können sich ja selbst schnell mit einer Zahl anfreunden. Ich hatte eine Papiermaschine gezeigt. So eine Anlage müssen Sie sich etwa 240 Meter lang vorstellen. Die produziert 400.000 Tonnen Papier im Jahr. Der Pro-Kopf-Verbrauch an Papier in Amerika ist zur Zeit 320 Kilo pro Jahr. In Europa etwa 260 Kilo und in China vier Kilo. Damit ist die Frage beantwortet, wohin dieses Marktsegment nun geht: China zu Papier zu verhelfen, was als einziger Zuwachsmarkt gilt.

Hier ist die Regionalisierung mit schrecklichen Veränderungen verbunden. Sie müssen für jede dieser Anlagen ein Kraftwerk bauen. Sie müssen irgendeinen Fluss stauen. Sie müssen eine Infrastruktur schaffen. Das bedeutet Einschnitte ohne Ende, und ob wir die mitbeeinflussen können, können wir ja ohne weiteres bezweifeln. Aber die regionale Situation, daß zum Beispiel dieser Reisbauer nun morgen an eine deutsche Werkzeugmaschine gestellt wird und die verstehen soll, die bedienen soll, das sind dann durchaus wieder Regionalprobleme im globalen Sinn.

Moderation: Wenn wir das jetzt hören, geht es bei der Globalisierung ja wiederum eher um die Ökonomie. Das hat Mieke Gerritzen, glaube ich, auch so schön formuliert: daß unser Kulturverständnis eigentlich ein Verständnis der Ökonomie ist. Heißt das, daß eine Globalisierung der Kultur eigentlich so gar nie stattfinden wird? Herr Thallemer?

Axel Thallemer: Vollkommen richtig. Das kann ja gar nicht sein, weil es immer nur regionale Kulturräume gibt. Und wie weit die miteinander interagieren, inwieweit die den gleichen Sprachraum und auch den gleichen Kulturraum teilen, das ist die Frage. Da gibt es sicherlich auch noch ein bißchen Schnitt- und Überlappungsmengen, aber im Prinzip sind es eigentlich weitestgehend alles Inseln. Die allerdings dicht aneinander liegen.

Werner Stegmaier: Man kann es vielleicht auch so sagen: Das sind ja keine Widersprüche, sondern komplementäre Begriffe. Die Regionalisierung kommt ja durch die Globalisierung zustande. Das heißt, jetzt werden Kulturen vergleichbar mit anderen, das heißt, sie sehen sich von andern her und müssen sich dann auf ihr Eigenes besinnen, was sie aber dann ja auch immer aus der Sicht der anderen mitsehen.

Man muß dann zum Beispiel fragen, was ist eigentlich Bayern im Weltmaßstab. Sind das dann Trachten und ›a Maß‹, oder was ist das dann? Wenn Sie das nicht im Weltmaßstab sehen, dann lebt der Bayer eben als Bayer und fragt sich das gar nicht. Das heißt, dann ist Bayern keine Region in diesem Sinne, sondern Kultur ist einfach das, was selbstverständlich gelebt wird, was für einen bestimmten Kreis selbstverständlich ist, aber für andere eben nicht.

Wenn angeblich Inder Witwen verbrennen, dann ist das für uns entsetzlich. Aber für die ist das normal, vielleicht. Die Witwe akzeptiert dies vielleicht sogar, weil sie sagt, das ist halt so, das ist unsere Kultur. Die überlegt das gar nicht. Aber jetzt ist das ein Problem. Weil jetzt immer Leute von außen kommen, so wie *Amnesty International*, und sagen, das geht ja nicht! Und jetzt erfährt sich eine Region überhaupt erst als Region, eine Kultur überhaupt erst als Kultur, und das ist etwas Paradoxes.

Also, ich schließe an Sie an, Herr Thallemer. Das heißt jetzt etwa: Was selbstverständlich ist, soll selbstverständlich weitergelebt werden, kann aber nicht mehr selbstverständlich weitergelebt werden, weil es das nicht mehr ist. Ganz einfach gesagt: Wenn Amerikaner und Japaner aufs Oktoberfest gehen, sehen Lederhosen anders aus, als wenn nur Bayern da sind. Dann wird das irgendwie vorgezeigt, dann wird das Folklore, dann wird das auch ein bißchen komisch. Andererseits, wenn die Japaner und Amerikaner nicht da sind, dann läuft der Bayer eben in Lederhosen herum, kann er ja machen. Das fällt ja niemand auf.

Also, Sie müssen sich jetzt immer darstellen für die anderen. Und so etwas wie Kultur im alten Sinne, die einfach selbstverständlich ist, ist gar nicht mehr möglich. Das ist das Neue. Und das bedeutet ja: Kulturen stellen sich auf Design um. Man zeigt, was man eigentlich ist. Aber das ist doch nicht dasselbe. Wenn wir jetzt hier sagen:»Es ist ja hier ganz gemütlich«, ist es nicht mehr gemütlich. Wenn das ausgesprochen wird, verändert sich alles.

ne Süß: Ich habe ein Problem mit dem Begriff Kultur, der hier benutzt wird. Sie haben hier eine Beschreibung gegeben, die mir gut gefällt. Kultur ist das, was selbstverständlich gelebt wird.

Bislang wird Kultur in der Diskussion nur im Kontext von nationaler Kultur betrachtet und damit dann auch eine Vergleichbarkeit hergestellt, die definitiv nicht als Vergleichbarkeit identifizierbar ist. Was mich interessiert bei unserem Thema ›Form und Zeichen – Globale Kommunikation‹, ist, ob nicht durch diese Form der globalen Kommunikation eine ganz neue Kultur entsteht. Ich rede nicht von einer Subkultur, sondern ich rede von einer Metakultur, einem Umgang, von einer Etablierung einer völlig neuen Nationalität in einem ganz anderen Sinn. Oder vielleicht auch in einem ganz neuen Verständnis des Begriffs Kultur. Mir geht es einfach darum zu fragen: Bewegen wir uns aus diesen Kulturen eigentlich hinaus? Gibt es dann einen neuen Kulturbegriff, auch im Sinne von Anwendbarkeit auf neue Medien, Internet etc.?

ner Stegmaier: Nur ganz kurz: Sie brauchen deshalb keinen neuen Kulturbegriff. Sie haben jetzt gesagt: ›nationale Kulturen‹. Aber es gibt zum Beispiel auch eine Diskussionskultur. Die spielt sich innerhalb von einer Stunde ein. Man merkt, wie das hier läuft, und daran hat man sich zu halten. Das ist eine Binnenkultur, eine Augenblickskultur. Es gibt eine Nachbarschaftskultur, es gibt eine Familienkultur, all das, was vom jeweiligen Standpunkt her ganz selbstverständlich ist. Und natürlich kann es dann auch eine Internetkultur geben, selbstverständlich.

ne Süß: Ich habe das ein bißchen anders gemeint. Mir geht es nicht um den Kulturbegriff. Ich finde Ihre Begriffserklärung wunderbar, weil sie zu dem paßt, was ich als Frage und als These gern hinstellen würde. Entwickeln wir eine neue globale Kultur? Bislang wurde ja immer nur gesagt: Globalisierung ist Regionalisierung, ist zunehmende Individualisierung als Antwort auf die Globalisierung usw. Gibt es nicht

darüber so etwas wie einen Smog, der über den ganzen Globus hinwegziehen wird
als neue Kultur?

Mieke Gerritzen:

I think culture is the same thing as design at this moment, it's highly commercial, t
I mean, you can create every culture you want to have, if it's making money, and th
we have this kind of new culture. I think it's not based on our very valuable culture
that we had in the past, out of history. It's just a new thing, and again we can come
with a new culture tomorrow if it makes money. And everyone will take it.

Pippo Lionni:

Not only everyone *will* take it – I think everyone is *already* taking it. When your
children insist you buy them designer's jeans, they spend more than four hours a d
in front of the screen, navigate with Microsoft, they are immersed in a culture,
and not necessarily one of quality. I think the idea of Lederhosen and Oktoberfest
is hopeful. But I'm afraid it's for museums.

Teilnehmer 2:

Ich möchte zurückkommen auf den Satz: »Es ist hier sehr gemütlich.« Verändert d
jetzt etwas an der Homogenität der Dialogkultur? Offenbar schon, es wird schon
kälter. Ich finde es auch gar nicht so gemütlich. Ich muß auch sagen, daß mir das
synthetisierende Weltbild aus Greifswald – ich bin zwar nur ein Philologe aus Tüb
gen und kein Philosoph aus Greifswald – ein bißchen unglaubwürdig erscheint. De
der politische und der ökonomische Diskurs, die nicht im Hintergrund, sondern
eigentlich im Vordergrund stehen, werden wohl ein bißchen marginalisiert. Und a
die Allheilkraft des Systems der Konkurrenz zu vertrauen, scheint mir auf dem
Hintergrund der nicht nur derzeitigen Tendenzen doch fast zynisch zu sein.

Das heißt, eine Kultur bildet sich – und was für eine Kultur! –, deren Normen
durch die Globalisierung präzise gesetzt werden, deren Eckdaten kontrolliert
werden und die, wenn es sein muß, auch mit politischer Gewalt durchgezogen wer
den. Wir brauchen nicht vom Bayern zu sprechen, wenn wir von Gegenkulturen
reden. Sprechen wir vom Islam. Sprechen wir von den Kulturkonflikten, die blutig
ausgetragen werden, europa- und weltweit. Ich glaube, das ist auch ein kleines
Nebenthema und nicht nur das Thema: Wie weit können wir mit einem möglichst
perfekt gestalteten und gestylten System die Erde flächendeckend überziehen und
kleine Nischen süffisant einbauen, in denen das jeweils lokale Kolorit noch ein
bißchen marktstrategisch günstig plaziert zum Ausdruck kommen darf? Aber das
ist nur eine Außenseitermeinung.

Werner Stegmaier:

Das ist ein Einwand, der häufig kommt an dieser Stelle, aber wir müssen aufpasser
Wir gehen von verschiedenen Voraussetzungen aus. Sie haben von Heilkraft gesprochen, und es soll etwas entwickelt werden... und so weiter. Das heißt, Sie habe
die Vorstellung, das alles muß auf irgendein Ziel hinführen, perfektioniert werden
in eine bestimmte Richtung.

Das ist doch gerade fraglich geworden. Wer von uns wagt zu sagen, wie sich di
Welt entwickeln wird? Eher läßt sich sagen, wie sich die Welt entwickeln *soll*. Aber
gerade solche Vorstellungen: »Das soll am Ende herauskommen, und dazu muß da
und das so und so eingerichtet werden«, das ist doch schwierig geworden. Und mit
dem zweiten Teil Ihrer Frage haben Sie das nach meiner Sicht gerade infrage geste
Wenn ein Staat sagt: »Die Welt muß so und so aussehen«, und er hat die Macht

dazu, sie so einzurichten – was tun wir dann: Wir opponieren dagegen. Das heißt, es ist uns doch das offene Spiel sehr viel lieber als irgendein Machtanspruch, der irgendeine Vorstellung von der Welt durchsetzen könnte. Auch wenn dieses Spiel ebenfalls inszeniert wird: am Ende kommt es auf die Krawatten an. Daß Konkurrenten zufällig die gleichen Krawatten anhaben, ist enttäuschend für die Medien. Die Konkurrenz soll bunter sein.

ehmer 2:

Ja, das sind Tatbestände, aber nur die eine Seite. Ich will Ihnen ein Beispiel geben, das jetzt in unserem kleinen, verträumten Tübingen passiert ist. Da hat die Frau Däubler-Gmelin einen einzigen Satz gesagt, der offenbar aus dem etablierten Kommunikationsdesign herausfiel, und zwar durch ein Wort.

Man könnte das mal durchspielen, das wäre ein sprachlich hochinteressantes Experiment. Hätte sie gesagt: »Alexander der Große, Ludwig der XIV. und Friedrich der II. haben ähnliche Szenarien aufgebaut«, wäre vermutlich nichts passiert. Man hätte ihre hohe humanistische Bildung gepriesen. Hätte sie Stalin genannt, es wäre vermutlich nichts passiert. Warum bedeutet es den vollständigen Tabubruch, wenn man ein Denkmodell so anrichtet – und es geht nur mit Sprache –, daß ein Name zuviel, der falsche Name, auftaucht. Das als Erstes.

Als Zweites: Es ist eben nicht nur so, daß – die Menschen sind nicht so blöde, hoffe ich jedenfalls sehr – sie nur mehr nach der Krawattenfarbe und nur mehr nach dem verbitterten oder unverbitterten Gesicht schauen. Das nimmt man als clowneske Zugabe auch noch hin, aber das ist nicht das Zentrum. Es geht doch auch um die Glaubwürdigkeit – gestatten Sie das veraltete Wort – einer Figur, die doch letztlich nicht immer perfekt medialisiert wird. Man sagt dann doch: »Der ist glaubhaft und der andere nicht.«

Es sind die alten Theorien, mit denen wir messen, ob Sie jetzt eine überprüfbare Wirklichkeit hinter sich haben oder nicht.

Dritter Aspekt: die Unwiderlegbarkeit der Sprache. Ich finde an diesem Beispiel, von dem ich heute gesprochen habe, hochinteressant, daß offenbar nicht mehr kontrollierbar ist, welcher Wahrheitsanspruch hinter einer Äußerung steht. Frau Däubler-Gmelin kann vermutlich sagen und gesagt haben, was sie will, es wird nichts mehr an der Situation wesentlich verändern können.

Vierter Aspekt: Ich finde es faszinierend und beunruhigend und vor allem reflektionswürdig, daß Wort- und Sprachnuancen in unserer klischeehaft und standardisiert argumentierenden Zeit stark ins Gewicht fallen und medialisiert werden, und das kann man hieraus auch lernen. Jenninger hat seinen Ausspruch wenigstens noch vor dem Bundestag getan und sich hier in die Peinlichkeit gebracht. Die von Frau Däubler-Gmelin im Hinterzimmer einer kleinen Versammlung gemachte Äußerung hat den Weg ins Weiße Haus medialisiert an einem halben Tag überbrückt. Das ist schon ein Phänomen an sich. Und dieser Media-Kommunikationsweg hat mit unserem Thema zu tun, der Omnipräsenz der Botschaften zeitgleich an jedem Ort der Welt. Das wird gelenkt und gesteuert – so etwas passiert nicht einfach so.

Wir haben heute auch ansatzweise immer wieder von Kontrollinstanzen gesprochen. Und die Frage, die ich an alle stelle, ist: Wer kontrolliert eigentlich die Kontroller? Wer liefert überhaupt die Kategorien, und wer gerät in die Rolle solch einer übergeordneten Instanz? Die muß offenbar jenseits der Politik situiert sein. Hat irgendeiner der Damen oder Herren eine Ahnung, wo die und wer die sein sollen?

Herr Sloterdijk hat sich dafür immer wieder ins Gespräch gebracht, aber wir brau
chen ja noch mehr.

Werner Stegmaier:

Man kann schon etwas dazu sagen. Stellen Sie sich einmal vor, es gäbe diese Insta
Die Super-Kontroll-Instanz, die entscheiden darf, was gesagt werden darf und was
nicht. Frau Däubler-Gmelin darf das sagen oder nicht sagen. Für mich eine Horro
vorstellung.

Ich habe gemeint, Sie wollen so eine Instanz. Warum sollte es die denn geben?
Wenn Frau Däubler-Gmelin zwei Tage vor der Wahl Bush in irgendeine Verbindun
mit Hitler bringt, dann muß sie wissen, was sie tut. Sie ist Ministerin einer Regierun
Sie kennt genau den Apparat, sie weiß genau, was passiert. Wenn da einer sitzt, der
ihr nicht wohl will, dann geht das an die Presse und zack, zack, zack geht's nach
Washington, das ist doch klar! Ich verstehe nicht, daß Sie sich darüber wundern. W
ich jetzt hier etwas Ähnliches machen würde als Philosoph, etwas vergleichbar Pro
vokatives, wüßte das auch nächste Woche der Deutsche Kongreß für Philosophie, u
ich wäre erledigt. Ich sage so etwas aber nicht, weil ich weiß, wie das funktioniert.

Aber – ich betone noch einmal – ich halte es für eine merkwürdige Vorstellun
daß es eine Kontrollinstanz geben sollte, die jetzt entscheiden soll, was darf gesagt
werden, was ist gutes Design, was ist schlechtes Design, was dürfen die Chinesen,
dürfen die Japaner? Das soll doch lieber dieses ganze Netz entscheiden. Wenn zum
Beispiel der Frau Däubler-Gmelin so etwas entschlüpft, und die neue Regierung
wird gebildet, vielleicht vom alten Kanzler, können Sie sich ausrechnen, was passi
Sie wird Schwierigkeiten haben, dieses Amt wiederzukriegen. Die Kontrolle funkt
niert ohne Super-Instanz. Das Thema ist doch: Die alte Vorstellung, daß es eine ze
trale Steuerung gibt, ist angesichts der globalen Kommunikation nicht zu organisie
ren. Wenn Sie sie trotzdem einfordern, wie müßte sie aussehen? Das müßte doch
berühmte, weiseste Mann sein, den sich Platon vorgestellt hat. Philosophen sollen
Könige werden, weil sie so weise sind. Zeigen sie mir einen Philosophen, der heut
weise ist, daß sie ihn zum Weltkönig machen wollten. Ich halte das für ein viel zu
großes Risiko. Der Widerspruch im Netz ist doch viel glaubhafter, viel tragfähiger,
viel hoffnungsvoller, wenn auch unbequemer als alle möglichen Großkontrollen.

Moderation:

Der Auftritt von Frau Däubler-Gmelin, um das abzuschließen, war auf alle Fälle
nicht gut designed, wobei die Politik ja auch gern designed wird und die Krawatte
abgestimmt werden. Gibt es Fragen?

Teilnehmer 2:

Ich will das nicht verlängern, nur scheint mir das der entscheidende Punkt zu sein.
Deshalb habe ich es auch eingebracht, nicht um dieses politischen Helfertums
wegen, sondern daß es offenbar bereits ganze feste Koordinaten eines politischen
Designings gibt und die minimale Abweichung davon genügt, um einen Rahmen z
sprengen, um ein Tabu zu brechen, eine Karriere, eine Regierung enden zu lassen.

Ich glaube nicht an irgendeinen Weltweisen, ich kenne doch die Weltweisen a
Tübingen! Meinen Sie, die würde ich da als Organisatoren wünschen? Nein, es
geht darum, daß sich bereits im System ein enormer Kontrollinstanz-Mechanismu
zu bilden im Begriff ist und daß der schon ziemlich elaboriert ist. Ein Wort vom
Weg weg und die Konsens-Gitter und -Schleusen schließen sich und schließen auc
aus, und diese Ausschlußmechanismen können recht hart sein.

ehmer 3: Ich bin vom Fachbereich Design in Köln und mache meine Ausbildung. Daher ist mein Erfahrungsschatz sicher noch nicht sehr groß, und daher habe ich eine Frage an Herrn Diener und komme noch mal auf diese Papiermaschine zurück, für die Sie Knöpfe entwickeln.

Geben Sie jungen Leuten mit, daß man Knöpfe entwickeln muß für eine Papiermaschine, die in China, wo ein Staudamm gebaut werden soll, aufgestellt werden und an der ein Reisbauer stehen wird, der noch nicht einmal auf Papier schreiben kann, weil er überhaupt nicht schreiben kann? Ist das die Aufgabe von Design, und geben Sie das jungen Leuten mit?

dezenter Applaus

Diener: Das kann die Konsequenz sein. Wir entwickeln und gestalten Bedienelemente und Knöpfe, und die werden unter Umständen an solchen Maschinen eingesetzt. Aber das eine hat mit dem anderen nichts zu tun. Designer müssen sicherlich bedenken, daß sie bei solch großen Anlagen die gleichen Ergonomieaspekte zu berücksichtigen haben wie bei Konsumgütern oder anderen Dingen.

ehmer 3: Haben wir nicht andere Möglichkeiten, unsere Kompetenz einzusetzen? Natürlich kann ich verstehen, jeder muß leben, jeder darf sein Geld verdienen. Ich möchte Sie persönlich damit auch nicht angreifen, aber ist das unsere Aufgabe? Da scheint mir, ein politisches Plakat hat mehr Berechtigung als ein Knopf an einer Maschine für solche Dinge.

Diener: Um den Knopf geht es nicht, aber es geht darum, daß eine Maschine, um bei diesem Beispiel zu bleiben, exportiert wird in ein Land, wo sogenannte ungelernte Leute diese Anlagen und diese Maschinen bedienen werden, zum Beispiel Reisbauern oder Tabakpflanzer. Und diese Menschen müssen möglichst auf kurzem Weg die Schwellenangst vor diesen Anlagen abgebaut bekommen und die Zusammenhänge so verstehen, daß sie mit diesen Anlagen und Maschinen da arbeiten können – das ist das Thema.

ehmer 3: Ja, das habe ich durchaus verstanden, aber macht es Sie glücklich? Sind Sie sich Ihrer Konsequenz bewußt, daß Sie da eben einen Knopf machen für eine Maschine in einem solchen Land?

Diener: Es macht mich glücklich, Knöpfe zu machen oder Bedienelemente, die weltweit funktionieren und eingesetzt werden und daß die Leute, die damit arbeiten, Spaß haben und die Dinge verstehen, ja.

ehmer 4: Ich wollte noch einen anschließenden Aspekt einbringen, der mich auch ratlos macht. Es ist meine Frage an Sie alle: Vorhin kam ein Begriff ›Krawatten und Design‹, und dann kam auch der Begriff der Glaubwürdigkeit oder der Glaubhaftigkeit. Dies ist ja ein Begriff, der sehr gerne verwendet wird. Man hat nicht immer alles daran gemessen, ob etwas glaubhaft ist. Es ist geschichtlich sicher auch unterschiedlich bewertet worden. Meine Frage zum Design allgemein: Design soll ja teilweise auch irgend etwas Glaubhaftes sein, international glaubhaft sein, über verschiedene Kulturen, wenn das möglich ist, über die verschiedenen regionalisierten Gesellschaften hinweg. Und da würde mich jetzt einfach interessieren: Wie machen Sie das, ja, wie wollen Sie das machen? Ist das eigentlich eine Kategorie, oder ist bei Design – eben das, was Herr Lionni vorhin gesagt hat – eigentlich nur die einzige Kategorie die Funktionalität?

Horst Diener:

Nun, ich habe heute morgen versucht, eine ganze Reihe Aspekte anzuführen, die über die vermeintlich nur kreativen Tätigkeiten des Designers auch zur Sache führen. Da gibt es eine ganze Menge sozialer Aspekte. Aspekte des Gebrauchens, der Verstehens, des Handlings, des Benutzens, des Spaßes, emotionale Dinge.
Und die Prioritäten werden doch sehr stark in die Reihenfolge gestellt, wohin die Reise da geht. Ein Konsumartikel, der kurzlebig ist, hat sicher in der Reihenfolge andere Parameter. Aber wenn Sie von Ulm oder sagen wir mal aus unserer Denkrichtung kommen, dann haben eigentlich all die Ansätze eher einen Wunsch nach Langlebigkeit und nach Vernunft, nach Rücksichtnahme auf Ressourcen und dergleichen.

Aber es ist schon so, daß die unterschiedlichen Branchen unterschiedliche Parameter haben. Sie werden ein sportives Produkt unter Umständen anders gestalten und ansetzen und kurzlebiger ansetzen als ein Investitionsgüterprodukt. Zum Beispiel eine Nähmaschine. Eine Nähmaschine wird gekauft und im Durchschnitt wird dreieinhalb Stunden pro Jahr damit genäht.

Wir machen alle viel zu intensive Ausführungen an unseren Produkten. Wir kaufen Produkte, bei denen wir vielleicht teilweise nur zehn Prozent von dem benutzen, was das Produkt kann. Und wir sind bereit, das zu bezahlen. Das ist eine Konfliktsituation. Keiner hier wird sein Handy und sein Videogerät und alle die Produkte, die er benutzt, wirklich voll ausnutzen. Er bezahlt sie aber. Und das ist eine Schlüsselsituation, die uns in Zukunft durchaus beschäftigen wird.

Teilnehmer 5:

Ich bin tätig im Fachbereich Design, koordiniere dort den europäischen Studiengang. Ich möchte nur ganz kurz etwas zu dieser Geschichte mit den Knöpfen sagen.
Ich glaube, was meine Vorrednerin auch gemeint hat, ist, daß wir ja hier zwei Lager haben. Einmal den Herrn Lionni und die Frau Gerritzen vielleicht, die den politischen Aspekt herüberbringen. Und auf der anderen Seite, wenn ich das kritisch sehe, daß eine Papiermaschine in China viel Holz verbraucht, frage ich mich natürlich, wenn ich wirtschaftlich nicht davon abhängig bin: Brauche ich das, oder muß ich das machen? Wenn ich es nicht mache, macht es ein anderer.

Kurz dargestellt gibt es, denke ich, hier die zwei Lager. Einmal eine politische Sicht auf Design, auf Gestaltung – und daß ich eben auch eine Sinnfrage stellen kann oder ich es bleiben lassen kann. Ich denke, da vertreten Sie eine andere Meinung.

Was mich tatsächlich interessiert – zurück zu Ihrem Vortrag von heute morgen: Sie sind seit 1974 selbständig und arbeiten auch für international operierende Unternehmen. Inwieweit gehen Sie denn auf diese interkulturellen oder kulturellen Unterschiede ein? Zum einen in Ihrer alltäglichen Berufspraxis, also wie loten Sie denn mit welchen Skills, mit welchen Fachleuten ab, was notwendig ist, was notwendig sein müßte, und – Sie sind ja auch in der Lehre tätig – wie versuchen Sie das Ihren Studierenden zu vermitteln?

Diener:	Im Industriedesign, wenn Sie das jetzt trennen wollen zwischen Lehren und Machen, bin ich natürlich zuerst ein Macher. Wir versuchen – das können wir sehr schön dramatisieren –, Arbeitsplätze zu schaffen und zu erhalten durch erfolgreiche Produkte, und hier ist durchaus ein Ansatz von Verantwortlichkeit für unser Schaffen und unser Tun.

Aber ihre Frage zielt mehr in Richtung Internationalität. Ich habe ja sehr stark versucht, meinen Beitrag permanent in eine Fragesituation zu stellen. Es gibt Dinge, von denen weiß ich nicht, wie sie ablaufen. Vor allem für mittelständische Unternehmen oder für freischaffende Design-Büros, die nicht so global organisiert sein können. Und es ist ja bekannt, wie man Informationen beschafft, wie man Analysen erstellt und dergleichen und wie man zum Beispiel Fragen formuliert, die dann vor Ort zu klären sind.

Was meine Bilder, die ich Ihnen heute zeigen konnte, betrifft: Bei diesen drei Beispielen, Handys, Waschmaschinen und Mikrowellengeräte, habe ich mir die Informationen aus Korea besorgt und bezahlt. Ich habe eine ganz klare Aufgabenstellung gemacht, wie sehen die Opinion-Produkte in diesem Markt Asien aus, habe mir Informationen aus Ohio aus Amerika geholt und den Rest hier zusammengetragen. So läuft das; aber es ist mühsam und vielleicht nicht ganz kompetent.

ehmer 5:	Wenn Sie diese Studie einkaufen, die Analyse, verstehen Sie die dann auch, so daß Sie die in Ihre eigene Gestaltung einbringen können?

Diener:	Ja, gut. Man ist ja heute in einem so großen Maße mit einem Projekt und damit auch mit den Beteiligten in dem Unternehmen verstrickt und verbunden, daß diese Fragen durchaus auch teamorientiert ausdiskutiert und ausgewertet werden. Wir haben gestern folgende Frage gestellt bekommen: Wie können wir – es geht um Haushaltsprodukte, die Farbgebung für japanische Produkte – bewerkstelligen, daß wir an religiösen Problemen vorbeikommen und durchaus eine Farbgebung entwickeln, die dort eine Akzeptanz findet? Frage! Antwort: Schau'n wir mal. Wie das funktioniert? Indem wir hergehen und prüfen: Haben wir hier in unserem Fundus, in unserem Netzwerk die Möglichkeit, dies abzufragen? Und wenn es eine sehr wichtige Frage ist, muß man dem vertieft nachgehen. Denn das kann Konsequenzen haben über den Erfolg eines Produkts oder eines Unternehmens vor Ort. Da gibt es keinen Zweifel. Ich denke, das ist uns allen klar.

ehmer 5:	Mir war schon klar, daß Ihr Vortrag heute morgen auch bereits aus mehreren Aspekten und einer grundsätzlichen Frage bestand. Das war eine Bestandsaufnahme: Was für Probleme können auftreten, farblich, gestalterisch mit Logos und so weiter? Aber wie lösen wir das? Und ich denke jetzt, Sie sind der Fachmann auch für so etwas.

Wie gehen Sie da heran, mit welchen Spezialisten, mit welchen Fachleuten, mit welchen Netzwerken? Welche Abläufe werden da getätigt?

Diener:	Das ist ja eben so spannend! Und ich entdecke diese Fragestellung immer mehr in den letzten drei oder vier Jahren, maximal fünf Jahren, wo diese Dinge auf uns hereinprasseln, weil die Globalisierung auch schon bei mittelständischen Unternehmen permanent im Fortschreiten ist.

Teilnehmer 1: Darf ich das vielleicht von Detailfragen absehend etwas globaler angehen? Ich würde eher dazu tendieren zu sagen: Auf der einen Seite sind wir Designer definit die ›Stricher der Industrie‹, das heißt, wir werden bezahlt und machen dafür ganz bestimmte Sachen und zwar innerhalb von ganz eng gesteckten Rahmendef tionen, und dessen müssen wir uns auch bewußt sein. Ich finde diesen Anspruch, daß wir, die wir eh schon zwischen allen Stühlen sitzen und alles machen wollen, j auch noch alles *global* machen wollen, ziemlich vermessen.

Ich finde auf der anderen Seite – das ist der andere Ansatz: Das alles nur zu negieren oder zu kritisieren wird auch unheimlich schwierig, denn das führt dann einfach dazu, provokative Kunst zu kreieren.

Wir müssen uns bewußt sein, daß – und das kam letztes Jahr zum Beispiel in c Rotis-Forum sehr gut heraus, wo die ›Marke Deutschland‹ besprochen wurde – wir ganz bestimmte kulturelle Hintergründe haben und eigentlich regionale Kult repräsentieren. Daß wir, die zum Beispiel definitiv deutsches, wie Sie gesagt habe analytisches Design repräsentieren, genau darin unsere Stärke haben und daß das weltweit auch in bestimmten Segmenten gefragt ist.

Es kann nicht angehen, daß wir jetzt behaupten, wir könnten für die Chineser alles produzieren, was sie brauchen, deren Bedürfnisse erfassen. Da ist unser kultureller Hintergrund überhaupt nicht vorhanden. Genauso wie das andersheru nicht sein kann. Deswegen werden Chinesen jemanden von uns engagieren und mit diesen ihre Produkte für unseren Markt kreieren, genauso wie wir jemanden ε deren Kulturkreis rekrutieren, um Produkte für deren Markt zu kreieren. Aber ic glaube, es ist für kleine Büros oder auch für Konzerne einfach vermessen zu sagen Wir können alles überall bedienen.

Mir ist auch aufgefallen, daß heute immer nur drei Marktsegmente genannt w den: Amerika, Europa und Asien. Was ist eigentlich mit den Dritte-Welt-Ländern? Die werden ausgenommen, weil sie einfach kein Potential darstellen, kein Markt- segment, keine *Cash-cow*. Kann Herr Thallemer dazu etwas sagen? Festo ist, glaub ich, in über 160 Ländern vertreten.

Axel Thallemer: Die sind sehr wohl im Markt, nur im Moment noch nicht. Diese Märkte werden entwickelt. Diese sogenannten Schwellenländer, das ist dort, wo quasi als nächstes dieser ganze Zirkus oder Zyklus abläuft.

kurzes Gelächter

Horst Diener: Aber die Koreaner zum Beispiel setzen sich durchaus mit unseren Mentalitäten a einander, um zu prüfen: Was ist denn bei denen vor allem mit diesen vielen Norme los? Wie können sie das berücksichtigen oder umgehen? Aber wir brauchen gar nicht so weit zu gehen. Eine Flugstunde von hier sitzt in Spanien der Marktführer *Fargor* in der Weißen Ware und fragt hier an: Wie können wir mit unseren Produkt in Deutschland erfolgreich sein? Wir sehen die Prospekte und sagen: Ihr müßt die toten Fische aus den Kühlschränken nehmen, denn in unserem Gewohnheitsk ist diese Art der Darstellung toter Fische nicht unbedingt appetitanregend, was in Spanien aber durchaus das Indiz für Frischhalten sein mag.

Und wenn Sie dann zum Beispiel an einer Waschmaschine die Waschmittel- Dosierung diskutieren, dann wünschen die Spanier extra große Behältnisse, um zu dokumentieren: Hier geht viel Waschkraft durch. Bei uns läuft es umgekehrt. Und wenn Sie einen Kühlschrank machen wollen, müssen Sie wissen, daß in der Tür am besten drei Liter Wasser zu kühlen sind. Und daß man in Spanien anders einkauft, keine Dosen in den Kühlschrank stellt und mehr Früchte und Gemüse dort lagert.

Das ist ein ganz einfaches Thema und Prozedere – eine Flugstunde von uns entfernt. Und darum müssen wir uns kümmern. Und da müssen wir uns schlau machen und vor Ort nachfragen.

Thallemer: Ich wollte zum Funktionsbegriff von vorhin noch etwas nachtragen, aber die Diskussion hier inhaltlich nicht unterbrechen. Design ist sowieso immer funktional. Oder jegliche Art von Gestaltung, denn wenn irgend etwas nicht funktioniert, dann wird es auch von niemandem verwendet. Und dieser starke intellektuelle Fokus auf Funktionalität ist natürlich auch sehr einseitig und dogmatisch. Das heißt, die Mehrheit der Gegenstände, die in unserem gesellschaftlichen System verkauft werden, sind sowieso in dem Sinne, wie wir das Wort ›designed‹ verwenden, eh nicht designed. Das heißt, auch das, was Raymond Loewy gesagt hat, Häßlichkeit verkaufe sich schlecht, stimmt überhaupt nicht. Ich würde sogar sagen, daß die überwiegende Mehrheit der Produkte nach dem klassischen gesellschaftlichen Konventionsbegriff des Designs schlecht gestaltet ist, und es ist trotzdem die Mehrheit des Weltbruttosozialprodukts, die so läuft. Das heißt über Design als klassischen Begriff, insbesondere mit der Verbrämung der dogmatisch engen Funktionalität, und wenn die Produkte sowieso nur für eine ganz kleine intellektuelle Schicht und nicht für die Masse bestimmt sind – darüber müßte man sich einmal unterhalten, was das im globalen Kontext bedeutet, insbesondere im Sinne der Regionalisierung!

Lionni: When I got on the plane to come here, I was coming to the ›mythical Ulm‹. The ›mythical Ulm‹ I read about in books, where design had a social responsibility to produce products of quality, that were supposed to revolutionise the lives of the masses. Beautiful things, made of the best materials … made to last. I'm scandalized, I hear you talk about Germany as a product. I hear you talk about markets, all these markets. What are you talking about? Design is more than just satisfying markets. Just selling junk to people. What you've sold is sold because it makes money. Design had another dimension to it, maybe naively idealistic, but more optimistic and profound. I just don't believe in design revolutionising the world, because we do our buttons differently. This is scandalizing.

Applaus

ehmer 6: Ich bin Industriedesignerin in der Holzwerkstattbranche, Spanplatten und solche Geschichten. Und mich hat heute der Schlußsatz von Professor Stegmaier sehr bewegt, als er sagte: »Lieben muß gelernt sein«. Da habe ich einen Bezug zu dem Vortrag von Dr. Kölch gesehen, wo er von den Jugendlichen erzählt, die so lieblos mit sich und ihrem Körper umgehen und daß zum Beispiel ein Handy auch ein Instrument ist, das diesen Umgang eher noch stärkt.

Gibt es eine Art von Verbindung, ein globales Netz, wo dann diese Informationen aus der Humanmedizin oder solche Erkenntnisse einfließen zur Information für Produktgestalter? Die gestalten diese Handys hinterher irgendwann. Oder für

Hersteller von Handys – ich könnte mir vorstellen, als Konsequenz könnte heraus kommen zu sagen: Das tut unseren Jugendlichen nicht gut. Die Dinger gehen nach einer Stunde aus, und dafür kosten sie auch noch mehr.

Es könnte ja ein ganz neuer Gestaltungsansatz hereinkommen über diese Art von globaler Vernetzung. Gibt es da schon Formen? Es würde mich interessieren, es irgendwo einen Zusammenhang gibt, denn das ist ja auch eine Frage des humanen Umgangs damit. Wir können nicht das globale Netz abschalten, aber wir müssen e neue Form lernen, es zu lieben und zu nutzen. Also: ›Ja‹ und auch ›Nein‹ zu sagen.

Michael Kölch: Mir ist kein Forum bekannt, wo so etwas diskutiert würde. Außer hier, genau deswegen sitzen wir hier. Ich denke, der Ansatz, den Sie hier vertreten, ist sehr dirigistisch. Die Potenz muß schon aus dem Individuum selbst kommen. Das ist der We wo man hingeht, nicht der, daß man die Produkte oder die Medien oder die Gebrauchsobjekte unbedingt verändert, das ist ja nur ein Reagieren darauf. Das, man tun müßte, ist ja etwas anderes. Man muß mit dem Ansatz ans Individuum he angehen, daß es lernt, damit umzugehen. Das ist ja auch viel ökonomischer, als we man die gesamten Produkte umdesigned, und dann können wir sie ja auch nicht mehr nutzen. Das ist ja auch nicht schön. Das wäre ein eigenartiger Weg zumindes des Zugangs. Ich halte ihn für hochgradig unpraktikabel.

Teilnehmer 7: Ich glaube, alles ist möglich, und da muß der Staat dann auch gucken, daß er seine Grenzfälle definiert. Beim Handy sehe ich das natürlich nicht, ist ja klar. Das wied rum könnte ja auch gefährlich sein aus anderen Gründen, die ich jetzt nicht diskutieren möchte. Ich glaube, da muß man ganz offen bleiben und immer wieder lauschen. Das ist auch unser Job, daß wir Nuancen irgendwo erkennen, um sie dann v leicht umzuformen in eine Grundidee. Daß man nicht stur, sondern man ganz offe bleibt. Und das wäre dann vielleicht das Plädoyer in dem Sinne von: »Achtung, au passen, wenn Informationen kommen, was können wir tun?!« In diesem Sinne fin ich es begrüßenswert, wenn man dann Schlüsse zieht. Ob das fitte Ideen sind oder nicht spielt in dem Moment keine Rolle, 99 Prozent fallen sowieso wieder raus.

Das noch zur Kreativität: Die Kreativität ist ja ein heißes, nettes Wort. Von de vielen Gedanken, die wir alle so haben, kommt nur einer durch. Das reicht ja auch und wenn der dann noch Marktchancen bekommt und gut wird, ist das ja genug. K ativität gibt es im Überfluß, ist Verschwendung. Die brauchen wir, aber die ist nich so viel wert, wie man immer denkt. Es sind wirklich nur selektierte kleine Gedank die dann, konsequent weiterverfolgt, erst interessant sind. Man muß konsequent b ben, sonst gibt es kein Bild, kein *Image*. Es entsteht gar nichts, wenn man 100.000 Ideen hat, es entsteht viel mehr, wenn man nur eine Idee hat.

Werner Stegmaier: Vielleicht kann ich da nochmals ansetzen. Wir reden vom ›Markt‹. Einerseits woll wir ihn, die meisten hier leben davon, die meisten Designer-Büros leben von einer bestimmten Markt. Und auf der anderen Seite hören wir: Da müßten Kontrollen sein. Es müßte auch Idealismus mit dem Design verbunden sein. Jemand hat sogar von Lagern gesprochen, politischen Lagern. Ich denke, wir müssen erst einmal Realitäten sehen. Und eine Realität ist doch, daß zum Beispiel auch die Politik sic des designs bedienen muß. Wahlkämpfe zeigen dies am besten. Es ist doch nicht so, daß es so oder so geht. Es geht doch nur noch so. Das heißt, alle Funktionssyste müssen sich darstellen. Sie müssen ein bestimmtes design vorgeben. Ebenso Personen. Und es ist ja der Markt auf allen Ebenen und in allen Spielarten, der – effektiv – kontrolliert. Wenn jemand sagt, »Dieses Handy ist für Kinder ungeeignet, die machen sich die Daumen kaputt«, dann entwickelt man Handys, bei denen die Daumen nicht kaputtgehen. Ich meine, auch da bietet doch der Markt Chancen. Und wenn das nicht der Fall ist, kann immer noch der Staat kommen und verbieten. Aber wir haben doch gar keine wirklichen Alternativen.

Und jetzt zur Kreativität. Da stimme ich Ihnen vollkommen zu. Aber was können wir tun? Da entwickeln sich neue Tendenzen, die, weil sie neu sind, großenteils beängstigend oder ungemütlich sind – auf diese Weise Märkten ausgesetzt zu sein mit seiner Person, nicht nur mit seinem Geschäft. Es wird ja zunehmend ungemütlich. Man muß sich ständig auf neue Situationen einstellen. Der eine kann das, der andere kann es nicht. Und was macht die Gesellschaft, die gesellschaftliche Kommunikation? Sie findet Begriffe, die das, weil's ja nun mal so ist, positiv zu formulieren versuchen.

Kreativität ist heute ein positiver Begriff. Nehmen Sie andere: Flexibilität oder Mobilität. Was heißt das eigentlich? Die Leute müssen bereit sein, von Zeit zu Zeit ihren Beruf zu wechseln, sie müssen bereit sein, von Zeit zu Zeit ihren Wohnort zu wechseln. Das ist ungemütlich, das will man eigentlich nicht. Jedenfalls will man's nicht müssen. Wenn man's freiwillig tut, dann ist das etwas anderes. Und jetzt erfindet man Wörter, mit denen man das positiv konvertieren kann, wie Flexibilität. Flexibilität klingt gut. Und irgendwann glauben die Leute an die Wörter, und dann geht's wieder.

Und nun kann man wieder sagen: Da werden die Menschen betrogen. Sie werden aber nicht betrogen. Sie gebrauchen diese Wörter so wie alle anderen auch. Da gibt's ja keine Instanz, die sagt, *jetzt* ist Flexibilität etwas Gutes, sondern wir übernehmen das mit der Zeit, ebenso Mobilität und so weiter. Zum Beispiel Belastbarkeit: Wenn in einer Anzeige steht, die Bewerberin/der Bewerber muß belastbar sein, ist das doch eigentlich schrecklich. Das bedeutet, der muß bereit sein, bis um Mitternacht im Büro zu bleiben und morgens um sieben wieder da zu sein, er muß bereit sein, Mobbing auszuhalten und was man ihm zumutet. Und jetzt kehrt man das um und macht eine positive Semantik daraus. Das kann man negativ sehen, das kann man positiv sehen, weil nämlich jetzt die Menschen bereit sind, unter solchen Labels bestimmte Dinge zu ertragen, die sie *sowieso* ertragen müssen. Ich meine, es ist dann doch besser, man spricht von Kreativität. Wenn die Welt dauernd anders wird, dann kann man das jemandem zuschreiben und sagen: »Das verdanken wir einem Kreativen, wunderbar!«, statt immer nur zu sagen: »Dauernd müssen wir uns vom Alten verabschieden, das ist schrecklich.«

Wertewandel wird fast immer unter dem Vorzeichen des Werteverlusts ausgerufen: Da geht etwas verloren, familiäre Werte und so weiter. Aber zugleich kommen ja neue Werte. Ich bin alt genug, um erlebt zu haben, wie die bundesrepublikanische Gesellschaft zahllose neue Werte entwickelt hat, die heute völlig selbstverständlich sind. Als ich klein war, war es überhaupt kein Problem (also für mich vielleicht schon, weil ich Pfadfinder war), Cola-Dosen in den Wald zu werfen. Die lagen da einfach herum, da hat sich niemand besonders aufgeregt. Tun Sie das heute mal, wenn jemand dazukommt – das ist völlig unmöglich. Das ist ganz unmoralisch. Wir trauen uns heute nicht mehr, einen bestimmten Abfall in den falschen Eimer zu werfen. Und das ist doch gut so, da sind doch Werte nachgewachsen. Wir sind heute wahrscheinlich viel moralischer als vor 50 Jahren. Nur sieht man das nicht so, weil man es für selbstverständlich hält. Und im Hinblick darauf ist es nicht einfach ideologisch, wenn solche Wörter wie Flexibilität, Mobilität positiv besetzt werden. Sie erleichtern das Leben, das man sowieso leben muß.

Werte werden umgewandelt, wenn das Leben sich verändert. Wenn Sie die Dinge gezielt ändern wollen, müssen Sie in eine Partei eintreten, Ministerin und Kanzlerin werden. Dann könnte es vielleicht gehen. Da können Sie wahrscheinlich auch nicht viel ändern, aber Sie können vielleicht *eher* etwas ändern. Aber machen Sie das doch erst einmal! Und auch dann müssen Sie zumindest *auch* Semantiken ändern, neue Semantiken schaffen.

Und ich glaube, das Design ist dabei, die Semantik stärker zu bestimmen, und zwar im positiven Sinne. Sie sagen noch, design war einmal mit Idealismus verbunden – gut! Aber da war es eher die Ausnahme. Heute ist Design die Regel, und wer sich auf Idealismus beruft, macht sich in einer Marktsituation eher verdächtig. Wenn Sie gut verkaufen können, ist das in Ordnung. Etwas anderes glaubt Ihnen keiner mehr.

Um es noch weiter zuzuspitzen: Glaubwürdigkeit ist auch ein design. Im Wahlkampf hatte der Kanzlerkandidat Glaubwürdigkeitsprobleme, vor allem im Norden und im Osten. Er hatte da große Schwierigkeiten, also: keine extremen Thesen, keine heiklen Fragen, nichts Provokatives. Alles schön unten halten, möglichst nah am Kanzler, nur ein bißchen anders. Was war die Strategie? Der Mann muß glaubwürdig werden, auch im Norden und im Osten. Aber wir im Norden und im Osten, wir durchschauen das doch. Wir sehen: Der Mann will glaubwürdig werden. Das ist doch auch ein Label, Authentizität ist auch eine Maske.

Das klingt zynisch und provokativ, wenn man an den alten Werten festhält. Aber die alten Werte haben in der neuen Welt nicht mehr diesen Stellenwert. Sie können sie nirgendwo mehr festmachen. Da müßten Sie eine andere Gesellschaft haben, und die Gesellschaft, in denen die alten Werte noch Werte waren, die wollen Sie ganz bestimmt nicht mehr. Wo ›wahr‹ noch ›wahr‹ war, was war denn das für eine Gesellschaft? Da müssen Sie wirklich ins Mittelalter zurückgehen, und da müssen Sie mit absoluten Verbindlichkeiten arbeiten, nicht nur in moralischer, sondern auch in religiöser und politischer Hinsicht. Das wollen Sie hier alle nicht mehr, und die frömmsten Christen wollen das auch nicht.

Moderation:

Vieles klingt ja sehr lustig, aber ich glaube, unwidersprochen bleibt das Meiste von dem, was Sie jetzt gesagt haben, nicht.

Michael Kölch:

Dies ist sehr provokativ. Ich habe große Zweifel, und ich würde nochmals nachfragen wollen. Wenn Sie sagen, daß neue Begrifflichkeiten designed werden mit positiver Konnotation und damit lebt es sich leichter, dann frage ich, ob es sich leichter beim Abgucken lebt oder ob es sich leichter dann lebt, wenn man das tatsächlich erfährt. Und das wage ich doch zu bezweifeln. Wenn ich fünfmal umgezogen bin und fünfmal mein Lebensumfeld gewechselt habe, dann fühle ich doch etwas, und dann kann doch der Begriff heißen, wie er mag, ich spür es doch trotzdem.

Werner Stegmaier:

Aber Sie können ja doch daran Spaß finden.

---

ael Kölch:

Ich kann aber auch daran Spaß finden, wenn ich es als Belastbarkeit bezeichne. Das hat mit dem Begriff nichts zu tun.

er Stegmaier:

Es gibt doch die neuen Hotelexistenzen. Es gibt die Existenz, wo Ehepartner sehr weit auseinander leben. Das kann man auch mögen.

ael Kölch:

Das bezweifle ich ja nicht, das möchte ich ja auch nicht bestreiten. Ich bezweifle nur, daß die neue Begrifflichkeit dazu führt, daß das Fühlen sich gleichzeitig ändert, daß alle Leute das gern mögen. So aber wurde das gerade dargestellt.

er Stegmaier:

Das habe ich nicht gesagt. Da ist ja niemand, der das steuern kann. Wenn ein solcher Begriff positiv geladen wird, dann wird er das ja durch den Gebrauch. Da spielt die Presse eine Rolle, aber auch da steuert das niemand. Die schreiben voneinander ab und kritisieren dann einander und so weiter. Da ist niemand, von dem man sagen kann: »Der ist schuld, daß Flexibilität ein positiver Begriff ist.« Er ist es irgendwann geworden. Und wenn das so ist, haben Sie Schwierigkeiten, sich dagegen zu wehren.

Nehmen Sie einen anderen Fall. Wir haben heute Gott sei Dank den Versuch der Gleichstellung der Frauen, also Emanzipation. Wenn Sie heute davon abweichen, wenn heute eine Frau ›nur‹ Hausfrau sein wollte, Kinder erziehen, hat sie ein Recht-fertigungsbedürfnis. Das hatte sie früher nicht. Da haben sich die Werte umgekehrt. Und bei der Flexibilität ist es auch so. Sie müssen es heute rechtfertigen, wenn sie in Ostvorpommern bleiben wollen. Da heißt es: »Wenn Sie im Westen Geld verdienen können und hier nicht, dann ziehen Sie doch in den Westen!« Vor 50 Jahren mußten Sie Immobilität nicht rechtfertigen. Jetzt müssen Sie es. Das ist der Unterschied.

o Lionni:

I think it's incredible that as a philosopher you can question whether or not the truth exists. The truth exists. We might have a difficult time finding it, but our faith in its existence is essential for human existence, or for any kind of consciousness. I think that a relativistic attitude toward the truth is necessary for your ultra liberalist vision of society – a sort of free-for-all where the best armed wins, and there is no need for shame.

er Stegmaier:

Da muß ich jetzt als Fachmann antworten. Zumindest seit Kant ist klar, es gibt kein allgemeines Kriterium der Wahrheit, und so kann man schwerlich sagen »Die Wahr-heit existiert«. So philosophieren wir heute. Und wenn Sie dies nicht tun, dann würden wir als Fachleute sagen: Das ist nicht der Stand der Philosophie, das ist nicht der Stand des modernen Denkens. Sie können gerne anders denken, aber Sie dürfen nicht von mir erwarten, daß ich mich auf einen Stand der Philosophie versetze, den es so vielleicht noch nie gegeben hat.

o Lionni:

Maybe philosophy should be redesigned.

ehmer 1:

Ich möchte auf den Eindruck von Pippo Lionni reagieren. Diese Mythik, die hier in den ehemaligen Räumen der Hochschule für Gestaltung vermutet wird, die liegt über 35 Jahre zurück und ist im Prinzip jetzt nicht mehr die Realität, und es ist nicht unvermutet, daß damals eben politisch abgewürgt wurde, daß die Schule hier sitzt. Ich weiß nicht, ob Ihnen die Geschichte bekannt ist, daß die Schule quasi von der

Regierung geschlossen wurde oder die Gelder dafür gesperrt wurden und daß es dadurch nicht weiterging. Bei diesem ideologischen Überbau und der Ethik und Moral, die damals mitgelehrt wurden, ist doch die Frage: Wo würden die Leute heute sein? Wären die alle im Web und würden Datenmüll produzieren ohne Ende?

Für mich ist das Web, außer daß man ganz schnell von A nach B kommunizieren kann, insgesamt ein ganz großer Mülleimer, in den ich meine Daten und meine Informationen reinschiebe, damit sie jeder ausfiltern kann, ohne daß er sie bewältigen wird, weil es einfach so viel ist, was da drinsteht. Das ist nicht mehr filterbar, das ist nicht mehr verarbeitbar, und die Frage ist: Was würden solche Leute machen? Würden die das Web nutzen, würden sie nur virtuell agieren und leben oder existieren? Wird es überhaupt noch eine Schule geben? Wäre alles nur im Netz, oder würden sie es boykottieren? Und mit welchen Symbolen würden sie arbeiten, wenn man sieht, was ein Otl Aicher aus globalen Zeichen für die Olympiade '72 gemacht hat? Kann so etwas heute noch funktionieren, oder muß es so provokativ wie Baustellenbarrieren aussehen, wie sie Mieke Gerritzen zeigte, um kontraproduktiv zu sein oder um zu provozieren und damit auch eine gewisse Aufmerksamkeit zu erreichen? Ist das denn Kunst, ist das Design oder ist es Vermarktung? Ich denke, das ist eher die Thematik, um die wir kreisen sollen, als darum, ob es die Wahrheit gibt oder nicht.

Moderation:

Mit dieser Frage beenden wir die erste Debatte und werden morgen sicher mehr zu diesen Fragestellungen hören.

Internationales Forum für Gestaltung
Ulm
Symposium
Form und Zeichen –
Globale Kommunikation
20., 21., 22. September 2002
in der ehemaligen HfG Ulm,
Am Hochsträß 8
www.ifg-ulm.de

Öffentliche Abendveranstaltung
Cantus Lapidum
Ohren – Licht – Gedachtes
als tönende Form

Konzert im Ulmer Münster,
Münsterplatz
Freitag, 20. September 2002
20 Uhr

Klaus Feßmann
Klangsteine aus Granit, Serpentinit,
Travertin
Manfred Kniel
Schlagwerk aus Wasser und Stein
Friedemann Dähn
Violoncello und E-Cello

Mit Unterstützung der Münster-
kantorei Ulm
Eine Veranstaltung des IFG Ulm
Träger
Stiftung Hochschule für Gestaltung

Öffentliche Abendveranstaltung
Cantus Lapidum
Ohren – Licht – Gedachtes als tönende Form

22 se

zeich

sign g

ptem

en glo

lobal

Branding is purely pretence, or so Naomi Campbell would have us think. Wolff Olins believes that the best branding needs to be based on truth or reality. Only companies that mean what they say and back their brand promise with action can be taken seriously and build enduring reputations.

Branding is more than a logo or corporate style. To function well it needs to stem from a big idea that is grounded in reality. This idea should find expression in a holistic manner across the organisation. A truth brand is one whose big idea consist-ently informs relationships, communication, products and services, environment and culture. Only in this way will stakeholders experience the brand as consistent and fulfilling its promise.

The challenge for many client organisations is to see that branding based on truth is not a campaigning concept or a one season wonder. It's not about fooling people but being truthful in all relationships. Truth transcends fashion. The song ›Imagine‹ by John Lennon is timeless and the words touch everyone; it was relevant when first realised and is just as relevant today. In Britain the public voted it the best song of all time. A great brand should tap the same timeless universality and articulate purpose and aspiration in terms of compelling truthfulness.

1
2

Case studies

Wolff Olins has for many years challenged clients with truth and reality. For example, when Veba and Viag merged to form E.on we proposed that, rather than emulating the hard-edged, serious benchmark German brands typified by the country's automotive sector, the new entity should be more people-focused. Despite the technical nature of the organisation and its services, its ultimate justification is in providing the energy needed for ordinary life. The very closeness of the company to its customers' ordinary needs created an opportunity to approach them with a simple, open attitude, rather than the traditional distance and impersonality of utility giants.

The key concern in branding the new Tate gallery, Tate Modern (and by extension rebranding the established gallery as Tate Britain) was to express the democratisation of art, to make going to gallery an accessible, involving experience. That Madonna presented the award for the Tate's Turner Prize shows how successfully Tate Modern has made the transition to an inclusive place of culture and entertainment. Tate Modern is now the most popular gallery of contemporary art in the world, attracting 5 million visitors in its first year alone. (illustrations 1–2)

When creating Orange, the mobile phone network company, it was important to understand that most people hate technical jargon. For a company whose product is personal communication capacity it was vital to see that the essence of their brand is – communication! (illustration 3) Simple language, transparent services, personal attention and adaptability became the defining elements of Orange in everything the company did. As well as radically shaking up a sector whose advertising was then dominated by technospeak and images of clone-like business users, Orange took transparency (an aspect of truthfulness) to an unprecedented level by billing for the

Keshen Teo
What's truth got to do with it?
Local and global issues in branding

cise number of seconds a call lasted, an idea originated by Wolff Olins. Although
ensive to implement (and in the UK Orange has always been the most expen-
mobile phone network) the idea put Orange way ahead of the three incumbents
as competing with and enabled it to grow a loyal customer base with unprece-
ted speed. As an organisation, Orange really lives its brand. At UK headquarters,
staff lavatory is decorated with grafitti written by staff but applied in the
nge typeface and colours. Because the idea of Orange is so simple and clearly
erstood it has successfully entered numerous markets around the world, often
ositioning incumbents in the process. (illustration 4) When eventually France
écom bought Orange it converted all French mobile network brands to Orange
retained the organisation's original UK management team intact, making the
uisition in branding terms practically a reverse takeover.

nds beyond the balance sheet: two examples

th is not a new challenge for companies and brands but it is becoming increasingly
ortant as the question of corporate responsibility is finding a new urgency in
lic debate. Responsibility in these discussions is not limited to shareholder value,
includes employees, customers, suppliers, sub-contractors, local communities
the environment. Companies that fail to address such issues ultimately risk de-
ying the basis of economic prosperity for a far wider constituency than they can
nselves encompass, an attitude increasingly stigmatised as parasitic. By contrast,
onsible organisations concern themselves actively with the sustainability and
al justice of their activities, especially in markets where their economic power
s them at a considerable advantage over local players and government. A good
mple is Unilever in Indonesia. In order to service rural communities, most of
m have no access to supermarkets or provision stores, they help train unem-
yed workers to be micro-entrepreneurs and distribute Unilever products to small
al household retailers. During the '97 Asian crash, Unilever created tiny sachet
ks that made it possible for rural consumers to continue purchasing. (illustration
Competitors ignored that target audience at the time because margins were
ligible. Unilever's perseverence with lower income groups is proving profitable
he medium term, however, and delivers a tangible benefit to those communities in
ns of improved domestic and personal hygiene, reduced infant mortality and
oroving quality of life in rural areas.

3
4
5

ilever is also instrumental in encouraging the development of local economies
ough schemes to assist the start up of independent SMEs. Its commitment to
ironmental sustainability has found practical expression in a number of schemes
ich have empowered local communities to clean and maintain waterways, develop
rket gardening and sustainable forestry, and generally improve ecological out-
nes and knowledge of management techniques so that settlements can grow and
egrate with the wider economy without destroying local environmental assets.
this is a pioneering work. Unilever collaborates with stakeholders across the board
luding government agencies, NGOs, universities, communities and other
npanies.

Ben & Jerry is an American ice cream company which actively campaigns on environmental issues. It treats sustainability solutions with a mix of humour and engagement. In the US, it partners with the Dave Mathews Band to campaign on global warming. B&J created an ice cream flavour called ›One sweet whirled‹ inspired by the Dave Mathews Band song, ›One sweet world‹. This has generated a lot of awareness in the US. Another imaginative initiative is the ›Fridge Amnesty‹. Ben & Jerry removes unwanted fridges for recycling in order to minimise CFC emissions. Despite a serious commitment sustainability issues, the company has managed to communicate and publicise them with light touch. Consumers are not confronted with doomsday scenarios but rather are engaged in a genuine and humorous manner.

Conclusion

Business is increasingly aware that, as the State withers, public scrutiny intensifies. Beyond the ›Consumer Revolution‹ which made history in marketing circles during the 1990s, we are witnessing a demand for accountability and consistency that embraces the organisation as a whole. The stakes have never been higher, since corporate reputations are now amongst the most valuable but also fragile assets ever to have existed. In this environment, businesses need to deal truthfully with all stakeholders or risk being left behind by others who have learned to do so. The ›truth game‹ however is hard to play, and is not really a game at all. It cannot be cosmetic, fakery or simply a seasonal campaign. Only a commitment to truth will now permit business to build stable and enduring relationships and reputations. The job of consultants is harder too, since their professional obligation may now force them to challenge clients in ways that are unfamiliar and may be unwelcome. However, only by finding opportunities to address and engage such issues at board level will great brands and companies be secured for the future and new ones brought into being.

922, at a time the movie camera was barely invented, Walter Lippmann, the
erican journalist hailed as the most influential political commentator of the 20th
tury, wrote: »Photographs have the kind of authority over imagination today,
ch the printed word had yesterday, and the spoken word before that.« One won-
s what this brilliant writer, whose editorials and syndicated newspaper columns
e eagerly read four days a week for 36 years, would say if he could have a look at
situation that confronts us today. Would he be surprised to find that now millions
eople all over the world have taken up the habit to sit, day after day, in front
little box, staring for hours at pictures moving on a screen? Would he be amazed
ee that they develop this habit at a very early age, and hold on to it all their
s from cradle to grave?

Probably not. »In the whole experience of the human race,« Lippmann said,
ere has been no aid to visualization comparable to the cinema.« And he knew of a
d reason why the new technology would become a highly successful means for
s communication. Moving pictures are, Lippmann said, »the most effortless food
the mind conceivable. Any description in words, or even any inert picture, re-
res an effort of memory before a picture exists in the mind. But on the screen the
le process of observing, describing, reporting, and then imagining, has been
omplished for you. Without more trouble than is needed to stay awake the result
ch your imagination is always aiming at is reeled off on the screen.«[1]

power of images

pmann was, of course, not the only one to notice that pictures exert a profound
act on the human mind. His observation that one can get authority over people's
gination more effectively with pictures than with words was lost neither on the
fessional communicators from the media nor on those from the fields of adver-
ment and politics. It seems, in fact, that during the 20th century almost everyone
he business of communication sooner or later arrived at the conclusion that if
tries to sell something to people, be it products or opinions, pictures work much
ter than words.

largely for this reason that we have witnessed, especially within the past decades,
ramatic increase in the use of pictorial information. Product advertisement,
g known for its bias toward the visual, has in recent years even more heavily in-
ted in picture power as a tool to get the potential buyer on the hook. But also if we
k at the print media, it is plainly evident that we are at the eve of what could
called a ›pictorial turn‹. Even newspapers and magazines whose editors have long
isted the public's craving for visual images have in recent years more and more
ded to the pressure.

the field in which the word has been most radically relegated to the backstage
hat of politics. It is not only that candidates for public office seem nowadays more
cerned about how to please the voter's eye than about how to satisfy his mind's
ire for political solutions. One only has to look at the poster walls, put up in
nection with any election campaign, to apprehend that campaign managers of all
ties unabashedly invite voters to take the physiognomy of their candidates as

1
Lippmann, Walter. 1922/1998. *Public
Opinion*. New York: Macmillan. P. 92

egfried Frey
e pictorial turn – a shift from reason to instinct?

the basis on which to decide who should control the steering wheel of the country. Rather than an exposition of the parties' goals and political agenda, what is given to voters up there on the wall is a gigantic face in close-up: A »supra-natural nonverbal stimulus«, as Nobel Prize winning ethologist Konrad Lorenz called it, like a big bully seems to have pushed off the poster wall all the words. Except for the two or three words still needed to instruct the voter what to do: »Jones for President.«

Serf to the brain

One must admit that the strategy to shift the informational balance from words to images has served the media themselves quite well. At the beginning of this third millennium their status as a political force ranks so high that they have been called the ›fourth power‹ of the state. And indeed, the media can achieve marvelous feats. They can bring down politicians, win wars, and cause companies great problems. But how do they achieve these exploits? What is the mechanism that permits them to exert such formidable power? The media have, after all, no formal right to hire or fire politicians. They are, in case of war, neither permitted to take part in the strategic planning nor in the actual fighting. And if they inflict great problems on companies, it is not through regular competitive action that they bring businesses in trouble. The media's power is of a very different nature. It rests totally on communicative skills – that is, on the proficiency in getting people to notice, to understand, and to believe in the information handed over to them.

This means, however, that public opinion can be manipulated only to the degree to which the media can actually make people believe and trust in what is being passed on to them. But how is this trust attained? Certainly not simply by disseminating information. In a modern, democratic society that gives people free access to a virtually unlimited number of informational sources, the media cannot hope to deal with an unsuspecting, credulous public. They are, instead, compelled to fiercely compete for their customers' patronage in what could be called a Darwinian struggle for existence. In this fight, their only way to survive, if Darwin's theory is correct, is to adapt to their environmental conditions. These conditions are, however, in the media's case largely defined by the functioning of that formidable information processing apparatus that we call the ›human mind‹.

If we are to understand how the media have managed to attain the impressive status of a ›fourth power‹ – a power not even thought of when Montesquieu formulated the concept of the three powers of the state – we therefore have to find out what kind of information processing the human perceptual apparatus applies to the information fed to it. That is, we have to find out – as Kurt and Gladys Lang, the eminent American sociologists put it – how »*the analytic scheme of the anonymous John Q. Public*« works.

More than a thousand words

In any such attempt, the first question to be asked is what gives rise to the ideas people hold in their heads about themselves and about the world they live in. What is at makes them believe in the truthfulness of any given view, in the soundness of rgument, in the validity of a conclusion? One would think that the one and creature on this planet who can talk, makes up his mind primarily through ver- neans. And indeed, even though each of us is endowed with the most formidable n nature has ever created, the intellectual horizon of the human being would, out the invention of language, be in a dreadfully sorry state. The individual ld know nothing at all about the countless number of things that exist outside the ll part of the earth's surface on which he or she roams about. There would be vay of knowing what happened at that place before she was born. And, worst of here would be no access to the knowledge and opinions existing in other ple's minds. This of course would have the most dreary consequences for the elopment of human culture and society. For it would reduce people's under- ding of the world in which they live to a view that would be hardly different from one held by our Paleolithic forebears. It is no surprise then that science – the nan enterprise meant to systematically advance our knowledge – has always sidered the *logos*, the word, to be the communicative medium *par excellence*, nst which any other informational medium pales.

1

restingly, the media's cherished client, the metaphorical *John Q. Public*, was er willing to endorse that view. In elated terms such as »a picture is worth more a a thousand words,« proverbs of cultures all over the globe praise what a person ascertain with her own eyes. And by way of implication, they comment, in a ogatory or even debasing way, on the informational value of the words that spring n the human mouth. That dicta such as these are by no means just empty words, express a conviction deeply rooted in *homo sapiens'* mind, is evident from the rmous fascination the visual media have always exerted on the talking animal – ting with the *camera obscura* over Daguerreotype and the movie film up to modern TV sets that are said to capture people's attention to a degree that they ng verbal exchange in the family almost to the point of extinction.

amazing credence in the visual

n more remarkable than the visual image's attractiveness is people's uncritical tude toward whatever meets their eye. »Seeing is believing« – in these clear-cut ds an English proverb attests to our inability to doubt whatever our visual se suggests. The Japanese language pays homage to this same phenomenon in an n more reverent way by calling the photo camera *shashinki* – meaning achine for depicting the truth.« And indeed, people have always held the view t the ›eye witness‹ provides particularly truthful testimony, whereas they have ked down almost with disdain on the account given by someone who knew about gs ›from hearsay‹ only. The faith with which the talking animal believes in atever his visual sense suggests is, in fact, so boundless that we readily admit that n purely fictional things, such as paintings or carvings, reveal a deep truth. s is in spite of the fact that we are fully aware that whereas looking at a work of can produce a truly overwhelming impression, the viewer's experience in no y validates the truth the artwork supposedly reveals. (illustration 1)

In view of this amazing credence in the visual, it makes good sense that the media, for whom victory and defeat in their struggle for survival totally depend on the response they draw from their audience, make every effort to cater to *John Q. Public's* predilection for visual images. It is no surprise either that tabloids and magazines whose journalistic strategy is based on the principle to use words as little as possible and pictures as generously as possible hardly ever have a problem to make their readers believe that they are perfectly well informed. And there is also little wonder that just by adding a nonverbal, visual component to the information that so far had been transmitted via spoken or printed language, television was able to conquer, hands down, the market for mass communication and to have people flocking to the medium by the millions.

Confidence at a glance

But just what is it that a picture adds to the word? What are the ways in which visual perception influences public opinion? If one wants to solve this riddle, it is helpful to reflect on how *homo sapiens* may have arrived at opinions at a time language did not yet exist. There is an easy answer to this: He relied on his five senses! Which means he followed the same procedure the animals do. Because they too have to get themselves an idea about how things are in their environment, if they want to get along in it. And they make up their mind usually within fractions of a second without really having to break their heads. A short glance will suffice to make them believe they know and understand perfectly well how things are.

It was no less than Hermann von Helmholtz, the German physicist who contributed so much to so many fields of science that he has been apostrophized as the 19th century's »universal genius«[2], who first realized that the sensory input is subjected to a fully automated, unconscious process of instant interpretation. The term he coined for the curious mechanism that gives rise to impressions that pop up in our head all by themselves without requiring any cognitive effort whatsoever was *unbewusster Schluss* (unconscious inference). It denominates a mode of information processing that evolved millions of years before the capacity for verbal language developed. And it had, of course, not been switched off by nature at the moment the invention of language opened up an entirely new way of information acquisition. Verbal language therefore never became a substitute for sensory perception, but just a *subsidiary* source of information. And it is not even a very powerful one because verbal information can be readily ignored, disregarded or rejected by the individual at will, while the unconscious inferences that give rise to our sensory impressions are, as Helmholtz observed, »urged on our consciousness so to speak as if an external power had constrained us, over which our will has no control.«[3]

The big leap for mankind

It has hardly ever been realized, however, that the very fact that the individual is absolutely free to decide whether and to what degree she will, in planning her own actions, make use of verbally transmitted information opens up the truly breathtaking perspective to emancipate the human mind from the iron grip of the reflex-

2
Krüger, Lorenz. 1994. *Universalg Helmholtz. Rückblick nach 100 Jr* Berlin: Akademie Verlag.
3
Helmholtz, Hermann von. 1925. ›The Perception of Vision‹. P. 26 i *Helmholtz's Treatise on Physiolog Optics, Vol. 3*, edited by J. P. C. Southall, New York: The Optical Society of America.

unconscious inferences that steer the behavior of the animals. For in case a
son actually chooses to take into account what had come to him or her through
verbal channel, the person can guide his or her behavior by information
would not only be inaccessible to his or her sensory organs but may even plainly
tradict what these suggest.

perceptual mechanism that produces our visual impressions can, for example,
o means change from its geocentric interpretation of the world to a Copernican,
ocentric view. Which has, as Helmholtz remarked, the curious consequence that
very evening apparently before our eyes the sun goes down behind the stationary
izon, although we are well aware that the sun is fixed and the horizon moves.«[4]
wever, despite our eye's dogged, self-righteous insistence that the sun is turning
und the earth, the modern, educated person will not act accordingly. Because
is or her better knowledge, obtained by means of verbal language and reflection,
person can very well act as if the opposite were true. So if human beings have at
been able – if only with regard to how the sun turns – to emancipate themselves
n the pre-rational unconscious inferences their sensory apparatus urges upon
m, it is only because of our capacity of conscious reflection on verbally trans-
ted information – the big leap for mankind nature made possible by the small step
dding the neo-cortex to the brain we inherited from our animal ancestors.
wever, whether or not we are able to consciously doubt or even overrule the uncon-
us inferences our perceptual apparatus tries to impose on us depends on whether
scious reflection – an activity that still doesn't seem to come easy to us – actually
es place. As people do have the freedom to care little about what others tell them or
rocess what they are being told as superficially as they please, there is always
option to remain ›switched on autopilot‹, so to speak. That is, one can content one-
with the reflex-like unconscious inferences our sensory apparatus delivers to us –
hout even being asked for and free of any cognitive charge. The question therefore
es whether the shift from the verbal to the visual that is so characteristic of our
es will incite *homo sapiens* to rely more and more on what automatic processing of
sory perception urges upon him – and thus fall back in his entire thinking and
ing on a mode of information processing believed to have long been left behind.

ence caught at unawares

t science has always resisted accepting things at face value and, indeed, has never
en much credence to outward appearance makes, in a way, good sense. Because
ings were as they appear to us, there would be hardly any need for science at all.
wever, the near total neglect of the study of the impact visually perceived infor-
tion exerts on the formation of people's opinions and on the development of their
otional attitudes had, as we can see now, unfortunate if not dire consequences. It
science with empty hands when at the middle of the past century it was suddenly
fronted with the question what consequences would ensue from the pictorial
n, which, with the explosive rise of television, had just begun.

t question came up with urgency when in 1948 the American government, deeply
tated by a sudden, inexplicable surge of interest for TV that swept across the

nation, issued a total, unlimited ban on the construction of any new TV stations. Up to the year before, the medium's growth had been so slow that at the beginning of 1947 there existed just about 8000 TV receivers in the entire US even though experimental broadcasts had already begun in the 1930s. There was an obvious reason, however, for that initially slow start: government regulations enforced during the war and upheld during the first years of the postwar era limited industry's access to crucial production materials to a degree that mass production of TV receivers was simply not possible.

5
Coy, Wayne. 1950. ›Federal Commnications Commission‹. P. 278 in *Britannica Book of the Year 1950*, edited by W. Yust, Chicago: Encycpædia Britannica, Inc.

At the moment, however, when market economy was reinstated and the first TVs showed up in shop windows, they unleashed what has been described as a virtual stampede toward the new equipment. In the wake of the public's voracious demand for TVs, the Federal Communications Commission (FCC) – the government agency responsible for US media policy – was flooded with applications from broadcasters for the construction of TV stations which, at first, were most liberally granted. Within less than a year, however, the FCC realized that if television would continue to expand at the pace it did, things would soon get out of hand. So after having licensed a total of 108 TV stations, each servicing an area of about 40 square miles, the FCC felt compelled to completely reverse its policy and to abruptly put the brakes on television's skyrocketing success. It thus decreed, in September of 1948, that no more TV stations could be built in the entire country for an indefinite period of time.

»We'll be there, each A. M.«

With this radical move which was to prevent more than half of the American population from any access to television for years to come, the FCC intended to create, as its chairman Wayne Coy[5] said, the conditions necessary for a ›comprehensive study‹ of the consequences that would arise from the nationwide introduction of TV. In its strong-willed attempt to clarify the full scope of questions relating to the new medium, the FCC soon began a series of expert hearings which it kept going on year after year without bowing to the mounting pressure from both industry and the American public to rescind its ban on TV.

At first, hearings dealt almost exclusively with technological questions. But as the years went by the commission became more and more interested in clarifying also the implications the new visual medium would have for the development of culture and society. By summoning ›leading educators‹ to take part in the commission's hearings, the FCC called on the social sciences to help explain what was to be expected from the large scale introduction of the new visual medium. And there was, indeed, much that waited to be explained. For the pictures that had marched into the nation's living rooms developed a force in there that stunned literally all of those involved: the journalists who produced them, the advertisement agencies that financed them, and the viewers who watched them.

When the channel NBC, for example, starting January 14, 1952 tried to position at 7 A. M. a two-hour news program called *Today*, the channel's managers were not sure whether at this early morning hour they could attract enough viewers to satisfy the

6
Walker, Paul A. 1953 ›Federal Communications Commission‹.
Pp. 272–273, here p. 273, ibid.
7
Starch, Daniel & Barton, Roger A. 1951. ›Advertising‹ Pp. 20–22, here p. 20, ibid.

gram's sponsors. Yet as soon as the first polling data came in, they not only
ized that their gamble would succeed, but were flabbergasted to find that people
e actually changing their habitual way of life in order to be able to watch the
ured news. NBC lost no time to spread word about this baffling discovery to its
omers from the advertisement industry. Under the alarming headline »Stop
ss! – *Today* the TV program that is changing the habits of the nation,« the broader announced in a 2-page ad published Feb. 9, 1952 in *The Billboard*, the
sement industry's leading newsweekly, that the program's anchorman Dave
roway – a TV star of the first minute – had been flooded with »thousands
atements that people are actually changing their living habits to watch *Today*.«

sample statements given as proof of this unheard-of phenomenon clearly
wed that the viewers themselves were completely taken aback by the force with
ch the new visual medium had taken possession of them. A young woman wrote
I flew to the TV… to dress, of all places, in the dining room!« Another lady
orted herself »glued to my TV set – as I have coffee on the floor.« A third one
fessed »enjoying firsthand news – neglecting the wash! It's worth it!« A young
declared this kind of news »the pleasantest and most interesting ›waker-upper‹
ever seen.« And even people in old age were willing, as the letters showed, to
nge their long established living habits to watch the picture-packed news: »we are
old folks, 74 years old … just caretakers on a farm … we'll be there, each A. M.«

e greatest advertising medium of all time«

lure of television came as a surprise also to many of the professionals from the
ertisement industry. During the 1940s, Madison Avenue hardly took notice
'V and even after the FCC felt compelled to issue its ban few advertisers thought
re was anything special about it. *Billboard* mirrored this indifferent attitude
en it reported on the title page of its Nov. 4, 1950 issue, that because of the »seem-
y perpetual freeze« of television network expansion, sponsors »are beginning
our on the situation« to a degree that ad agencies were about to withdraw entirely
n the medium as »advertisers are beginning to feel that the risk and the bother
too great.«

even before the FCC finally revoked its ban on television in mid-1952 – after
ing been alarmed, as its chairman Paul A. Walker reported, »by leading educators
o the potential of television for education«[6] – advertisers had completely changed
ir minds about the medium's selling potential. As observers of the ad market
ed with wonder, the cost-conscious professionals from the advertisement industry
e all of a sudden willing to pay more for television time than for radio time
spite of the fact that the total available television audience was only a fourth of
of radio.«[7] That change of mind was triggered by data showing that TV had
uly spectacular power of prompting customers to actually go and buy the adver-
d product. *Billboard* was quick to alarm its readers to this electrifying discovery.
n editorial published in the weekly's first 1952 issue, it informed businesses
t numerous studies assessing »the true impact of television from a dollar-and-
ts result producing basis« had led Madison Avenue experts to conclude that

TV is not only »a wonderful advertising medium with tremendous selling impact« but was well on its way to become »the greatest advertising medium of all time.«

»Playing with dynamite«

Besides the viewers who watched the programs and the advertisers who financed them, those responsible for the actual content also found themselves confronted with reactions that gave them much to think about. When in July 1952 television networks prepared for the first nation-wide transmission of the Republican and Democratic National Conventions held in Chicago, *Popular Science Monthly* – the magazine renowned for having published, some 75 years before, Charles Sanders Peirce's landmark articles on *Pragmatism* – ran a cover story inquiring, on the basis of insider knowledge obtained from TV reporters, what might follow from a medium that »will make it possible for TV watchers to pursue a Presidential candidate or a delegate right up to the door of his bathroom, practically the only dependable refuge he'll have from the inquiring gaze of half the nation.«[8]

The testimony collected showed that even seasoned TV reporters were often puzzled by the effects the medium exerted on their audience. One wouldn't believe »how seriously the TV audience takes its political programs,« *Popular Science Monthly* quoted William McAndrew, head organizer of NBC's 70 hour TV coverage of the event that would put World War II hero General Dwight D. Eisenhower on his march to the White House. As a vivid demonstration of how the visual presentation of a political leader can emotionally arouse viewers, McAndrew recalled an event in which »[h]e once cut Senator Kefauver off the air, at the Senator's request, in Washington. *The reaction would scare you*, said McAndrew. *We got 350 phone calls within five minutes.*« So when asked by his colleagues from the print medium what the gavel-to-gavel live TV coverage of the nomination of the Presidential candidates would amount to, McAndrew was not short of an answer. »I don't think the politicians realize that they're playing with dynamite,« the TV man said. »But that's just what they're doing.«[9]

Cold warriors

It didn't take long until all of America got a vivid demonstration of what the TV man was talking about. Little more than two months after being nominated Presidential candidate of the Republican party, Eisenhower's chances seemed deeply in jeopardy by press revelations about his running mate, Vice-Presidential nominee Richard M. Nixon. In this politically tense epoch of history to which Walter Lippmann's book »Cold War« had given the name, the youthful Californian Senator had already achieved great fame as a tireless foe of alleged communists in high US office. He also had made himself a name as a dogged attacker of corruption in US government, an issue which deeply concerned the public due to a series of scandals implicating various government agencies. Nixon therefore seemed a perfect running mate for a Presidential candidate who as a war hero was thought to be able to stand up to communism and as ›non-politician‹ seemed best suited to clean out what not only Republicans referred to as »The ›mess‹ in Washington.«[10]

8
Popular Science Monthly. 1952/6. P. 138
9
Ibid. p. 141
10
Morse, Joseph L. 1953. *The Unico Book of 1952*. New York: Unicorn Books. P. 31

us came as a shock not only to Eisenhower and the Republican party but to the
re nation when on September 18 the *New York Post* revealed that the staunch cor-
tion fighter Nixon, who »[a]t every stop … was scourging *this scandal-a-day admin-
tion,*« [11] had received large amounts of money from an illegal campaign fund. The
pouring of political outrage was such that Nixon felt, as he avowed in his autobio-
phy ten years later, that »the roof caved in« on him. Eisenhower's assurance that he
eved »Dick Nixon to be an honest man« [12] did nothing to assuage the public's indig-
ion. When great Eastern newspapers supporting Eisenhower began to suggest that
on should resign from the ›anti-corruption ticket,‹ the General realized that hold-
on to his running mate might well cost him the Presidency. He thus told the public
he would investigate and fully clarify the matter within a delay of five days. And
ssured the nation that Nixon had »to come clean as a hound's tooth – or else.« [13]

law by modern electronics

his critical situation that might well have marked the end of his political carrier,
on decided not to meet Eisenhower and answer his questions. Instead, he
ounced he would give a full accounting of his financial dealings in a TV broadcast
t would be arranged for him. That unprecedented move made headlines all over
country. So when Nixon, six days after reports about his financial mis-dealings
hit the street, confronted the eyes of the TV cameras, there were 25 million
rs of eyes staring at him, eager to see for themselves what kind of person the con-
versial young politician was.

idn't take long for the millions assembled in front of their TVs to make up their
ads as to whether this man should be kept on the anti-corruption ticket or dropped
m it. With what has gone down in media history as the *Checkers* appearance,
on vindicated himself instantly in the eyes of the nation by explaining what an
eal it was for himself and his family to have his honesty and integrity questioned
en he had committed no impropriety whatsoever – except one that he was by no
ans trying to conceal. Someone had given to him, he confessed to the TV
lience, a little puppy dog called *Checkers* which had become very dear to his chil-
n. And that dog, he said while he rose from his chair, advanced into the cameras,
jaw tight, his fists clenched, he would not give back under any circumstances,
n if that should cost him the Vice Presidency. (illustration 2)

at followed was a vivid demonstration of what the ›dynamite‹ metaphor was
erring to. Right after the half-hour broadcast was over, telegrams urging Eisen-
wer to keep Nixon on the ticket poured in »at the rate of 4000 an hour« [14] with the
al tally amounting to »75,000 messages, 200 to 1 in Nixon's favour.« [15] So when
con, the day after his TV appearance, went to see Eisenhower, the General did not
for any further accounting but publicly embraced his running mate with the
rds »you're my boy.« [16] As Kurt and Gladys Lang said in their analysis of the in-
ent, by ›appealing‹ his case to the great American ›jury‹ Nixon had »not only
ned to his (and his party's) advantage what could have been a disaster for both,
he had also gained in stature. He had become a public figure in his own right,
just another running mate.« [17]

11
Ibid. p. 72
12
Ibid. p. 73
13
Ibid. p. 73
14
Ibid. p. 74
15
Robinson, Edgar E. 1953. ›Political
Parties, U.S.‹. Pp. 570–573, here p. 572,
in *Britannica Book of the Year 1953...*
16
Morse, Joseph L. P. 74
17
Lang, Kurt & Engel Lang, Gladys
2002. *Politics and Television. With a
New Introduction by the Authors.*
New Brunswick: Transaction. P. 20

2

Relaxing with his spaniel ›Checkers‹,
Sen. Nixon takes a brief rest from
campaigning after his dramatic TV
appearance to account for controversial
political funds.

In vain Walter Lippmann voiced his protest against the irresponsibility of this kind of decision making. In his syndicated, nation-wide read column, he solemnly confronted the public with the question: »The charges against Senator Nixon were so serious that for five days General Eisenhower reserved his own judgment on whether to clear him or condemn him. Why?« And he gave the answer: »Because the evidence, the law, and the moral principles at issue are none of them simple and obvious. They have to do with matters which can then be decided only by some sort of judicial process. How, then,« Lippmann castigated the 25 million who had been watching Nixon's TV appearance, »can a television audience be asked or allowed to judge the matter before General Eisenhower finished his inquiry and reached his conclusion?«[18]

The TV audience, however, could simply not help but believe in what their eyes suggested to them. In what was a rare case in Lippmann's career as a political commentator, his words thus remained without any impact on the further course of things. That many other analysts shared Lippmann's concern about the precedent the *Checkers* speech set for standards of political debate in the future had no effect either. Little more than a month later, voters gave Eisenhower's anti-corruption ticket a landslide victory. The Nixon incident had, as the *Encyclopaedia Britannica Yearbook* determined, »done them no harm with the electorate.«[19] This in turn, prompted Lippmann to predict that a new kind of legislation was about to emerge in America, one which he called: »*Mob law by modern electronics.*«

Keep the camera on him

How profoundly the entire process of political decision making would be changed by a medium whose effects were so immediate became apparent for the first time when in 1960 John F. Kennedy confronted a seemingly invincible Nixon in the race for the Presidency. As Eisenhower had given »his Vice President a more important role in the national administration than ever before in U.S. history,«[20] Nixon had ample opportunity to show his political skills in the handling of both domestic and foreign affairs. In this way, he became such a prominent figure in his own right that upon returning in 1958 from a tour to South America he received »a rousing welcome from 100,000 persons who turned out at the Washington airport.«[21] In 1959, just one year before the Presidential election, his popularity reached unprecedented heights when he made an official state visit to the Soviet Union that was celebrated in the press as a personal and political triumph. As a consequence »[h]is ratings in all popular-opinion polls improved to such an extent upon his return that he led all possible Democratic candidates.«[22] So when in July 1960 the Republican party made him the first incumbent Vice President in history to win the presidential nomination, Nixon looked like the sure winner of the Presidential race.

The young Senator from Massachusetts who thought to challenge him was not only largely unknown to the public when he began his campaign but faced serious »handicaps posed by his religion, his youth, and his wealth.«[23] And he had, unlike Nixon, few accomplishments to show that would make him a reasonable choice for the nation's highest office. Yet Kennedy understood perfectly well that just as his rival had won, eight years before, the Vice Presidency by presenting himself ›to the

18
Quoted after Lang and Engel-La[
P. 22
19
Encyclopaedia Britannica Yearbo[
1953. P. 511
20
Fleming, Robert H. 1961. ›Nixon,
Richard Milhous‹. Pp. 499–500, h
500, in *Britannica Book of the Yea
1961*, edited by H. S. Ashmore,
Chicago: Encyclopædia Britannic
Inc.
21
Bell, Jack L. 1959. ›Political Partie
Pp. 552–555, here p. 553, in *Britan
Book of the Year 1959*, edited by
W. Yust, Chicago: Encyclopædia E
annica, Inc.
22
Tucker, Ray 1960. ›Nixon, Richar[
Milhous‹. Pp. 494–495, here p. 495
Britannica Book of the Year 1960,
ted by J. V. Dodge and H. E. Kasc[
Chicago: Encyclopædia Britannic.
Inc.
23
Niven, Paul 1961. ›United States I
tics‹. Pp. 661-667, here p. 662, in
Collier's Encyclopedia Yearbook [
Prospect/Retrospect 1960, edited
L. Shores & R. M. Gilday.

uiring gaze of half the nation‹, he could win the Presidency, against all odds, presenting himself to that inquiring gaze too. His team thus approached Nixon h the innovative proposal of having a series of debates on TV in which both sidential candidates would appear opposite to each other.

ven his own track record with the medium, it can hardly surprise that Nixon eed to participate in a format in which almost everyone »expected Nixon, an old d at such affairs, to excel.«[24] Yet by engaging in a face-to-face encounter with his largely unknown rival, he offered voters the opportunity to see for themselves at Kennedy looked like. As it turned out, Nixon thoroughly underestimated w Kennedy's appearance would charm viewers. With both candidates on screen, optical comparison was, in fact, so unfavourable for Nixon that Kennedy's dlers complained that their man was shown more often. »Keep the camera on con« they urged broadcasters, much to the surprise of their opponent's team. For]very time his face appears on the screen,« they later explained their reckoning, loses votes.«[25] (illustration 3)

e scientific challenge

he years following the election, attempts to unravel how Kennedy had achieved victory drew so much interest from scientists and laymen alike that a chronicle of campaign carrying the title *The Making of the President 1960* made it to the top of bestseller list with 14 printings in just three years. As the book's author, Pulitzer ze winner Theodore H. White said, what baffled everyone was how Kennedy had naged to win a campaign that right from its start »seemed utterly preposterous – take the youngest Democratic candidate to offer himself in this century, of the nority Catholic faith, a man burdened by wealth and controversial family, relying lieutenants scarcely more than boys, and make him President.«[26]

nnedy and his boyish lieutenants were, however, in no way puzzled as to what the tors were to which they owed their victory. »It was TV more than anything else t turned the tide,«[27] the President-Elect flatly declared shortly after the count was de. His brother Robert, chief of their campaign, told reporters that Nixon had de his decisive blunder by agreeing to the TV debates. And he predicted »that his ther, as President, would not be likely to give any opponent in 1964 an equal portunity.«[28]

pinion polls indeed showed that those who had followed the debate on radio ught Nixon had done fine while those who saw him on TV felt he »had come off orly and, in the opinion of many, very poorly.«[29] It was quite obvious therefore, as hite said, that it was »the sight of the two men side by side that carried the punch.«[30] , to express it in Lippmann's terms: it was the pictures of the two candidates rather an the words they uttered that *took authority* over people's imagination.

t even though there was wide agreement that the TV debates had a decisive im- ct on voters' decision making, nobody could answer the question how and in which y the nonverbal behavior displayed by the two candidates had shaped the public's

24
Bell, Jack L. 1961. ›Elections, U.S.‹. Pp. 232–238, here p. 236, in *Britannica Book of the Year 1961*, edited by H.S. Ashmore, J.V. Dodge, H.E. Kasch, and R.W. Murphy, Chicago: Encyclo- pædia Britannica, Inc.
25
Harrison, Randall. P. 1974. *Beyond Words. An Introduction to Nonverbal Communication.* Englewood Cliffs, N.J.: Prentice-Hall. P. 175
26
White, Theodore H. 1961 *The Making of the President 1960.* New York: Pocket Books. P. 29f
27
Ibid. p. 353
28
Bell, Jack L. 1961. P. 236
29
White, Theodore H. P. 348
30
Ibid. p. 346

3

A series of TV debates enabled Senator Kennedy (at lectern, left) and Vice President Nixon (seated, far right) to argue campaign issues before a large segment of the American public. The debates were telecast over the three major TV networks (NBC, CBS, and ABC). The first debate, telecast from Chicago Sept. 26, 1960, was moderated by Howard K. Smith (seated next to Nixon). A panel of newsmen and commentators (seated at left) questioned the candidates.

conception of them. Science, unprepared as it was in both theory and method to deal with the subject matter, was, for the moment, of little help in solving that riddle. Yet the challenge was clearly seen. When in 1968 Kurt and Gladys Lang published the first edition of their seminal work *Politics and Television*, they succinctly formulated the task ahead: »If television has been transforming the nature of political life, it is in the images it transmits that we have to find the answers.«[31]

Visceral approbation

Definite efforts to develop the tools and methods needed for the study of the non-verbal component of communication began shortly thereafter. Yet it was not before the mid-1980s that the newly created instruments had attained a level of sophistication that permitted an in-depth study of the impact televised nonverbal behavior displays exert on viewers.[32–34] By that time, the predominance of nonverbal over verbal behavior in politics had reached new heights with former Hollywood actor Ronald Reagan having moved to the White House. As journalists noted with no little bewilderment, to this President *words* could do no harm. This was as true for his own, which made him appear a rather modest political talent, as it was for those written about him in the press – which usually strove hard to corroborate that impression. Even scandals of his administration that prompted countless negative headlines in the press did not at all affect his standing with the public – a standing that seemed solidly grounded, as *Time magazine* mused at the time, on a kind of »visceral approbation« which permitted this president to establish »with most citizens…an uncanny rapport, beyond political agreement or disagreement.«[35] (illustration 4)

In an attempt to account for this mysterious, unprecedented phenomenon, the American press created the term ›Teflon effect‹. It was to denominate the strange tendency on the part of the public to respond with sympathy and forgiving to political actions that would have met with deep indignation if made by someone unable to trigger the kind of ›gut reaction‹ Reagan was able to elicit. Yet the ease and leisure with which Ronald Reagan could muster understanding and pardoning even if committing serious transgressions of the law was also an unmistakable sign that the new kind of legislation Walter Lippmann had seen coming, some thirty years earlier, was well on its way to take effect.

Words and images

Unlike the journalists who throughout Reagan's eight-year presidency continued to be puzzled by a public that seemed willing to accept, whenever a scandal broke, almost any excuse from this President, his media advisers had a clear idea about how to turn on the ›Teflon‹ response. As Hedrick Smith wrote in his authoritative account of the Reagan years, those who orchestrated the President's appearances were guided by a maxim originally formulated by Bob Haldeman, Nixon's chief of staff: »The visual wins over the verbal; the eye predominates over the ear; sight beats sound.«[36] What this maxim meant for the practical task of ›selling‹ the President to the public was spelled out to Smith by no less than Michael Deaver, the public relations genius who fulfilled, as *Time magazine* wrote, the function of Ronald Reagan's »confidant, protector, image polisher and keeper of state and family secrets.«[37]

31
Lang, Kurt & Engel Lang, Gladys 1968. *Politics and Television*. Chica[Quadrangle. P. 310
32
Frey, Siegfried 1985. *Décrypter le l age corporel. La communication n verbale*. Paris: Maison des Science l'Homme.
33
Hirsbrunner, Hans-Peter, Frey, Siegfried & Crawford, Rober 1987. ›Movement in Human Inter-action: Description, Parameter Fo tion and Analysis‹. Pp. 99–140 in *Nonverbal Behavior and Commun tion, 2nd Edition*. edited by A.W. Siegman and S. Feldstein, Hi dale, N.J. Lawrence Erlbaum.
34
Frey, Siegfried, Raveau, Alfred, Kempter, Guido, Darnaud, Cather & Argentin, Gabriel 1993. ›Mise e évidence du traitement cognitif et affectif du non-verbal‹. *MSH-Info. tions. Bulletin de la Fondation Mai des Sciences de l'Homme*, 70. Pp. 4
35
Time magazine. 1984/35. P. 8
36
Smith, Hedrick. 1988. The Power Game: How Washington Works. New York: Random House. P. 412
37
Time magazine. P. 16

4

The pictorial turn – a shift from reason to instinct?

he disarming words: »You're always looking for a picture you don't ever have to
lain. The picture tells the story regardless of what Ronald Reagan says,«[38] Deaver
avelled the mystery how he got the public to perceive a President as »the great
.municator« who in his speeches regularly confused facts or got them wrong. The
tegy to overwhelm the human mind by the power of images worked, in fact, so
.nderfully with the TV audience that the President's men expressed, as Smith[39]
.tes, their thanks even for broadcasts that contained, on the audio track, a devas-
.ng critique of the President's politics – if only the accompanying pictures ›were
.t‹. And indeed, the data obtained over the past decade from cross-cultural studies
.e impact TV mediated nonverbal behaviors exert on the way public figures
perceived and on the development of people's emotional attitudes toward them
.gest that the modern politician's fate depends largely on whether we, the TV
.vers, happen to feel that the pictures are ›right‹.

attribution in milliseconds

.w deeply the reflex-like unconscious inferences drawn from TV mediated nonver-
.behaviors influence the way public figures are judged became for the first
. visible in the late 1980s. Together with my American and French colleagues,
.er Masters from the Department of Government at Dartmouth College and
.ed Raveau from the Department of Languages, Societies and Foreign Cultures
.e University of Paris, we decided, during a joint sojourn at the Maison des
.ences de l'Homme (MSH) in Paris, to follow up on Kurt and Gladys Lang's hint
. it is in the images that one should look for an answer of how television had
.n transforming the nature of political life. What aroused our curiosity most was to
.nd out whether the much discussed trend toward a ›personalization of politics‹
.ght have its origin in television's practice to provide the public day by day, in
.course of the TV newscasts, with close-up views of even the most remote and illu-
.ous political leaders – persons who never before in history had been accessible in
. way to the eyes of the common people. We therefore devised a study, to be done
.rance, Germany and the US, meant to clarify whether the *image* of a polit-ical
.der might have anything to do with the *images* that whiz, during the daily news-
.s, over the nations' TV screens.

.alysis of the cognitive and emotional responses of more than 200 American,
.nch and German subjects to silent video clips of a total of 180 political leaders of
. three countries revealed that whenever our eyes lock on to somebody showing up
.the TV screen, we instantaneously judge what kind of character he or she is. As
.he speed with which these judgments are made, it is totally irrelevant whether
. person is already known to us, in which case a pre-conceived opinion has just to
.ecalled, or whether we don't know her and therefore have to make up our mind
.he spot. The time span our perceptual apparatus needs to generate, by way of
.onscious inference, a ruling stating whether and to what degree a person we see
.or example, ›sympathetic‹, ›competent‹, ›devious‹, ›arrogant‹, ›intelligent‹,
.mpassionate‹, ›fair‹, ›domineering‹, ›threatening‹, etc. is about 250 milliseconds –
.uarter of a second.[40–41]

38
Smith, Hedrick. P. 420
39
Ibid. pp. 412–414
40
Jendracyk, Marion 1991. ›Snap Judg-
ments‹ in der Personwahrnehmung.
Diplomarbeit im Nebenfach Psycho-
logie. Universität Duisburg.
41
Frey, Siegfried 1999. *Die Macht des
Bildes. Der Einfluss der nonverbalen
Kommunikation auf Kultur und
Politik.* Bern: Huber.

42
Ibid.

Whether this instantaneously issued verdict – which comes all by itself and without any cognitive effort whatsoever – is flattering or devastating to the person concerned, depends, according to all we have learned from recent studies, on stimulus patterns that are of a truly staggering simplicity.[42] Yet it is nevertheless these stimuli that also deeply shape the viewer's emotional attitude toward the person perceived. For the cerebral mechanism that processes the nonverbal input flaunts very definite predilections: There are certain kinds of nonverbal ›food‹ people are almost desperately longing for while there are others they abhor and detest – usually including the person who happens to exhibit them.

So at least as far as the field of politics is concerned, one can already see the implications that will follow the shift from the verbal to the visual that is so characteristic of our times. Politicians who are not willing – or not able – to serve to the sovereign enthroned in front of his TV the nonverbal ›food‹ he likes will disappear from the scene. In their place will emerge a new, far more smoother type of politician custom-bred, so to speak, according to the taste of the viewer's eye.

But it is not only in the world outside where we will face profound changes. The pictorial turn will reroute what goes on in our inner world too. For only to the degree to which the neocortex became able – through conscious processing of verbally transmitted information – to doubt and overrule the ready made answers sensory impression imposes us, it became possible for humans to brake the barrier of instinct that is holding the animals' mind in bondage. As the visual sense regains control over the way we conceive of things – a control it only slowly and grudgingly yielded in the course of a long civilization process – it will set off in our mind so richly endowed by millenaries of cultural influence a development that is well known from the history of the high cultures of old: Nature takes back the territory it lost to culture and the virgin forest overgrows again the sites of one time bloom.

⊃ Group Germany

on Market values 12/2001

G & Hochschule für Wirtschaft
olitik in Hamburg,
, Wolfgang K.A. (Hrsg):
ersame Welt der Markenartikel.
Anläßlich des 100jährigen
njubiläums der Beiersdorf AG,
urg. Beiträge von Peter von
Otto Bodnar-Büchler, Ernst
r Lueg, Rolf W. Schirm,
Rieger, Hermann Schöttmer,
e M. Beck, C. P. Seibt,
rkebaum, Joachim Weiland.
urg, Marketing Journal 1982.

1. Warum sind Marken so wertvoll?

Die Diskussion über den Wert der Marke flaut nicht ab. Der Grund hierfür ist einfach und konsistent: Markenstärke ist gewinnbringend und werttreibend. So hat sich die Zahl der Markenanmeldungen seit 1988 weltweit verdoppelt, ebenso wie die Summe der Werbeaufwendungen für Marken seit 1994 um 53% zugenommen hat. In 50% der internationalen Unternehmen zählen Marken zu den wichtigsten Erfolgsfaktoren.[1] Sie repräsentieren einen erheblichen Teil des Unternehmenswertes. Schließlich bieten Marken ein größeres Transfer- und Lizenzpotential und sind die geeignete Plattform für Neuproduktentwicklung. Folgt man den Analysten, definiert der Markenwert bei Top-Unternehmen wie Coca-Cola, Microsoft oder Adidas bis zu 90% des gesamten Börsenwertes.[2] Bei Mischkonzernen oder Handelsunternehmen hingegen ist die Bedeutung der Marke noch vergleichsweise schwach ausgeprägt.

Ein ungeschriebenes Gesetz ist es außerdem, daß sich mit Marken ein Preispremium besser durchsetzen, die Preiselastizität verringern und die Kundenbindung erhöhen läßt. Entsprechend fördert in Premiummärkten das Markenimage den Abverkauf. Beispielsweise liegt die Einflußbedeutung der Markenstärke auf den Kaufentscheid im Automobilmarkt im Branchendurchschnitt aller Marken bei 20%.[3] Bei Top Brands wie Mercedes oder BMW fällt dieser Einfluß-Effekt mit bis zu 60% maximal ins Gewicht. *Kurzum ist Markenstärke heute der mächtigste Hebel erfolgreicher Unternehmungen.*

2. Warum ist Marke sein so schwer?

So alt wie die Markenzeichen selbst ist offenbar ihre Nachahmung. Pflanzen täuschen Markenzeichen anderer vor, indem sie gelb leuchten, obwohl sie keinen Nektar zu bieten haben. Liebenswerte Fische tarnen sich als Giftmodelle, um zu überleben. Genauso verhält es sich am Point of Sale. Marken sind sich oft täuschend ähnlich. Und die Unterschiede werden immer kleiner. (Abb. 1) Die Unverwechselbarkeit der Marke ist also bedroht. Es tobt ein Wettbewerb nicht nur um Zeit, Geld und Aufmerksamkeit der Konsumenten, sondern auch um deren Vertrauen und Zuneigung.

Das Informationsvolumen hat sich in den vergangenen sieben Jahren verzehnfacht. Auf einen Westeuropäer prasseln pro Jahr statistisch gesehen 483 Billiarden Bildwort-Informationen via Medien nieder. 400.000 Marken werden weltweit beworben. 3.500 Marken haben allein in Deutschland einen Werbeetat über eine Millionen Mark. Im Gegensatz dazu sind in einem durchschnittlichen Wortschatz nur 2.500 bis 3.500 Vokabeln aktiv verankert. Unser Hauptproblem ist, daß das menschliche Gehirn nur 50 Bits pro Sekunde aufnehmen kann. Keine Technologie wird das ändern. Wir sind und bleiben analoge Wesen. *Die Konsequenz: 94 Prozent des täglichen Info-Angebots werden nicht wahrgenommen.* Aus dem diffusen Rauschen der Millionen Signale, mit denen wir ständig bombardiert werden, können sich also nur klar und markant profilierte Strukturen herausheben.

3. Wie schaffen es die anderen sechs Prozent?

Markenzeichen bieten Orientierung im Dschungel des Lebens. Anthropologisch gesehen ist Leben nur in einer ›verläßlichen‹ Welt möglich, das heißt, in einer Welt,

arkus Stolz
enschen würden Marken lieben. Marktpsychologische Beziehungen
vischen Marken und Konsumenten

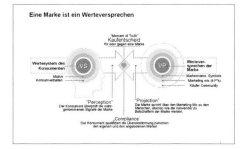

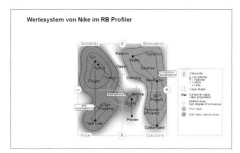

Menschen würden Marken lieben. Marktpsychologische Beziehungen zwischen Marken und Konsumenten

108 / 109

in der die Bedeutung bestimmter Signalmuster zuverlässig gleich bleibt, wann und wo man sie antrifft. Nur so kann die laufende Kette lebenswichtiger Entscheidungen wie ›Freund – Feind‹ oder ›eßbar – nicht eßbar‹ sicher ablaufen.[4] Im Experiment kann man zeigen, daß Lebewesen jeder Evolutionsstufe zugrunde gehen, wenn man sie einer Umwelt mit ständig wechselnden Signalbedeutungen aussetzt.

Marken sind also keine Erfindung der Industrie, sondern die natürliche Antwort auf das Suchen des Menschen nach Entscheidungskriterien zur Risikoreduktion. Sie fungieren einerseits als kulturneutrales Leit- und Ordnungssystem in einer unübersichtlich gewordenen Konsumwelt, andererseits stimulieren sie unser Gehirn und treffen uns bisweilen ins Herz.

Gehirnforscher bestätigen, was Theoretiker vermuten. Nach Rolf W. Schirm fordert die Marke durch die spezifische »Biostruktur« ihrer Signale bestimmte »Hirnbereiche« heraus. Hans Domizlaff bedient sich dagegen der Poesie und nennt Marken »beseelte Wesen«, Hermann Schöttmer erkennt in ihnen »sympathische Persönlichkeiten, die man liebgewinnen kann« und Karl Marx glaubt gar an ihre Verführungskraft aufgrund ihres »Fetisch-Charakters«.[5]

Die Markenstrategen von Roland Berger Strategy Consultants, München, definieren die Marke als ein Werteversprechen, das an die Wünsche und Träume der Menschen appelliert. Sie erkennen einen berechenbaren Zusammenhang zwischen dem Werteversprechen einer Marke und der Bedürfnisstruktur des Konsumenten. Je höher die Übereinstimmung, desto postiver die Kaufentscheidung, lautet vereinfacht die Zauberformel. (Abb. 2)

4. Wie mißt man die Liebe zu Marken?

Werteorientierungen und psychologische Bedürfnisse der Konsumenten sind offensichtlich die Parameter moderner Marken- und Marketingstrategien. So reichen eindimensionale Zielgruppeninformationen angesichts dynamischer Märkte nicht mehr aus, um Marken sattelfest zu positionieren, Marktlücken rechtzeitig zu erspüren und Marktsegmente qualitativ zu beschreiben.

Die klassische Marktforschung stößt an ihre Grenzen, wenn es um Fragen der strategischen Markenführung geht. Diese Lücke schließt der *RB Profiler*, entwickelt von einer Gruppe Strategen im Auftrag von Roland Berger Strategy Consultants, München. Der *RB Profiler* mißt weltweit Einstellungen und Verhalten der Konsumenten und kann so die motivationalen Treib- und Bremskräfte für Märkte und Marken identifizieren. Vier Hauptströmungen werden in einem Polaritätenprofil räumlich zueinander in Beziehung gesetzt. Nach der von Kurt Lewin aus der Gestaltpsychologie entwickelten Feldtheorie werden die Persönlichkeits- und Umweltvariablen in einem mathematisch rekonstruierbaren Lebensraum lokalisiert.

In dieser Hinsicht definiert sich der *RB Profiler* über die gegensätzlichen Außenpole ›Emotion‹ versus ›Funktion‹ sowie ›Reduktion‹ versus ›Extension‹, im Sinne konsumtreibender und konsumhemmender Faktoren. Darin lassen sich ferner vier ›Quadranten‹ errechnen, die vier Einstellungsdimensionen entsprechen: ›Solidarity‹ (E-) als Sinnorientierung; ›Price‹ (R-) als Preisorientierung; ›Stimulation‹ (E+), als Reizorientierung und ›Solutions‹ (R+), als Lösungs- und Qualitätsorientierung. Innerhalb dieser Quadranten gibt es 19 stabile Bedürfnis-Cluster, die gewissermaßen die Geographie detaillieren. (Abb. 3 und 4) Auf Basis des *RB Profilers* wurden mittlerweile mehr als 1000 Marken international ›geröngt‹ und hinsichtlich ihrer ›Value Proposition‹ ausgewertet.

Interessanterweise verfügen die meisten Marken sowohl über positive, als auch negative Werteversprechen. Beispielsweise errechnet sich für die Marke Nike ein sehr positive Ausprägung bei den dynamischen Lifestylefaktoren, wohingegen altruistische Felder ebenso wie preissensible Faktoren komplett negiert sind. In der Summe ist das für Nike ein vorteilhafter Effekt, da die Konsumtreiber aktiviert sind, während die Bremskräfte nahezu ausgeschaltet sind. (Abb. 5)

5. Was machen die besten Marken besser?

Unterzieht man die ›Brand Champions‹ des *RB Profilers* einer genaueren Betrachtung und nutzt sie als Benchmarks, lassen sich verschiedene gewinnbringende Gemeinsamkeiten ableiten. So haben die Brand Champions trotz eines hohen Verbreitungsgrades ein vitales und energiegeladenes Markenkernfeld, das heißt, sie schöpfen den Markt breit ab, ohne daß ihre emotionale Relevanz erodiert oder verblaßt. Sie managen erfolgreich die Balance zwischen Attraktion und Penetration. *Oder einfach gesagt, wirken diese starken Marken immer frisch.*

Ein weiterer Erfolgsfaktor beruht auf der Tatsache, daß die Werte-Projektion der Marke, also das, was sie eindeutig verspricht und kommuniziert, im hohen Maße mit der Wertestruktur der Käufer übereinstimmt. *Erfolgreiche Marken funken also auf derselben Wellenlänge wie ihre Verwender.*

Darüber hinaus besetzen sie konsequent die emotionalen und rationalen ›Ränder‹ der Wertegeographie, um sich vom breiten Wettbewerb abzugrenzen. Sie versuchen also, möglichst viel Trennschärfe und Kontrast zu erzeugen und zeigen keine Scheu vor Rand- oder Zukunftsthemen. *Erfolgreiche Marken machen mutig Unterschiede und sind dadurch markant.*

Der Versuch vieler Marken hingegen, jedem etwas zu bieten, also mittelmäßig alle Wertebereiche zu projizieren, führt zur Neutralisierung dieser Signale – und damit zur Unauffälligkeit und Wirkungslosigkeit. *Deshalb wollen es starke Marken nicht allen recht machen.*

Das bedeutet auch, daß sie weder konservativ noch normativ limitiert sind, sondern in der Lage, aktuelle Strömungen flexibel und intelligent zu integieren. Sie decodieren gewissermaßen die Trends und laden die Marke dosiert auf. *So gesehen beziehen sich erfolgreiche Marken auf das Hier & Jetzt.*

Auch wenn sie Innovation, Inspiration und Individualität als Kernkompetenz transferieren, profilieren sie gleichzeitig immer einen tragenden und relevanten Produktnutzen. *Denn starke Marken sind ebenso stimulierend wie nützlich.*

Die meisten Brand Champions verkörpern generische Größe durch Besetzen einer Kategorie oder Subkategorie und strahlen folglich eine ›First Mover Attitude‹ aus. *Erfolgreiche Marken machen vor, was andere nachmachen.*

Schlußendlich halten sie global gesehen ihr emotionales Grundversprechen ein, ohne die interkulturellen Gesetze zu verletzen. Das gelingt ihnen, indem sie eine universelle Sprache sprechen, die zwar allen vertraut vorkommt, aber niemanden exklusiv anspricht. Starke Marken sind Meister der positiven Unschärfe.

Menschen würden Marken lieben. Marktpsychologische Beziehungen zwischen Marken und Konsumenten

110 / 111

ispiel
Lapidum (Anima?)
01 ...stein geworden ...was ...war
Feßmann, Friedemann Dähn,
ed Kniel

Als Exote in diese erlauchte Runde geladen, mag Ihnen Zeichen und Form hinsichtlich musikalisch Gedachtem nicht primär naheliegend erscheinen, wobei globales Kommunizieren im musikalischen Kontext mir hinsichtlich einer Tatsache nicht näher notwendig zu begründen erscheint, wenn ich mir meinen Studienkollegen Su-Won Kim aus Südkorea vergegenwärtige, der uns vor Jahren die Schubertsche Winterreise, am Flügel sitzend auswendig vortrug, ein Vorgang, der in Europa heute noch von deutschsprachigen Studierenden schwerlich leistbar ist. Kurzum, ich erlaube mir, Ihnen Sinnstiftendes hinsichtlich musikalischer Zeichen und anspruchsvoller Formdispositionen anhand zweier längst verblichener Kollegen zu vermitteln, um letztendlich zeichenkräftig mich der Thematik von meinen Musikalisch Gedachten graphischen Kompositionen zu nähern. Wolfgang Amadeus Mozart und Richard Wagner sind mit Don Giovanni und Tannhäuser gehalten, hier verfügbar zu sein, wobei Amadeus nicht Pflichtteil des Mozarteumsprofessors ist und Wagner nichts mit der bayerischen Seite der aktuellen Bundestagswahl zu tun hat.

Die Kantsche Feststellung »Nichts sehen trennt den Menschen von den Dingen, nichts hören den Menschen von den Menschen« erhebt den Hörsinn in eine Dimension, deren humane Kategorie wesentliche Teile der menschlichen Existenz bestimmt. Der Paläopsychologe Julian Jaynes machte darauf aufmerksam, daß der Mensch bis zur Erfindung der Schrift nicht nur den Klang seiner eigenen Stimme, sondern – durch Halluzinationen der rechten Gehirnhemisphäre – auch andere Stimmen der Ahnen und Götter hörte.

Die brahmanischen Schöpfungsmythen erzählen, daß die ersten Menschen durchsichtige, leuchtende und klingende Wesen waren, die über der Erde flogen. Erst als sie sich zur Erde herabließen und begannen Pflanzen zu essen, verloren sie ihre Leichtigkeit und ihre eigene Leuchtkraft. Ihre Körper wurden undurchsichtig und das Einzige, das von ihrer ursprünglichen Tonsubstanz übrig blieb, war ihre Stimme, ihr Gehör. Dieses äußerst differenziert reagierende und ungeheuer komplex strukturierte Wahrnehmungsorgan reagiert zunehmend heftiger auf die immer komplexer werdenden jeweiligen Lebensbedingungen, ermöglicht das Gleichgewichtsgefühl, die Orientierung in Höhen- und Tiefendimensionen, beeinflußt die körperliche und psychische Befindlichkeit, macht menschliche Kommunikation und Interaktion in weiten Teilen erst möglich und ist, im Falle von durch falsche Klänge, Geräusche, akustische Ereignisse hervorgerufenen Schäden, nicht reparabel. Klang war in den alten Schöpfungsmythen die einzige Brücke, die zwischen den lebenden Menschen und den verstorbenen Ahnen oder Göttern bestand. Der Schall bildete das allen kosmischen Erscheinungen gemeinsame Urelement. Götter sind die reinsten Klänge. Von den anderen Lebewesen bis zu den Gegenständen sinkt die Größe und Art des Anteils zwar allmählich ab, aber es gibt trotzdem kein Ding, das nicht irgendeine wo immer zu lokalisierende Stimme hätte.[1]

Ein musikalisch Gedachtes ist immer mehr als sein Erklingen und erschöpft sich nicht in diesem. Sein Sich-Ereignen wird sichtbar dokumentiert nicht durch den Klang, sondern in der abendländischen Tradition durch die Schrift, das Bild, die Notation. Diese Tradition bildet die Basis für die Verwendung von Zeichen, codierten Phänomenen, die auf Konventionen, getroffenen Übereinkommen, geschichtlichen

ed
ideas of order
ideas of order
ge)

aus Feßmann
ber die Erkenntnisfähigkeit visuellen Denkens im Spannungsfeld
r innerlogischen Folge formaler Gestaltungsqualitäten in Musikalisch
efügtem

2
Hörbeispiel
Wolfgang Amadeus Mozart:
Don Giovanni, Dramma giocoso
1. Akt Nr. 13 Finale
Takte 406 ff

Bedingtheiten beruhen. Die Rangfolge der im Zeitalter des Seriellen definierten Parameter wie Tonhöhe, Oktavlage, Dauer, Artikulation, Klangfarbe, sowohl des zelphänomens als auch des Gesamtzusammenhangs, definiert sich historisch wech selnd. Der oftmals als Primärkategorie bezeichnete Parameter Tonhöhe läßt zum die Klangfarbe folgen, zieht im abendländischen Kontext die Zeitordnung nach, v bleibt zu oft im ›Rahmen‹, verharrt im Schema. Auf einer weiteren, höher bewerte Ebene wird die Konzeption der Gesamtdramaturgie von der Detailkombination noch nicht als Ganzheit des Gesamten definiert, sondern zumeist ideologisch auf Ebene der ›Form‹-Diskussion, der oberflächlichen Definition des Abstraktheits grades der Musik, verlagert. In allem, was mit Notation zu tun hat, befindet sich di unterschiedlich kreative Potenz des jeweiligen Komponisten aktuell wieder in ein eher traditionell-konservativen Zustand, ist der Rückschritt, die Diskrepanz spür wird das Zeichen primär nur als wertfreier Überträger verstanden, werden die Möglichkeiten visueller Denk- und Erkenntnisstrukturen nicht beachtet. Die Fäh keit, visuelle Phänomene Struktur ausbildend, Struktur bildend zu benutzen, mit ihnen umzugehen, ist in einer primär technisiert-normierten Weltanschauung sch bar nicht besetzbar. Daß menschliche Sinne nur als Hilfsmittel des Intellekts zu begreifen sein sollen, definiert jedoch nur den Zeitgeist, nicht das Phänomen.

Postulat 1
Visuelles Denken ist erkenntnisfähig.

Sie hörten die berühmte Tanzszene aus dem Don Giovanni von Mozart[2], eine der zentralen Schlüsselstellen dieser Oper. Als ich vor vielen Jahren um ein Kunstwer für die Ausstellung ›Mozart in Art‹ angefragt wurde – wobei ich bis dato grundsät lich nicht über andere Kollegen arbeitete – entschied ich mich zum ersten und ei zigen Mal für die Reflexion einer der komplexesten Stellen aus dem Werk Mozar der vorliegenden. Diese Szene ist ein Beispiel für die erst in der Verbindung von Visualität und Hörsinn erfahrbaren Sinnfälligkeit eines Musikalisch Gedachten i Sinne des oben erwähnten Topos. Ich hatte während der Arbeit an meiner Graph den Ausschnitt Hunderte, wenn nicht Tausende Male gehört, immer weiter den Schlaf reduziert und mich letztendlich immer mehr in Wahrnehmungsgrenzbereic begeben. Daraus resultiert die Form und Struktur meiner Arbeit. Mozart läßt in dieser Szene gleichzeitig drei Paare drei verschiedene Tänze auf der Bühne tanze programmatisch begründet, polyrhythmisch angeordnet. Schillers Verdikt in Erin rung rufend: »Sieht nicht oft genug der gemeine Haufen da die hässlichste Verwir rung, wo der denkende Geist gerade die höchste Ordnung bewundert?«, erfahren hörend-erkennende menschliche Wesen, sinnlich begreifend, etwas, was im Linea anderer Ausdrucksformen nicht denkbar ist, was Abbild der Wirklichkeit ist und trotzdem nicht, wenn dann vielleicht eine Wirklichkeit des Äquivalenten, etwas, w sich untereinander nicht entspricht, sich kontrapunktiert und zu höheren, formale Einheiten drängt. Nach dem lauthalsen im Jahre 1787 auf kaiserlichen wienerisch Bühnen verkündeten »Viva la libertà« beginnt das Menuett, der symbolische Hoftanz der Zeit im 3/4-Takt, der Kontertanz im 2/4-Takt folgt, der Deutsche im 3/8-Takt gesellt sich, zunächst stimmenderweise wie zuvor schon der Kontertanz geführt, dazu. Die drei Tänze werden nach und nach übereinander geschichtet, hinterlassen, um es modegerecht, leicht überholt zu sagen, Chaos im Kopf. Chaos,

Über die Erkenntnisfähigkeit visuellen Denkens im Spannungsfeld der innerlogischen Folge formaler Gestaltungsqualitäten in Musikalisch Gefügte

112 / 113

ch, Hinderk M. / Schneider,
Zedler, Markus. 2002:
e Farbe hat der Montag?
thesie: Das Leben mit verknüpf-
nnen. Stuttgart: Hirzel-Verlag.

eispiel
gang Amadeus Mozart:
Giovanni, Dramma giocoso
Nr. 13 Finale
406 ff

wenn Sie genau nachhören, wenn Sie die Gleichzeitigkeit von drei verschiedenen klassischen Ordnungen versuchen als Ganzes zu erfassen und das Einzelne nicht aus dem Ohr verlieren wollen. Wenn Sie versuchen, dies als Addition der Summe der Einzelordnungen zu begreifen und nicht als Qualitätskategorie des Formalen, in der spezifischen Bewegung der Verbindung der Gestalten, die in der Komplexität dieser Ordnungen eine Dynamik des Chaos entfalten, die, wie die Chaos-Theorie dies bezeichnet, erst im Fraktalen lösbar wird, durch unsere spezifischen Gehirnleistungen aber als sinnbildend wahrnehmbar werden kann.

»Um eine Gestalt als Einheit bewußt wahrnehmen zu können, muß unser Gehirn mehrere verschiedene Leistungen erbringen: Die präfrontale Hirnrinde muß die Aufmerksamkeit steuern, das Gehirn muß die Sinnesdaten mit Gedächtnisinhalten verknüpfen und das Wahrgenommene muß mit einer emotional-affektiven Tönung belegt werden. Da das Gehirn die Informationen der Sinneskanäle, des Gedächtnisses usw. nicht an einem einzelnen Ort verarbeitet, muß die Aktivität räumlich und zeitlich gebündelt werden. Wie dies geschieht, versuchen derzeit Wissenschaftler verschiedener Disziplinen zusammen herauszufinden.«[3]

Das könnte jedoch wiederum heißen: Lassen Sie sich auf etwas ganz Anderes ein, auf die Wahrnehmung höherer oder, falls Ihnen dies zu esoterisch erscheint, anderer Ordnungen. Sie stehen hierbei dann an einem Punkt, den die Chaos-Theorie so bezeichnet: »Wir haben gelernt, die simple Regelmäßigkeit der Ordnungen in unserer vertrauten Welt zu schätzen und die darin verwobene unendlich höhere Ordnung (das Chaos) zu vernachlässigen.« Die Vorstellung von Musik war, wie die Vorstellung von Welt an sich, geprägt von der geltenden Wahrheit, daß die Welt eine Ansammlung von Teilen ist, durch mathematische Techniken und damit letztendlich durch Zahlen erklärbar. Das Neue innerhalb der Chaosforschung, welches letztlich im künstlerischen Prozeß permanent vorhanden war und ist und als fraktal bezeichnet wird, war, »daß Zufälligkeit und Ordnung miteinander verwoben sind, daß das Einfache Komplexes einschließt, die Komplexität wiederum das Einfache umfaßt und daß Gesetzmäßigkeiten und Chaos sich auf immer kleineren Skalen abwechseln können.« Diese Ordnungen, nach welchen ich in meinem künstlerischen Prozeß suchte, wurden von mir in demselben als Ausnahmesituation meines kreativen Bewußt- und Unterbewußtseins in der vorliegenden graphischen Reflexions-Komposition realisiert oder, wenn Sie so wollen, utopisiert.[4]

Auch Globalisierungsstrategien verschiedensten Ausmaßes kommen nicht an der Tatsache vorbei, daß das Phänomen des Klingenden, Tönenden, oftmals als Musik bezeichnet in diversen Regionen dieses Planeten sehr unterschiedlich bedacht ist. Die sprichwörtliche Einsilbigkeit der Indianer ist verbunden mit einer ausgeprägten Feinwahrnehmung, sie messen einem Ort ein Klangklima zu, definieren dieses mit diversen aus anderen Bereichen bekannten Adjektiven (so ist in Folge eines Todesfalls im Hause zum Beispiel ein feuchtes Klangklima) – die Chinesen bezeichnen die Grade der Erkenntnis des Hörens mit dem Phantasiebegriff des Ohrenlichts, jener Kombination zwischen Sehen und Hören, die erst in der Kombination Wahrnehmung ermöglicht, die Orientalen nehmen Musik wahr und beurteilen sie mit dem Organ des Riechens. Ein indianischer Schöpfungsmythos beschreibt den Vorgang folgendermaßen:

Er (Silberfuchs) hält das erste Stück Erde, das er einzig mit seinem Gedanken geschaffen, in seiner Hand, läßt es dort durch sein Singen wachsen und schleudert es dann in den leeren Raum hinein.

Aufs engste verknüpft im abendländischen kulturellen Kontext ist mit einem Musikalisch Gedachten die visuelle Fixierung desselben, die verwendeten Zeichen, ihre Kombinationen, ihre formale Disposition. In diesem musikalischen abendländischen Kontext konkretisiert sich eine in ihrem Ursprung zunächst irrationale, mehr oder weniger faßliche, konkrete oder vage musikalische Idee in ihrem weiteren Verlauf verschiedenen Formen der Schriftlichkeit, die wiederum visuelle Erkenntnisfähigkeit oder Verstörung ob ihrer Qualitätslosigkeit im Entschlüsseln nach sich zieht. sogenannte ›traditionelle Notation‹, welche heute, im Zeitalter permanent sich wandelnder neuer Entwicklungen immer noch in weiten Kreisen musikgebildeter Klientel ausschließlich verwendet wird, stellt nur eine minimale Möglichkeit (sicherlich eine gelungene) menschlichen Denkens dar, verlangt jedoch eine solche Mehrzahl an weiteren Zeichen, daß auch ihr Zustand als ungenügend zu bezeichnen ist.

So entsteht im Gegensatz zu traditionellen Notationsformen in der Arbeit mit freieren Notationsarten und speziell musikalischen Graphiken neben neuen Notationszeichen für die oben erwähnten Parameter das Phänomen Zeit *nicht*, sondern *Struktur* ist zunächst im wesentlichen *an sich* vorhanden, ihre zeitliche Tendenz ist teil- weise unterschiedlich intendiert, nicht aber definiert. Die Möglichkeiten zeitlicher Gestaltung sind erst auf der Basis der Auseinandersetzung der Interpreten mit der Gesamtheit und dem Detail diskutierbar, in einer notwendigen Bandbreite deren Verbindlichkeiten in der visuellen Wahrnehmung und Erkenntnis sich befinden. Der Allgemeinplatz, ein Komponist müsse jeden Klang eines von ihm musikalisch Gedachten identisch voraushören, ist dahingehend unzutreffend, daß eine Diskrepanz zwischen Notation und Klang, Gedachtem und Realität existent ist und das Gedachte am Gehörten wächst, sich reflektiert und neue Utopien, bis dato nicht gehört, sich entwickeln. Die traditionelle Notation ist heute sicherlich einer letzten Versuche, das sogenannte Chaos im musikalisch-künstlerischen Denken zu vermeiden, ohne zu begreifen, daß dieser Vorgang/Zustand ohnehin nicht zu vermeiden, sondern nur zu beeinflussen ist. Die lineare Logik bleibt künstlich.

Postulat 2
Freiere Notationsformen bis hin zur musikalischen Graphik befreien den reproduzierenden Interpreten/Ausführenden von den Zwängen einer bis ins Detail festgelegten traditionellen Partitur.

Musik ist unsichtbar, nicht faßbar, aber faßlich, verflüchtigt sich, findet sich im Menschen wieder, stößt hier auf Resonanz, auf Sensoren, löst Reaktion aus, zeigt Wirkung. Der Grad ihrer Wirkung ist nicht an sich feststellbar, sondern nur in Abhängigkeit vom Gegenüber, sei es im Bachschen Sinne der Affektenlehre oder im emphatischen romantischen Ästhetikdenken eines R. Wagner oder R. Schumann. Naturwissenschaftliche Ansatzpunkte mehren sich, werden nach und nach bedeutungstragend und auch an den Universitäten der Künste gerät in den Vordergrund, was man gemeinhin die Rezeptionsfähigkeit nennt. Nur, ablesbar und reduzierbar auf fünf Notenlinien ist dieses Phänomen nach wie vor nicht.

Über die Erkenntnisfähigkeit visuellen Denkens im Spannungsfeld der innerlogischen Folge formaler Gestaltungsqualitäten in Musikalisch Gefügtem

114 / 115

eispiel
ıs Lapidum (Anima?)
02 ...im fahlen mondlicht
 Feßmann, Friedemann Dähn,
red Kniel

Es besteht die Möglichkeit, daß visuelles Denken, in welchem sich Musik materialisieren kann, erkenntnisfähig ist, in Zeichen, Hieroglyphen, Bildern, Medien, jüngst entwickelten Technologien, deren Allgemeinverbindlichkeit zwar nach wie vor unzureichend ist, deren heutzutage jedoch existierende Qualitätsmaßstäbe aufgrund ihrer wirtschaftlichen Verwendbarkeit ein beachtliches Niveau erreicht haben. Die Abhängigkeit und Prägung des musikalischen Sinns durch das Konsumieren visueller Reizarten nimmt in dieser Entwicklung rasend zu, Jugendliche verbinden Klänge, Rhythmen, Strukturen, Formverläufe mit Videoclips, Computerspielen, Virtual-Reality-Programmen, Mehrdimensionalität, Farbigkeit. Die historische Lesbarkeit der Partitur einer Beethovenschen Symphonie in der instrumentalen Hausmusik ist dem eigenen Computer-Kompositionsprogramm gewichen, welches zeitgeistige Ästhetik vorgibt, definiert und bestimmt. Ihre ästhetischen Kategorien werden in Firmen von Spezialisten angefertigt, die sämtliche Möglichkeiten der Wahrnehmungssteuerung beherrschen. Sound-Design im Alltag, verbunden mit synästhetischen Farbkategorien und haptischen Suggestionen sind längst gängige Bestandteile unserer Existenz, Beispiele hier in unendlicher Folge präsentierbar. Darauf zu reagieren ist sicherlich notwendig, sich einzumischen Pflicht eines jeden damit Befaßten.

Die allseits und allzeit verfügbare Ware Musik, oder dasjenige, das sich bereitwillig in diese Gattung einordnen läßt, steht in der Warenglobalisierung nach wie vor einem Denken gegenüber, welches der Ware einen durchaus definierbaren Wertemaßstab entgegensetzt, ohne gleich den auf der konservativen Seite gepachteten Begriff der akustischen Umweltverschmutzung bemühen zu müssen. Der chinesische Begriff des Ohrenlichts, der japanische Begriff des Klangklimas genauso wie die türkischen Einbeziehungen des Geruchssinns in die Qualitätsdefinition von musikalischen Abläufen zeigten die eigene kulturelle Begrenztheit ebenso wie das Niveau der asiatischen, orientalischen und europäisch-mittelalterlichen Hochkulturebenen. Die Hintergründigkeit, Vielfarbigkeit, Polyrhythmik, strenge Polyphonie, Linearität, lokal differenzierte Klanglichkeit sind im gegenwärtig direkt Erfahrbaren nicht präsent, verlangen Beschäftigung, Studium, Lehre. Beethovens Verdikt aus dem Heiligenstädter Testament, daß zukünftiges Komponieren nur noch von Kennern und Könnern nachvollziehbar ist, setzte im 19. Jahrhundert die Regeln, Schönbergs Verein für musikalische Privataufführungen war die logische, aber falsche Konsequenz, Unverständnis, vollkommene Ablehnung die Reaktion. Globalisierung und aktuelle Vernetzung instrumentalisiert diese kulturellen Kategorien, Nivellierung eigenständiger Identitäten wird zum Prinzip. [5]

Rückkehrend zur Arbeit an meinem Musikalisch Gedachten beginnt die Entwicklung einer musikalischen Graphik mit der Auswahl des Materials, dem Papier, der Glasart, dem Stein, den Stiften, dem umgefallenen Tuschefaß und nicht zuletzt einer oder mehrerer Ideen. Aus diesem Ansatz entsteht die ungefähre Grob-Struktur, wobei die Graphik nicht fertig in der Vorstellung existiert, sondern sich entwickelt, vergleichbar dem Verdikt des ›work in progress‹. Ein Spezifikum meiner Arbeiten ist die Zusammenfügung der einzelnen Teile eines ›Ton-/Klang-/Struktur-Bildes‹ auf verschiedenen, übereinandergelagerten Blättern (Transparentpapier, Folien). Auf diesen Blättern notiert sind musikalisch-graphische Zeichen, die nicht unmittelbar in der Lage sind, Aussagen über eine mögliche endgültige Struktur zu machen, noch über den Vorgang der Entwicklung derselben. Das verlangt im Entstehungsvorga, daß Entscheidungen getroffen, Vorgehensweisen gedacht, beziehungsweise Wege eingeschlagen werden, ohne genau die Beziehung dieser Phänomene zum endgültigen Bild zu kennen oder sie vorauszuplanen. Bei mehrfachem, langwierigem Bemühen fand ich heraus, daß ein *zu* bewußtes Handhaben des einzelnen Zeichen des einzelnen Phänomens, die intuitiven Möglichkeiten verhindert. Es entwickelte sich die Notwendigkeit einer Schulung der eigenen visuellen Wahrnehmung mit d Sprachformen und Spracharten von tieferliegenden Visionen und Schichten. Erst hieraus entstand nach und nach eine kritische Überprüfung von sich entwickelnde Gesamtstrukturen. Diese angelegten, nach und nach zu erkennenden Strukturen sind in der Lage, für jede weitere Ebene Informationen zu liefern, die über ihre Ei zelbedeutung weit hinausgehen.

Postulat 3
Die Unordnung, Nicht-Ordnung, Nicht-Determiniertheit ist in bezug auf die visuelle Wahrnehmung nicht existent.

Sie hörten Teile aus Wagners Tannhäuser in der Pariser Fassung[6], die im Jahre 1861 erstaufgeführt worden ist. Der dritte Aufzug des Werkes beginnt instrumenta mit dem Pilgerchor-Motiv aus dem 1. Akt im vier Quinten tiefer angesiedelten Es-Dur als dort gesungen, welchem das Elisabethische Fürbitte-Motiv aus dem 2. Akt als Conclusio der großen Empörung nach dem Eingestehen des Tannhäuserschen Venusbergbesuchs folgt. Die sich anschließende Fortsetzung des Pilg motivs bestätigt die angesetzte Vorauskopplungseinheit der Inbeziehungsetzung zwischen 1. und 2. Akt, zwischen den nach Rom gewanderten Pilgern, denen sich nach der Fürbitte Elisabeths Tannhäuser anschloß, und der Person Elisabeth, die i zurückerwartet. Dies wird in der angelegten Folge sich weiterentwickelnd wiederholt, so daß der Eindruck des zu Erwartenden sich verstärkt. Das Ende des 3. Einsatzes des Pilgermotivs hat ein neues Motiv zur Folge, das Motiv der Gebrochenh ein bis dato unbekanntes Motiv, welches das Zentralmaterial der erst später im 3. Akt erfolgenden Romerzählung darstellt. Wissend um den Gesamtzusammenha der inneren Syntax erschließt sich hieraus, längst bevor Tannhäuser dies verbalinstrumental bestätigt, instrumental, daß die Pilgerreise Tannhäusers ein Fehlschla war und er in Rom gescheitert ist. Nochmals das Pilgermotiv, das Motiv der Gebrochenheit folgt. Hier schließt sich das Reue-Motiv aus dem 1. Akt an, welche das Motiv der Gebrochenheit von Moll nach Dur wechselnd folgt. Nochmals werd wir an die Pilger erinnert, mit welchen Tannhäuser nach Rom gezogen war, einer kurzen Replik des Reue-Motivs, nun im ff, folgt das Glaubenstreue-Motive, welch als Schluß Teile aus dem Pilgermotiv beinhaltet.

Der weitere Verlauf ist geprägt von drei großen crescendierenden Streicherüberleitungsteilen, wie wir sie aus der Ouvertüre kennen, jeweils unterbrochen durch vehementen, von den Blechbläsern charakterisierten Gnadenfest-Motiven, im ers von Es-Dur nach B-Dur modulierend, im zweiten von G-Moll nach B-Dur, die alt Trias harmonicae Es-G-B symbolisierend. Nach decrescendierender Überleitung erscheint das Gnadenfest-Motiv in der Tonart Ges-Dur, nach Schubarts Bezeichn gen die Tonart des Triumphes der Schwierigkeit, des freien Aufatmens auf überstie

eispiel
age nach Wagner von Prof.
nann Urabl & o. Univ. Prof. Klaus
nann, Universität Mozarteum
urg

eispiel
us Lapidum (Anima?)
k 03 ...zur dämmerzeit in sonne
andelt
s Feßmann, Friedemann Dähn,
fred Kniel

genen Hügeln, des Nachklangs einer Seele, die stark gerungen und endlich gesiegt hat, nach einem solistischen Übergang schließt sich das Fürbitte-Motiv im pp an.[7]

Wagners sogenannte unendliche Melodie haben wir hier noch nicht vorliegen, diese erfolgt erst im Tristan, vielmehr jedoch ist all das, was hier in der motivischen Struktur linear sich ereignet, ein subtiles Netzwerk verschiedenster auf das Werk verteilter Motive und Themen, als ein Geflecht des Voraus- und in der Erinnerung-Hörens eine der besonderen Leistungen musikalischen Denkens in seiner gesamten Komplexität.

Ich habe in der kurzen Collage[8] Ihnen das Werk in einer Weise präsentiert, wie es in Ihnen stattfindet, habe Ihre Hörleistung quasi künstlerisch dokumentiert. So in etwa sieht es in Ihnen aus oder hört es sich in Ihnen an, ohne daß ich mich in ihr Privat-leben einzumischen gedenke. Nur, ich bin ziemlich sicher, daß es so ist, auch wenn Ihnen dies sehr chaotisch vorkommen mag. Aus diesem Chaos generieren *Sie* Sinn, fügen *Sie* das Gehörte auf allen verschiedenen Ebenen in einer für *Sie* stimmigen Art und Weise zusammen. Scheinbar ist alles stimmig, nur, was heißt dies? Sind dies die historischen Qualitäten der Gestalten, die in sich und nach sich gefügt, sinnfällig werden?

Oder hat John Cage recht, der behauptet: »Teaching Music is teaching Anarchy.« ?

Bei der Betrachtung der Natur[9] wie auch der Kunst haben wir uns angewöhnt, Gestalten wie parallele Linien, Kreise, Dreiecke, Quadrate und Rechtecke heraus-zusuchen. So akzeptieren wir es als selbstverständlich, daß Musik und Kunst auf grundlegenden Symmetrien und Beziehungen beruhen müssen. Je mehr sich jedoch die innere Natur des Chaos und der komplexen subtilen Ordnungen lebendiger Systeme – wie das Strömen der Flüsse, das Rotieren der Galaxien, Licht und Schall, Wachstum und Zerfall – unserer wissenschaftlichen Wahrnehmung enthüllen, um so mehr werden wir verstehen, wie statisch und begrenzt die uns scheinbar so vertrauten Ordnungen sind. Regelmäßige, simple Ordnungen sind in der Natur durchaus die Ausnahme und nicht die Regel.

Zurück zu meiner visuell-klanglichen Arbeitsweise: Die Notation der ersten Schicht erfährt durch den Vorgang des Überschreibens /-zeichnens durch die nächste Schicht eine Veränderung zu anderem, zu Räumlichkeit, Farbe, zu Dynamik, zu Ent-wicklung, hin zu Form. Diese Schicht verändert nun ihre dramaturgische Rolle und Definition in bezug auf das ›Nur-Hinzufügen‹, wirkt sich aus und beeinflußt die nächste Auswahl. Diese Notation rückt nicht einfach das Phänomen in den Hinter-grund, ins ›piano‹, den Raum, die Distanz, sondern verändert das Zeichen sowohl *im* Zeichen als auch im Strukturdetail und in seiner Ganzheit, entwickelt Bezugssinn und Tendenzen zur Gesamtstruktur, wird Vorder-, Mittel- Hinter-, vielleicht Urgrund. Jede Schicht tangiert und beeinflußt die Vorhergehende und sich selbst. Ihre Tendenz ist nicht rational objektivierbar, ihre Bedeutung muß immer wieder verändert, die eine oder andere Schicht herausgezogen und verworfen werden. Läßt man sich auf der Basis der Ausgangsidee auf jene Ebenen ein, entstehen Struk-turen von ungewöhnlicher und ungewohnter Komplexität.

Postulat 4
Eine musikalische Graphik illustriert nicht die Denkvorgänge eines Komponisten, sondern ist das Ergebnis des Denkens selbst.

Die Kunstform Musik zeigt Dimensionen von Gleichzeitigkeiten mehrerer komple xer Gebilde unterschiedlichsten Ausmaßes, die nach wie vor offensichtlich keinen zu definierenden exakt festgelegten System folgen. Es ist nachweisbar, daß der mu kalisch hörende Mensch bis zu acht solcher parallel laufender Systeme ohne Probleme sinnvoll wahrnehmen kann.

Nach einschlägigen Erfahrungen besteht die durchaus sehr sinnvoll sich ent wickelnde Möglichkeit, eine Kandinsky-Graphik als Partitur zu verwenden, oder ein Schnittmuster für eine Kinderjacke, einen Stadtplan. Alles Objekte, die Linien besitzen, Zeichen unterschiedlicher Farben und Arten und die für ganz andere Zwecke erstellt worden sind.

Wieder und erneut bezugnehmend auf die eigene künstlerische Arbeit erweis sich als offensichtlich bedeutungtragend, daß das scheinbar Ungeordnete einer Musikalischen Graphik ein Zustand ist, für welchen der Wahrnehmende *noch* kein *Sinn* in sich entwickelt hat, welches er mit seiner Welt noch in keine Beziehung ges hat. Es sind auf der Bewußtseinsebene nicht ausgeformte Bilder, die aber auf tiefe gelegenen Ebenen ausgeformt existieren, dort auch deren Strukturen klar und deu lich erfaßt werden können, die im Bewußtsein nach wie vor mehrdeutig erscheiner

Die aufgezeichnete persönliche Entwicklung hatte schließlich zur Folge, daß a Graphiken Objekte wurden, die unter anderem aus mehreren verschiedenen Mate rialien wie unterschiedlichen Papierarten, Glas, Spiegel etc. bestehen. Diese Materialität beeinflußt die Struktur, wirkt sich auf Denken und Spüren, auf Wahr- nehmen aus. Die Struktur wurde zum Objekt, dadurch komplexer, quasi chaotisch dadurch aber für Musiker anregender und interessanter.

Postulat 5
Der musikalischen Graphik immanent ist eine notierbare Mehrfachfunktion. Neben musikspezifischen Bedeutungen, strukturellen Ebenen und dergleichen können die An-ordnung der Zeichen, der Phänomene, Instrumentationsbedeutung erlangen, Inszenierungen im Raum und mit dem Raum sein, choreographische Vorlage bedeu ten, zur Verbindung mehrerer Medien führen.

Ausgangspunkt und Beschäftigungseinheit, Inspiration und Gedanken- sowie Stru turwelt der vorliegenden musikalischen Graphiken sind ein Lyrik-, Textzyklus von Werner Dürrson mit dem Titel ›Höhlensprache‹, programmatisch in Inhaltlich keit, Einzeltextanlage und großformalen Anlagen. Der Versuch, sich in eine reale Tropfsteinhöhle zurückzuziehen, dort die Kraft und Fähigkeit der eigenen Sprach zu erproben, Resonanz des Steins auf die eigene Sprachfähigkeit herausfordernd, mußte an sich schon über die psychischen und physischen Kräfte eines Sprachkün lers, der durchaus auch Musiker ist, hinausgehen. Am zweiten Tag abgebrochen, gibt ›Höhlensprache‹ die Eindrücke wieder, sprachlich strukturiert, die das Exper ment des Höhlenlebens hinterließ. Der Ort Höhle in seiner Zustandsbeschreibung als Zuflucht, Schutz, Inseitigkeit, jedoch zugleich der Verlorenheit, der Verbannun der Kälte, der Orientierungslosigkeit, der Verschüttetheit wird zum Forum der

Über die Erkenntnisfähigkeit visuellen Denkens im Spannungsfeld der innerlogischen Folge formaler Gestaltungsqualitäten in Musikalisch Gefügte

118 / 119

eispiel
ner Dürrson Höhlensprache
ataufnahme Klaus Feßmann

eispiel
ensprache Sendung SWF
stag, 28.05.1994, 18 Uhr,
kingen, Nebelhöhle
: Höhlungen.
kalisch-poetisch-mythologische
ndungen einer Unter-Welt

Sprachweite eines Schriftstellers, der Sprache und Stein einander gegenüberstellt in Form von Sinnbildern, zunächst voneinander unabhängig. Im Laufe des Zyklus' versteinert die Sprache, der Stein spricht, jedoch tritt dieser Zustand erst dann ein, als der Stein als sprachfähige Materie wahrgenommen wird.

›Höhlensprache‹[10] von Werner Dürrson war Ausgangspunkt für circa 20 Musikalische Graphiken meinerseits, illustrieren nicht die Texte des Freundes noch die Denkvorgänge des Komponisten, sondern sind das Endergebnis des Denkens selbst. Sich den Texten ausliefernd, erreichte mein künstlerisches Bewußtsein die vorausgehenden Erklärungen Dürrsons nicht, vielmehr lagen die Texte, kopiert oder abgeschrieben wild verteilt auf Tischen vor mir.[11] Wie dokumentiert (Abb. 1), entwickelten sich Zeichen und Strukturen, wurden Striche zu dynamischen Kategorien, öffneten Punkte und Linien Räume des eigenen Unter- und Bewußtseins, setzten mögliche Klänge frei, sei es im realen Erklingen oder in der Utopie des Denkens. Das führte zum ersten Mal in meinem kompositorischen Denken dazu, daß das reale musikalische Interpretieren meiner musikalischen Graphiken als Berechtigung in bezug auf ihre Musikalische Existenz nicht zwingend notwendig war, da schon im Visuellen Idee, Klang, Struktur, Zeit wahrnehmbar waren und sind. Überfliegen Sie im angeführten Text die Entwicklung des Zyklus, erleben Sie auf verschiedenen Ebenen, der Ebene der Wortbrüche, des Aufeinandergesetzten von Text-Brocken, der graphischen Struktur, der Aneinander- oder Gegeneinandersetzung von Klangworten die entsetzliche Leere eines solch verständlich wahnwitzigen, faszinierenden Sprachkonzepts, seine aus den Mythen heraufkommende Resonanzmöglichkeit und seinen nicht unbegründeten Optimismus einer möglichen Kommunikation zwischen Materie in der Kraft der Härte und menschlicher Existenz nach.

Wir gingen vor circa acht Jahren mit diesem Zyklus auf Einladung des damaligen SWR Landesstudios Tübingen in die Höhle,[12] die zumindest durch Hauff berühmt gewordene Nebelhöhle nahe des Lichtensteins, in den skelettierten Dom derselben, setzten uns sowohl wieder dem Text, der realen Erfahrbarkeit der Dürrsonschen Lyrik und der zeichengewordenen Interpretation meiner selbst aus. Wir nahmen, nach einigen Jahren des zunächst erfolglosen Suchens, einen KlangStein von Elmar Daucher, der entliehen werden konnte und diverse selbst entwickelte Klangglasobjekte mit, Werner Dürrson las, Annegret Müller sang, Helmut Müller saxophonierte, ich spielte aus dem Dunkel der Höhle mit dem geschilderten Instrumentarium ins Licht.

Nach zwei jeweils circa 45minütigen Veranstaltungen waren wir bei der Rückkehr an Licht und Wärme immer wieder in der Wahrnehmung unserer eigenen menschlichen Existenz glücklich, glücklich über die Möglichkeit, die Höhle verlassen zu können. Zu Beginn fast maßlos begeistert über die Möglichkeit, in einer Höhle zu spielen, waren wir uns in zunehmendem Maße immer weniger sicher, ob uns die Höhle wollte. Erst hierdurch realisierte ich nach und nach die eigene Transformation Dürrsonschen Erlebens in den (Schein-)Wirklichkeitskunstbereich des klassischen Konzertsaals, erkannte in der elementaren Abhängigkeit meines eigenen visuellen Wahrnehmens des Textes und dessen individueller Aneignung die kreativen Eigenpotentiale der Zeichen und Formen und beschloß hieraus, nicht unbedingt den Kunstbereich ganz zu verlassen, sondern mich den Steinen zu nähern.

I

Tuff
nichtsbesagend

    wort versickert

    vertufft

        unter der horizontlosigkeit

            ohne hall

          wände

        gänge

       hohlklang
       schweigen

        nichtsbesagend

       tuff

           (restliche stimme
           hinterm versturz)

          gruft

1

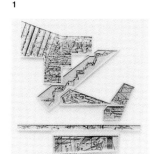

Über die Erkenntnisfähigkeit visuellen Denkens im Spannungsfeld der innerlogischen Folge formaler Gestaltungsqualitäten in Musikalisch Gefügter

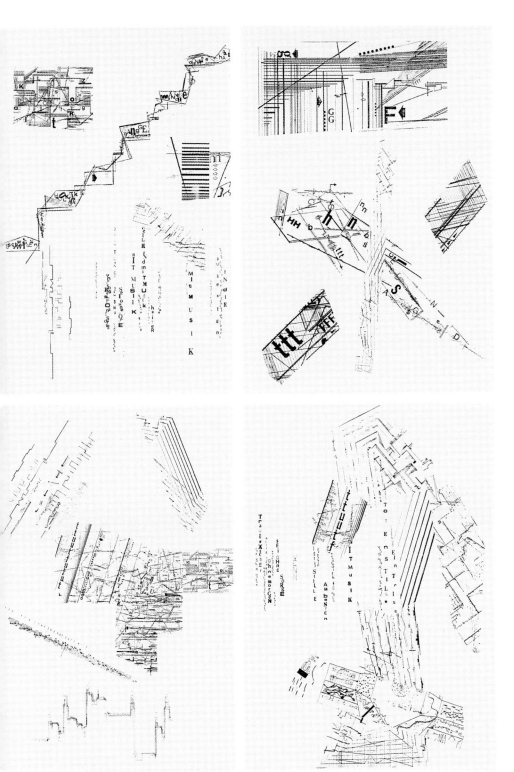

13
Hörbeispiel
Cantus Lapidum (Anima?)
Track 04 ...aufgeschlagener stein
Klaus Feßmann, Friedemann Dähn,
Manfred Kniel

Diese Materialität erzeugt im Klingen, im Entstehen von Musikalisch Gedachten zumindest eine Dreidimensionalität, wobei Walter Hunkeler von den stone parfum-Leuten aus dem Bergell gleich von der vierten Dimension sprach, die den Z baum im Corpus aufscheinen läßt. Die daraus entstehenden Werke nähern sich immer mehr einer Einheit von Struktur und Klang, ästhetischem Objekt und Inst ment. Das schafft Möglichkeiten, in welchen verschiedene Sprachen, Strukturen und Phänomene nicht mehr primär divergieren, sondern ungewohnte, neue, hoch komplexe Verbindungen eingehen.[13]

Das jedoch steht auf einem anderen Blatt, ist woanders angesiedelt. Künstlerisch überzeugt oder arrogant, wie andere denken, weiß ich, daß die Zeit der Steine das nächste (Menschen-)Zeitalter sein und bestimmen wird. Gemäß der Erich Friedschen Lyrik gewordenen Feststellung: »Wer die Steine reden hört, weiß es werden nur Steine bleiben«. In Ihnen, den Steinen, sind die ältesten Zeichen sicht bar, ihre Formen sind nicht ästhetisiert, sondern elementar, rudimentär, und sie si global vorhanden. Ob sie miteinander kommunizieren, weiß ich – noch – nicht, vermute es aber. Ihre Sprache zu erlernen bemühe ich mich, und mit ihnen musik lisch zu kommunizieren, gibt immens viel Kraft und Erkenntnis.

Am Schluß dieser Ausführungen zitiere ich den während eines unserer Konz entstandenen Haiku, den H. Walz entwarf und mit welchem ich ende (vorläufig):

steinerweichen

konzert im werkforum rohrbach zement
der spielmann neigt sich
vor den tonnenkolossen
& sie vertrauen
sein fühlendes ohr
ersaugt erschmeichelt stimmen
schürft sie & sammelt
ewigklang entschwingt
sich dem stein zu händen die
wässern & finden
enttrockneter born
entläßt die steinwaldseufzer
aus dem festesten
kommen sie ans licht
schwingen die regenbogen
in klangduftfarben

kastagnettenhart
hämmern jetzt entladungen
den steinschlag heraus
 streichsang & schlagstich
 besteigen das ohr durch &
 durch alle gänge
gewährt sind sanfter
einflug aufstieg überfang
vor den gewittern
 doch wenn die schläge
 der schlegel gerhythmet sind
 entlädt sich die ballung
des blitzes hörer
sieht den donner im steinlicht
grellsanft entschwinden

 ewigklang aus stein
 wird dem ungeduldmenschen
 urverdächtig sein
botenstoffgewirk
(das mineralisch vernetzt
& atombewehrt
entsetzt labile
(die sicherheitsdurstigen)
mit dem schwerleichten
 die komplizierte
 einfachheit feuerundzeit
 gibt sich den suchern

 klangerdeaufschluß
 (der einschluß von welttiefe
 im molekülstrom)
 wird zu sprachsignal
mit dem cellospecht keck
& keckernd verlockt.

I never quite know what I want to say before I say it. So as usual what I want to say today is not quite what I imagined three months ago when I had to define the topic of my presentation. »Getting through the day in symbol-land – meaning and confusion in visual language«… and has given way to something else.

Before going any further I would like to share a word or two with you on the subject of *global communication*.

Walking down the street I am often struck by the sensation of disgust. Or is it frustration, surprise or perplexity? What I see seems often so ugly, badly made, hostile, oppressive. This sensation corresponds to other aspects of the world around me: to what I see in the newspapers, on TV, in the stores… so many of the acts and the words of a society. The point that baffles me is that I am a part of it and yet in some fundamental way I dislike it. It seems in total contradiction to what I feel about the world, about myself, about my family. How is it possible that we, the human race, have made this, live this way, treat each other in this fashion. We are surrounded by objects of poor quality, weak things that fall apart, nothing you hand down to your children, throw-away junk. More oceans of stuff, endless conformist images empty of meaning. Am I in some way implicated in this mess or am I living and working in exile?

As the day unfolds itself before me in all its various dimensions, I carry with me the sensation of wonderment. Not only do what I see and hear confirm my initial discovery, but also amplify it. Not only am I immersed in a consuming reality of the moment, but realize that I had been carrying this same reaction around with me for some time… maybe forever, my forever.

Progress in producing so many wonders has also produced as much shit. Don't get me wrong, I'm no reactionary – there is no turning back. Human beings have created such beauty and also such garbage, and it's going to get worse because there's more and more of all of it.

We are a product-producing society, and product is our environment, our behavior, our culture… Communication, too, has become a commodity. The problem with communication, now global, is not whether or not everybody gets the message but rather how much profit is made in the transmission. Communication is big business, and big business is more about the quantity than it is about the quality. The objective is to produce and to consume as much communication commodity as possible: paper, megabits of telephone communication air time… New media has extended the space problem into a problem of time – the objective is to spend as much time as possible consuming the least expensively produced communication product. At the same time, one's time on your portable phone, in front of your TV, online on the net… is also more time in front of advertising (the perpetuator of the consumer society).

Why is so little of this of value? Because sell more for least cost means: the lowest common denominator in terms of language, idea, political and ethical content, semiologic quality; please the biggest unified economic market. We must beware of design ultra liberalism, the ethic where anything goes because that's what the consumer wants, where it's good for jobs and the economy, the auto-regulation by free competi-

Pippo Lionni
Getting through the day in symbol-land – meaning and confusion in visual language

will clean out the bad in favor of the good. All of this is garbage, it's an illusion
forwarded by multinationals and conveyed by the media. It has been shown
all press is good press – it is enough to be on the air to convince the public. The
zing success of Le Pen in France is a good illustration. Talk to big business,
have no illusion that markets are not listened to, they are created. This bubble
exploded before and will explode again, as did Worldcom etc. It is possible to say
t is possible to be honest, truth and quality are noble endeavors, it is necessary
riticize – no, it is an obligation. But to do this it is necessary to be less hysterical –
ity needs time. This is not about going backward but about going forward
ards other objectives. Resistance is part of design, as is counter proposition, as
tting into question the brief, as is convincing clients to create value.

bal communication is a synonym for global culture. One language, one aesthetic,
set of values, one way to act…. Global culture is necessarily poor, without
ity… and this global culture is here now. It is in the Nikes, the Gaps, the Santa
baras, the Microsoft OS's. Yes, there is choice, but the choices are very superficial.
efer to live in a world of difference, of translation, of discovery, of resistance,
nagination. And easier is not necessarily better.

h such an attitude, what am I doing here? I work with visual language, *Symbolic
zuage*, and it has been claimed that pictograms are a ›universal language‹ thus
spect of contemporary global communication.

n not an expert in the academic sense. I have almost no historical or analytical
wledge, I don't know who else is working with or studying it, I have amassed no
austive collection, I have not made any systematic search for a perfect symbol
n or created any coherent or complete language system. I am a user and my
lication is obscure. For me symbolic language is a means to another end. Our
tionship is practical, passionate, intuitive, frustrated and often illogical.

adoxically, I find the pictogram to be symbolic of all that is wrong with our post-
ustrial society…

st symbolic languages, especially pictograms, are dead because they are rational,
ical, normalized, uniform… static. They are *banal* because they are without detail.
y are often the *language of authority*, of the powerful – the word of the invisible
brother; *hypocritical* because they are the symbol of unequivocal and universal
lerstanding, while being the dictate of a few. *Degrading* because they reduce
nanity to a faceless, impersonal, identity-less blobs; *meaningless* because they are
no-functional and *fad*, with no intonation in the gesture or the voice, or the choice
vocabulary; *occidental*. And in an odd way, the functionalist representation of
balization, the plastic American supposedly democratic American culture –
nymous, generic, faceless, detail-less, of no quality, made to satisfy quantitative
ulses: faster, for more, for less… This is not a universal language, it is not global,
not national… it is cultural and it must be learned. There is nothing in the ›on/off‹
nbol or of the man/woman in front of a toilet that is self-evident…a simplistic
luctionist approach to communication.

Some flagrant examples of how ambiguous and culturally dependent ›picto-images‹ are:

This image of the virgin with her personal barcode – the holy mother and the holy commercial, needs no other inscription to sell the product: authentic saint with the authentifying image of the barcode. (illustration 1)

The public toilet symbol: (Man and woman, often separated by a line), sometimes next to an elevator sign (same man and woman now in a box), this is an ideogram – that is to say, one has to learn the meaning, nothing in the sign is understandable directly. What is interesting is the confusion between the explicit meaning and the desired meaning in its context. Literally, it designates a place where one finds humans, a place where one has fun where man and woman are assimilated with de-fecation, that they are the symbols. It is interesting that it is socially incorrect to translate the literal meaning or the equipment found within into signs. It is almost impossible in occidental culture to show a toilet or someone using a toilet. Instead we are presented with the symbolization of a man and a woman – we can deduce that toilets are ›human‹ – we are toilets – toilets are us. And that the best representation of humanity is its act of using toilets – it is the most human act. When the toilet sign is next to the elevator sign the meaning is more complicated. If one understands the toilet sign but hasn't yet experienced the elevator sign one might be tempted to understand that some toilets are mobile or that they are particularly satisfying or frustrating or that you can get somewhere if you shit here. In this case the lack of the arrow could refer to the static or non-adjustable model. Or maybe we haven't understood a thing – man separated from woman by a line means frustrated love, heterosexual contact or sexuality; arrows going up and down referring to quality of contact or frustration or purgatorial punishment…

1
2

The ›on‹ and ›off‹ symbol: One of the great inventions of our time: the international universal symbol totally dependent on convention. Of ›0‹ and ›1‹ which one could be considered to be ›on‹ or ›off‹, what translation can be appropriate for the invisible binary hidden in most of our machines…

The arrow from my VW car (illustration 2), I have always wondered what this would mean out of context. I love this symbol for its positivism. The arrow has always been symbolic of something special. As the big brother force, the indication without intention of quality, or desire or soul, or thought. They are never signed – no one assumes the responsibility for the indication. The invisible directive: do this, go there (not be this, or be there). As action before being (Nike »Just do it«) as the mindless, the unquestioning, the obedient… act now and no doubt about it. In this New World of action, thought and reflection are of the military form: tactical, strategic, and not exploratory, about meaning, of implication. In this the arrow is the perfect representation. This is the word of a contemporary GOD, the Almighty, and the power. It is an order…

In 1998, I started looking for a way to visualize abstract philosophical, social and ethical ideas. While teaching conceptual design I had been developing a language of matic representations to help explain and employ concepts in complex systems. [...]t was particular in these images was that the focus was on the design of relation- not that of the object. Quality and meaning were more in terms of process. [...] language, the schemas were one of a number of languages being used simul- ously, thus complementary, and therefore not obligatorily exact. The objective to stimulate conception, not to describe phenomena – and the result was a [...]of its quality.

body of work I have called *Facts of Life* after the Anglo-Saxon expression used [...]ut off answering undesirable questions children ask about what really matters in [...]sex, death, contradictory behavior, homosexuality… one puts them off with [...]r, one will tell you about all that«. No one, of course, tells anyone the facts of [...]At best you are left to find them yourself but in fact there is no forthcoming [...]anation.

[...]ograms as I have described them are indeed dead. I hate them in this form, all that I have criticized is what makes them fantastic. They are the simplest [...]esentation of what is wrong. And thus the most interesting language for a [...]ournement‹. They are the foundation of the recuperation, the bases of the per- [...]ion… It is to use the dead to produce the living, from a language of indication to [...]guage of thought, from intended exactitude to undeniable ambiguity.

[...]n the beginning, the objective was never to be very clear – to tell the truth, to [...]k though the superficial, to ›kick ass‹ and this language is the means. The state [...]ind is of urgency, the engagement political, the approach critical… and for this [...]demonstration must be violent in its brutality, slow, endless, unromantic, not [...]timental. This is a kind of war. And a war on two fronts: on that of content and [...]ning, and on that of form. As a war against the hypocritical while using a form [...]ssential as possible, as void of superfluous detail.

[...]s of Life* as a language is open-ended, unorganized and structureless. It is ambig- [...]s, imprecise and impartial. Each symbol is intentionally created to lack de- [...]ptive detail, thus to avoid codifying reality. They are non-linear indivisible wholes [...]e read from any direction and in any order. There are no prescribed meanings – [...]e are only catalysts to provoke interpretation. In a classroom a 6-year-old kid [...]nd that Sisyphus on the move had more power and freedom than Atlas static [...]er his globe. *Facts of Life* is not optimistic or pessimistic. It is critical, even brutal [...]mes. There is no invention of an aesthetic – I want *Facts of Life* to be anti-style, [...]e non-decoration. If, as images, they are beautiful it is not intentional.

Pictograms are supposed to be self-evident. This is the perversion of comfortable [...]eotype understanding. They use what is ›without a doubt‹ to produce doubt, [...]universal‹ to talk about specificity, what is simplistic and dead to talk about life, [...] what is abstract to emancipate the personal ›I‹ from the generalized ›man‹ – [...]ing man is really dancing!

The language is very basic, it is archetypal and just a bit more elaborate then [...]t one might find on signs in any international airport or bus station. There [...]about 150 elements, most of which are variations of the most basic elements, composing about 300 composite symbols. They are in themselves the most meaning-less and thus the most appropriate means by which to stimulate meaning. And those very signs are in themselves sometimes very confusing.

3

Facts of Life is uncomfortable and unclassifiable. Be it design (the act of producing usable things) or art (the act of creating subversive representations)... ultimately the classification doesn't help doing the work. The question is not productive in itself, it doesn't help me find what I'm looking for in the meaning or form of an image, or better explain to others the process.

Formally, what is important is the ambiguity of the perceiver's relationship to the image. It is precisely this lack of detail in the representation of the human figure that keeps open the possibility that we are looking at one's self. There is no resistance possible. This might be me insofar as I can't immediately attribute this representation to someone else. Not me because it's a man, bigger, with blond hair and different eyes... This open-endedness pushes one to another level, that of the meaning of their image – is this true, is this me, do I do this...

The *multiplicity of final forms* creates a desired additional ambiguity. Books, films, installations, ›photograms‹, metal sheets... extend the dimensional diversity from symbol to language to unique site-specific installation, where each case is a part of a series, each representation is part of a broader, more vast search.

As a process, I lay awake nights trying to pull the *Facts of Life* out of my ceiling. Sometimes they are good and I can build on them, they mean something, they come to life and fly on their own – the others are dead-enders. It's hard to recognize the good ones before wasting time on the duds. Making an almost self-evident image is very difficult. There is no method, the process isn't rational – I just do it until it either works or I get fed up. Often I find what I was not looking for – for the act of creating is generating what is unattainable to the imagination. The list of image-resistant ideas is endless.

As *books*, *Facts of Life* 1, 2 and 3 are my way of keeping track of what I'm doing with the symbols. (illustration 3) They are not organized in any particular fashion, they have no theme, and there is no particular intention to start or end each volume. They are all the same size and in black and white to simplify the variables. They are the state of where I'm at about 6 months before they come out. Also once they are printed they somehow become a legitimate part of my vocabulary.

On walls and in space – it's often the fact of an exhibition, its time and space that help determine the form of the ideas that are running around in my mind. I tend to always use the same color and materials because materials and colors add parasitic meaning. If in green, what does ›green‹ mean with respect to orange? I have to restrict the variables so I can concentrate on the impact of the statement. I am not interested as much in making pictures – as in the process of rarification of the images as approximations of what I want to say. But ultimately, their ambiguity is a reflection of my doubt.

Getting through the day in symbol-land – meaning and confusion in visual language

ing man (illustration 4), an integral part of many future symbols, was produced in
ay forms for Linotype. There are falling men in different degrees, there is falling
a 45 degrees, falling man 30 degrees, falling man 20 degrees, falling man 0 degrees
that's of course my favorite. Falling man 0 degrees 'cause he is a contradiction.

lity is… imperfect (illustration 5) – there are about fifty of these deformed people
s strange how much more human they seem, they are a kind of ›humanoid‹ –
rt of meta-level removed from the ›absolute Mr. Man being‹ – fat ankles and all.

centric (illustration 6) – this is a good illustration of the simplicity of two symbols
king for the maximum of meaning. But an undefined, undetermined meaning.

king of us (illustration 7) – man as thought of by computer as thinker –
n computers are going to have problems, will have moments of doubt and will
d analysis.

owing heads (illustration 8) – also is very autobiographical. I think this will
ossible in the future and we should all train for this sport – how far away can you
w your head, mind?

l practical (illustration 9) – the baby symbol has been criticized, because it always
a diaper on. If any of you have small children you know that this is a necessary
t of the symbol. That one doesn't want even the pictogram to be running around
hout a diaper. Here you and your partner can have the zappers, you can decide
ether or separately – I haven't figured out what happens when you don't agree
give contradictory directions – confusion in the beginning leading to revolution
he family in the end.

olution of the species (illustration 10) – 7 states of existence (V-action, choice,
trol, death, dinner, love, memory, violence) as 7 warnings about the virtual world.
volution not evolution of the species all wired, surrounded by connections. You
get wired up and get into it. On big day-glow prints on galvanized steel sheets.

ewhere (illustration 11) – has anyone here ever tried this? You see, no one says
s‹. I don't believe you. You can call each other or call others, or just listen to the
ther or the stock market. All the combinations are possible and maybe stimulating.

ine zap (illustration 12) – we have a very antiquated view of God. He or She
ght be jealous of some of the new technological gadgets we have come up with
e on Earth, and the Zap is very helpful, permitting to decide faster – zap to hea-
or hell, or both.

le series

s is called *Perpetuation* (illustration 13) – 4 x 4 meter wall installation shown for
first time at the Israel Museum in Jerusalem in September of 2000, a few days
ore a certain Ariel Sharon provoked the present Intifada.

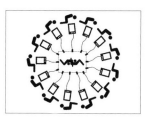
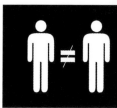

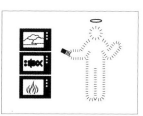

4	9	14	19
5	10	15	20
6	11	16	21
7	12	17	22
8	13	18	

Getting through the day in symbol-land – meaning and confusion in visual language

story after the program ›Loft story‹ (illustration 14) – vicarious pleasure
ching banal people living banal lives in a space without qualities live on the tube.

togram series

de outside (illustration 15) – photogram – the objective in the use of photo-
phic images attempts to add another dimension to the same system: the meaning
ne image as opposed through the meaning of the ideograms. Roast beef, here
a fake fur background.

allations

practical – 200 x 120 cm steel sheet – 08/00: provocation political

dge (illustration 16) – 200 x 120 cm and 120 x 84 cm steel sheet – 08/00, 11/01

zo man (illustration 17) – 250 x 250 cm wall installation – Galerie Franck Bordas,
s – 10/01

ne light (illustration 18) – 400 x 400 cm wall installation – 04/01 really the first
of 3D space, Brownstone Foundation – Truth is exile, Paris – 04/01

n is not (illustration 19) – This is really the first picto. And probably the most
nonstrative representation of open-ended meaning or catalyst effect I want
nese images. In Ezra Pound's translation of Fonollosa's small book *Introduction to
nese poetry,* Fonolosa suggests that poetry is dependent on the relative ambiguity
ne language structure. He uses as an example a three-ideogram phrase »farmer
nds rice« where the multiple meanings of each of the ideograms generates a
y rich combination of possible interpretations. »Man is not« and »Schizo man« are
these types of phrases … where the ambiguity of the meaning emerges from
y purified images where the central of the three element phrases is the deter-
ant, where identical elements are in opposition. These are also from a series of
metrical phrases.

e La Cambre (illustration 20) – Throwing heads / Bruxelles – 12/01 – 120 x 84 cm
l sheet – 11/01: the hand print as the track of transgression, the mark of aggres-
n, the sign of violated space. Opposition is always present, often between two
ernable elements – here the visible woman and the invisible, bodiless other. Here
in the ambiguity – hand to caress or to violate, the hand as a corporal detail is not
sent as part of the victim's body but only as the trace of the act, as symbol.

last exhibition at the Galerie Frédéric Giroux / Paris – 06/02, is about violence,
ut the human capacity to live the ›decalage‹ between the physical and the
dia. We can sit and eat facing the tube and watch people fuck – fuck to the image
physical violence. It is about the transformation of TV violence into a commodity,
timulation, as a penetration: eating, fucking, and knifing. Violence as aggression
de aesthetically desirable through the image. The image as the separation of

mind from body: a reality and image as synthetic homogenized pasteurized, modulated extreme and economically manipulated reality. About the human desire for this experience as an integral part of their existence, to put one's self voluntarily in contact with horror. As the prelude to the hysterical.

In the name of God 1 and 2 (illustration 21) 120 x 200 cm steel sheet – 06/02

Saigon 1963 (illustration 22) – 40 x 28 cm steel sheet – 06/02:

Primetime Fuckme (illustration 23–24) – this film is part of these two installations that were done recently. They are called *Primetime Killme* and *Primetime Fuckme*. What you see here was actually in the piece *Primetime Fuckme*. As you can see it's a slowed down – very very slow, laboriously slow penetration. The piece is all about confrontation, about living in two worlds – making love and looking at the tube. The Last Supper in front of the tube. The family is eating, penetration through the mouth it's really characteristic of what we live. The television can be all over time. We can be living simultaneously.

Primetime Killme (illustration 25) – 400 x 150 x 200 video and wall installations – 06/02: the animation is laboriously slow. The spectators are static, the room is dark, thus, the watchers are lit up by modulated TV light, the physical is on the wall 2d and the virtual is as TV 3d. In *Primetime Killme* – the very slow laborious knife scene – slow is anti TV where fast is easier to deal with. Here it's slow, very slow and terrible, on for hours. But this is Primetime and we are in front of the tube. Here we are in the act and in front of the act living simultaneous stimulations. Two penetrations, two couple scenes with the knifing on center stage and the sexual as spectators.

23
24
25

In conclusion, global communication implies controlled comprehension. My intentions here are totally inverted; a rich culture depends on the richness of its diversity, on the quality of its translations, on its imagination. The most important risk of our cultural future is mediocrity. The information age is concerned with speed of transmission not the quality of content, ideas, creativity, and difference … So, what is subversive design? It is the complex zone – it is that which is in between harmony and dissonance. It is subversive design as the process where by the notion of functionality is transformed. Where there is comprehension and competition, concentration and conflict. Design can never ultimately subversive. The art can be. It can only seek the edge – the edge of subversity. *Facts of Life* is not design because it is subversive. Our salvation is in our resistance to being fed alphabet soup, in our capacity to be critical … end.

ry physical space is an information space. The objects and processes that sur-
nd us continually give us hints about the information they contain. We have
ays lived in information spaces. Recent developments in media technology now
w us to transform and transmit these same processes with greater freedom,
er, and over larger distances.

v technological developments have created new potentials for designing infor-
ion spaces both conceptually and aesthetically. Conceptually, we can respond to
nges in contemporary media culture and allow these to infuse our design work.
sthetically, we have an ever-increasing palette of techniques for creating and
nipulating information spaces.

the purposes of this discussion I will examine aspects of information space design
ough my work in three areas: the personal sphere, the public sphere, and the
etal sphere.

he personal sphere, I have been most interested in issues of media absorption.
sonal information design of the recent past has mainly focused on giving us
ability to absorb as much information as possible in as short a time as possible.
e look at interfaces such as Microsoft Word with its countless icon buttons,
rent mobile telephones, or video devices we can see this type of design intention.
e might rightly question this type of information gluttony.

he public sphere, I am most concerned with privacy and publicity. That is, through
v technological and societal developments we as individuals are gradually losing
tain amounts of our privacy. Though in other equally important ways, we now
h have the potential for a greater voice. Similarly, brands have new avenues for
nmunication but they are more exposed than ever before. With a few well-placed
use clicks one can view first-hand documentation of Nike's ›sweat shops‹.

ally in the societal sphere, I examine issues of media control and media access.
 means through which media channels both large and small are controlled
 used towards certain ends becomes of critical importance and has the potential
ffect the lives of individuals with dramatic consequences.

sonal Information Spaces: Info-Gluttony

ng 2020

he future, individual living will be more and more connected to worldwide infor-
tion. Future information will engage multiple senses: sound, light, vibration.
suming computers and display technologies continue to decrease in price, inter-
ive form may enter our everyday lives at human scale: both real and perceived, on
 walls, floors, ceilings, and the objects that surround us.

1999, I resolved to create an extreme personal information space. I constructed a
tasy living space with unlimited potential for information display. This personal
ublic existed between reality and virtual reality. Physically one could theoretically

eed Kram
ving in information space

drop it anywhere: any abandoned nook in a city or out in the country. Virtually, its walls were entirely composed of dynamic surfaces. I built it and then spent 24 hours inside, documenting my time in the space.

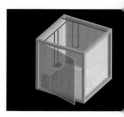

A 4-sided ›cave‹ virtual reality space was transformed into a living space: a bed, chair, and table were placed in the space and a motorized lift was built to deliver food at specified eating times. (illustration 1) The day in the living space was divided up into rigid segments, each examining a certain aspect of modern living and simultaneously a unique mode of interaction. For 24 hours from noon October 28 to noon October 29, I lived in the closed information space without leaving.

Program

07:30–9:00 Phase 1: Waking up
The food lift drops down from the ceiling with breakfast. The human occupant rises, gets his breakfast, picks up his controller for the living space, and puts on his VR glasses. The morning paper exists as an additional curved wall in the space. (illustration 2) A press of the gray button on the controller brings up additional pages of the paper from below the floor of the living space.

09:00–16:00 Phase 2: Working
A series of vertical virtual screens slide through the middle of the living space. Each screen is a grid of pulsing rectangles of varying size representing changing values of stocks in the global market. By moving about the joystick on the living space controller the occupant is able to manipulate the global financial markets, shifting stocks to and from his portfolio.

16:00–17:30 Phase 3: Expression
By clicking the button and moving the controller, the occupant is able to draw three-dimensional lines, thus forming perceived objects in the space-furniture, figures, graffiti, etc. These can be saved and brought up again later. If one can draw whatever one wants in space, what furniture is truly necessary and what exists merely for its aesthetic?

1
2
3
4

17:30–21:00 Phase 4: Neighbors
The occupant takes off his VR glasses. On each wall is a video projection of an identical living space to the one he occupies, with 4 different occupants from 4 different perspectives. (illustration 3) The neighbors may be on the other side of the world, though their presence is closer than ever, pushing into the personal space of the occupant. The food lift lowers again and the occupant eats his second meal of the day, sharing the company of his neighbors.

21:00–02:00 Phase 5: Party
The occupant puts on his VR glasses again. A set of virtual cylinders inhabit the space in a ring about the occupant. Each cylinder represents a sampled sound. (illustration 4) By clicking on one of the cylinders and dragging it about the space, the occupant plays and positions the sound (both visually and audibly) in space. The occupant mixes a continual sound-scape. A party for one.

wly oscillating curves surround the living space. The occupant lies down in his
l to rest below the surface of the waves.

lic Information space: Privacy versus Publicity

attle Public Library

1999, the city of Seattle commissioned the Dutch architects OMA/Rem Koolhaas
build a new $150 million public library in the center of downtown Seattle.
1A asked me to join them in the design of a media proposal for this building. My
rk was something like an insertion in an existing flexible structure. Although
built, the proposal introduces a series of new interpretations of privacy and pub-
ity in public spaces.

1A's architectural plan for the library consists of a series of large, open, kinetic
ces alternating with smaller, closed, quiet environments. The various levels are
set horizontally as well as vertically. The entire building is covered in a honeycomb
tal skin that both accommodates daylight and provides structural support.
ustration 5)

5
6

namic Librarians

r intention for the large spaces in the library was to allow for more energetic
ivities than those commonly associated with traditional libraries. This proposal
sed new demands outside of the architecture alone: the space may change but
inhabitants remain the same. If the space is to come alive, the librarians must shift
ir traditional role from that of noise policemen, sitting behind their desks to
ive, mobile guides and participants.

is necessary transformation of the librarian's role resulted in two plans. We pro-
sed to give each librarian a custom handheld staff device. This device would
connected to the local network via wireless LAN allowing the librarians to do on-
-spot inventory management, catalog lookups, and communication. The device
uld also include a positioning sensor, allowing visitors to find their favorite
rarian from the nearest computer terminal.

asked the librarians how they might feel about leaving their traditional position
hind a desk. The librarians related their concern that if they were no longer sitting
hind their desks with a line of people in front of them, the visitors would not
ow who was a librarian and who was not. For this reason, I proposed to light up the
or around each librarian in the main meeting area. (illustration 6) This would
accomplished by using a disco-type flooring (similar to Saturday Night Fever) and
ordinating the display with the positioning sensor on each staff device. Extending
same logic, the computer terminals in this area light up to alert staff about
earch by one of the visitors. The alert is color-coded depending on the type of
irch. In this way we have two signals made visible in the space: the visitors asking
estions, and the staff providing answers.

Dynamic Library

It rains a great deal in Seattle. As a result, Seattle has a unique urban feature: a net-work of covered walkways run through the city and connect the buildings. These passages extend in all directions, on the surface, underground, and elevated. They channel the inhabitants of the city from one indoor atrium to another.

After living in Europe for three years, I have come to appreciate the spatial and psychological benefits of the public square. One of the defining conditions of contemporary life in the United States is that we are almost entirely without public meeting places. Workers rush from car to office to restaurant to office to mall to home again. For this reason I sought to simply create a type of intelligent pedestrian speed bump. The area should generate interactions between people in the space and give information about the state of the building and those in it.

We proposed a series of overlapping programs for the main traffic and meeting area in the library. In this pedestrian thoroughfare, we introduced a large, athletic-type billboard-size screen with changing content throughout the day. This screen would show the latest books arriving in the building, the location of unused computer work-stations in the library (drawing visitors up into the 11-story library building), chat messages input from computer workstations, event information (lectures, movies, films), and local and international news. In addition, the billboard would show the location of the librarians throughout the building. With this single stroke, the librar-ians go from meek, timid bookworms to intellectual sports stars, or even local celebrities. Passers-by may have a relationship with individual librarians without ever meeting them: »I see Wallace is on the fourth floor today…« An additional pro-jection onto the floor allows for games and other more complex interactions within the space, with scores tallied on the billboard. (illustration 7)

7
8

As a final, architectural element, we proposed to add an Information Flow through the building. These projected images would begin at the librarian meeting area and the content billboard, continue through the floor projection, run along the wall, through the submerged theater, and down below into the car park. (illus-tration 8) This flow would act like a news ticker, displaying the recent history of what appeared on the billboard flowing down through the building, pulling people from the subterranean car garage upwards.

Prada

In 1999, Prada asked OMA to design three new, big stores in New York, San Francisco, and Los Angeles. These stores were conceptualized as ›epicenters‹: areas for explosive freedom within the larger, unified whole. Early on in the process, OMA recognized a need to extend Prada's presence using information technology. I worked with the architects on the genesis, design, and execution of the majority of media elements for the Prada epicenter stores. As with the Seattle Public Library proposal, we found a wealth of opportunities through exploiting the pros and cons of publicity and privacy.

Each of the Prada epicenter stores celebrates the city in one form or another. The Soho epicenter store reflects the diversity, energy, and compression of New York. Digital media as it has been treated in the past largely serves as a force against

anism. New communication technologies have allowed us to become more and
e physically removed from one another. For the Prada epicenter stores, we
posed to reverse this trend. The visitor to the Soho store should be surrounded by
namic, vibrant environment enhanced through the use of technology: given
er service and more options but challenged by new ideas about shopping.

la Digital Media Concept

digital media concept for the Prada epicenter stores takes a unified approach
hysical and information architecture. A series of custom interfaces, displays, and
sing devices are introduced that can be arranged in seemingly infinite combi-
ions. (illustration 9) In addition, we hoped that we could provide a new range of
pping possibilities. Ideally, a person should be able to walk into the store, grab
gs off of a rack, bring them into the dressing room, order related items, and walk
without ever speaking to a sales person. On the other hand, they should be
n the opportunity to have a much more intimate connection with the staff than
before if they so desire. In either of these cases the customer's ability to
these new services is regulated by their willingness to give up a certain amount
rivacy.

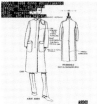

chose to mediate public interactions for the epicenter stores through the staff.
intention for the in-store interfaces was to empower the sales people and to
id public displays of technological interaction over human interaction. For
nological devices, we focused on hidden interactions that lead to individual,
ate discoveries.

da Interactive Dressing

dressing room drew our attention early on as the one truly private space in the
e. It also has a somewhat unique situation in public architecture in that
ple get undressed inside. It became apparent that the dressing room interfaces
uld respond to these conditions. The interfaces for the dressing room could on
one hand allow for personal exploration, and exploit the voyeuristic and ex-
tionistic aspects of fashion on the other. When one places an article of clothing in
closet, detailed information about the piece including designer sketches appear
a touch screen. (illustration 10) Using the touch screen, the customer is able to
wse for related articles and search the current inventory. A camera is placed in the
ssing room recording the movements of the occupant. This image is displayed
he opposite wall of the dressing room, delayed in time.

9
10
11
12

da Digital Interfaces

introduced a custom, handheld staff device with a wireless connection to the
e database. (illustration 11) Using the staff device, salespeople can get live
entory information, search through the product catalog, and give personalized
vice using a customer's history. Information is displayed for the customer through
nge of custom screens (made by industrial designer Clemens Weisshaar) called
iquitous Displays. Customers mediate their own tradeoff of privacy by giving
ormation to the staff. This allows them to know more about their history and thus
better service.

Prada Interactive Atlas

The Interactive Atlas consists of an overhead projection onto a large table. (illustration 12) By moving one's hand over the table, the user can zoom in and out, examine the position of Prada stores, and reconfigure the maps themselves across social and cultural contexts. The Interactive Atlas serves as a window to an extended Prada presence worldwide. In the most basic sense the Interactive Atlas media booth is a store locator. It also discusses Prada's position both literally (How many stores does Prada have? Where are they? Where do Prada clothes come from?) as well as conceptually (Where does Prada sit in terms of global phenomena: population density, urban density, climate, legitimate trade, counterfeit trade, religion, other brands?). The Interactive Atlas allows for groups of people to share a type of research together and acts as a connection to the other epicenter stores. By showing the other epicenters in progress, it makes visible the intention to add beacons of contrast in a sea of Prada green stores.

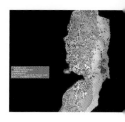

Through the use of the Atlas and other custom media works, the brand makes a preemptive exposure of its own condition. Instead of being threatened by a greater media awareness of its position as a large brand, these works help to explain the conditions and functions of the brand in straightforward, proactive, and interactive ways.

Societal Information Spaces: Media Control

West Bank Interactive

The situation in the Palestinian occupied territories is depicted in current media channels in a very limited fashion. Through years of exposure to the same images and stories, we have become numb to the information we receive. The Israeli Palestinian conflict is often represented in terms of politics and strategy while spatial implications are neglected. Throughout the last century, a different kind of warfare has radically been transforming the landscapes of Israel/Palestine. The mundane elements of planning and architecture have been conscripted as tactical tools in the Israeli state-strategy, which seeks national and geo-political objectives in the organization of space and in the redistribution of its population. The landscape has become the battlefield in which issues of power and state control, as well as resistance and subversion come into play. As a result of the media representation, the situation is perceived in generalizations and abstractions where concrete geographical and spatial details are in urgent need.

In collaboration with Israeli architect Eyal Weizman, I am making a series of interactive maps that reformulate the media presentation of this area. As one of the most dynamic and accelerated political and social situations on earth, it contains innumerable layers of complexity. By using new media techniques we can better communicate this intricacy. The West Bank is a radical laboratory of modernity. It is where the most explosive ingredients of our time can be seen, in their purest form, at the same time and place. It is where all modern utopias and all ancient beliefs are bubbling side by side with no precautions. Maps are traditionally two-dimensional and static. (illustration 13) The situation can be described more clearly in three

ensions using dynamic media. Geo-politics is a flat discipline. It largely ignores
vertical dimension and tends to look across rather than to cut through the land-
e. Between the first Oslo accord (1993) and the Camp David negotiations
0) new forms of sovereign boundaries were invented. The Palestinian Authority
given control over isolated territorial ›islands‹ whereas Israel retained control
the airspace above them and the sub-terrain under them. The sub-terrain
the sky were thereafter seen as separated rather than continuous and organic
stituencies to the surface of the earth. This new method of mapping and display
eographical data will for the first time allow navigation of this region in three-
ensional space. (illustration 14) This will be used to show the control of
-soil resources, the politicization of the past and of archaeology, the placing of
ress-like settlements on hilltops overlooking villages and towns to the occu-
on of the skies.

14

clusion

are now surrounded by a media flood. Commercial and state media sources,
nds, and individuals combine in a giant deluge of complimentary and conflicting
nnels, direct and indirect, loud and quiet. The flood requires our mouse clicks,
codes, and above all attention. The modulation of this flow becomes a primary
cern for design in the near future. In my recent work, I have explored the
iculties posed and possibilities offered by new media technologies on contem-
ary design.

Die Debattenbeiträge der Referenten sind namentlich, die des Auditoriums mit ›Teilnehmer‹ gekennzeichnet. Moderation bei allen drei Debatten: Barbara Wiega Reiner Veit.

Moderation:

Trauen Sie sich nach vorn, es gelten – vielleicht waren einige von Ihnen ja gestern schon da – dieselben Spielregeln. Das Auditorium *darf* nicht nur Fragen stellen, es sogar erwünscht. Und dann kann man mit dem Podium auch diskutieren.

Wir sind uns alle einig, denke ich mir, daß die Rolle des Designers, des Design eine sehr viel wichtigere geworden ist in der letzten Zeit. Da ist es ganz gleich, ob Designer nur mit dem Blick auf die Vermarktung am Werk sind oder ob sie auch s großen Wert auf die Kreativität, die Kunst des Designens, legen. Somit ist auch die Verantwortung für die Gesellschaft gestiegen. Das war etwas, was in den Vorträge immer wieder zutage trat, und damit tauchen auch Fragen auf.

Eine Frage ist zum Beispiel die, die Markus Stolz vorhin gestellt hat: Wie brin man es fertig, daß man saubere, nachhaltige Produkte wie etwa einen Öko-Burger zunächst überhaupt mal an einen Produzenten bringt? Diese Frage würde ich jetz gern weitergeben an Keshen Theo, weil er in seinem Vortrag, denke ich, schon einige Ideen in diesem Bereich umgesetzt hatte.

Keshen Teo:

I think it's great, it's motivating to implement these ideas, but sometimes it's good question things. We all have good intentions, but ultimately are we just doing gree for green's sake? A gentleman asked why we don't just make smaller packs of sha poo or detergent to minimise waste and I don't have an answer for that.

Maybe an answer is to get customers to bring pots to these little village shops and then they can fill them up with the amount that they need and only pay for tha amount. Maybe this is a way to stop waste. But then what about the packaging, should this be environmentally friendly? We have to use something to carry the pr ducts away in.

So it is hard to come up with perfect answers but it's important to try.

Moderation:

Pippo Lionni?

Pippo Lionni:

I feel for the bio-burger. Only eight percent bio-burgers – they must have felt real lonely. Do you feel like a bio-burger sometime? We should have a moment of siler for the bio-burger.

Moderation:

Ich habe heute in mehreren Vorträgen Worte gehört, die mich doch ein bißchen st zig gemacht haben, weil ich die im Zusammenhang mit Design, Globalisierung, Kommunikation eigentlich nicht unbedingt erwartet hätte. Worte wie ›anständig‹ und ›unanständig‹, ›gut‹ und ›böse‹ – das geht vielleicht gerade noch. Aber auch i Zusammenhang mit Marken ›Liebe‹, ›Seele‹, ›Wahrheit‹, *moment of truth* und ›Leidenschaft‹. Hat man sich das im Nachhinein so überlegt oder hat das wirklich mit diesen Dingen zu tun?

Markus Stolz:

Da fühle ich mich jetzt angesprochen. Es gibt natürlich eine Sehnsucht nach Poesi auch in der Marken-, Marketingsprache, so daß es sicherlich gewollt ist. Dinge, die vielleicht theoretisch, technokratisch nicht zugänglich wirken, ein bißchen

Debatte, Samstag
Podium: Klaus Feßmann, Siegfried Frey, Reed Kram, Pippo Lionni, Markus Stolz, Keshen Teo

schmackhafter zu formulieren, das ist das Eine. Auf der anderen Seite glaube ich schon – das meinte ich auch am Anfang –, daß die Marke (das ist jetzt wieder Theorie) auf einem hohen Niveau aggregiert, was wir ja ohnehin in dieser Zeichen- und Formendiskussion haben, eben nur in einem sehr kommerziellen Kontext. Und wenn jetzt ein Kreuz oder ein anderes ikonographisches Bild im Bild einen unglaublich emotionalen Kontext auslöst, dann bin ich auch überzeugt, das ist ein *Nike*, das ist ein Schuh, der das tut mit allen Unterschieden an Wirkungsradius.

Aber wenn heute – um da auch so einen Ball in die Runde zu schmeißen – von der ›Pradaisierung‹ der Sinai-Halbinsel oder des Nahen Ostens die Rede war, dann sieht man ja auch, wie eng das alles zusammenliegt. Diese ikonographische Sprache der Marke scheint ja im Unbewußten oder Halbbewußten schon viel tiefer zu arbeiten und zu greifen.

Und ich erlebe das über die Zielgruppenforschung sehr stark, das Identifikationsmoment bei Marken. Ich meine jetzt gar nicht Teenager, die für ihre *Nike*-Schuhe sozusagen auf der Straße kämpfen, sondern ich meine jetzt auch den BMW-Fahrer oder den Mercedes-Fahrer, der sich sozusagen in dieser Marke, mit dieser Marke verkleidet. Jeder kennt das feinstoffliche Gefühl, wenn hinter einem ein BMW anrückt, dann arbeitet da auch schon die Marke mit.

…ration: Von der *West Bank* ist gerade die Rede gewesen. Beleidigt Sie das eigentlich, Herr Kram, wenn von der ›Pradaisierung‹ der *West Bank* die Rede ist, und warum interessiert Sie dieses Projekt? Ist das das schlechte Gewissen, weil Sie für Prada die *flag ship stores* und was auch sonst gemacht haben und vielleicht für CC-TV demnächst bauen, und jeder weiß, wie das in China abläuft?

Kram: You know, I feel that engagement is important. It's always tricky when one considers oneself above certain problems. In other words, that a situation is too messy. For example, one may say that global brands are necessarily evil. If they are, then get yourself out and do something about it. Engage the enemy by dealing with global brands. One of the goals for the Prada project was to try to assume that the audience is intelligent – that they can deal with these conflicts. It doesn't all have to add up in the Prada store. And this is especially true for the developing world; the West Bank is very much about the conflict between the first world and the third world, in an accelerated and often extreme environment. They do have brands there and conflicting political and commercial interests. In other words, for me it's very much a totality.

eration: Ist das mehr als die Visualisierung eines Problems und eines Zustandes – dieses Projekts mit dem Architekturkollegen.

Kram: Well, it's for me very much about the politics of design. That is that when you show this graphic to anyone particularly wrapped up in the situation, they immediately say, »well, you're not being fair. You're not presenting the situation fairly, when you don't show all of the bombings, all of the suicide bombings that took place.« And of course the answer is: No, it's not fair. You know the medium you get is not fair. Design is not necessarily fair. There's no perfectly objective position. But the issue is also that we are trying to use this objective language to describe a situation that's not objective in any way. But that said, it's also one of the only devices we have, although quite primitive, to try to be a bit calm about it. We try to present facts. A... those facts are always in question.

Moderation: Ich will nochmals zurück auf die Sache mit den Marken-Emotionen. Läuft mand... nicht Gefahr, daß das alles nur an der glatten, schönen Oberfläche bleibt? Mit gar... vielen schönen Bildern, die uns überfluten. Ich glaube, Herr Frey würde mir da zustimmen.

Siegfried Frey: Also, wenn ich mir so überlege, vor welcher Aufgabe die Designer stehen, so ist es doch die, dem Kunden den Nutzen klarzumachen, den er von einem Produkt hat – wir haben das gestern schon von Herrn Diener gehört – also Qualität sichtb... zu machen. Was aber heißt Qualität sichtbar zu machen?

Es gibt einen Weg, wie die Qualität beurteilt werden kann: Indem man das Produkt nutzt und ausprobiert. Dann ist alles klar.

Man weiß aber, daß der Kunde so nicht vorgeht. Er beurteilt die Dinge nicht... zeitaufwendig, sondern nach oberflächlicheren Kriterien. Und jetzt muß der Designer helfen, ihn glauben zu machen, das Produkt habe eine hohe Qualität. U... da, an dieser Stelle, sehe ich schon das Problem, von dem Sie sprechen: daß er Qualität sichtbar macht, auch wenn sie nicht da ist.

Aber das ist ein ganz allgemeines ethisches Problem das man Betrug nennt, und eigentlich würde ich darüber nicht mit dem Designer verhandeln wollen. Das ist eine Sache, um die sich der Gesetzgeber kümmern wird.

Die eigentliche und höchst schwierig zu bewältigende Aufgabe für den Desig... ist doch die: Wie macht man einem potentiellen Käufer die wahren Werte klar, die das Gerät hat? Diesen Job wirklich gut zu machen, überfordert ihn wahrscheinlic... schon ganz gewaltig. Jetzt wollen wir dem Designer doch nicht auch noch eine pädagogische Aufgabe aufbürden, daß der das Volk erzieht.

Ich will nicht von einem Designer erzogen werden! So sehe ich das. Er soll sei... Arbeit gut machen; die Zuständigkeiten sind doch klar. Ich habe irgendwo bei der *Alcatel* mal den Spruch gelesen, es solle doch bitte jeder die Arbeit machen, fü... die er bezahlt wird, und nicht die Arbeit, für die jemand anders bezahlt wird.

Moderation: Aber wir sprachen von der »Diktatur der Bilder« und worin das endet. Also alles Teufelszeug, oder?

Siegfried Frey: Ich würde das eine Nuance anders formulieren: als »Diktatur der Sinneseindrück... Ob die Bilder eine Macht über den Geist gewinnen oder nicht, entscheidet sich auf Rezipientenseite: ob in dessen Kopf das Großhirn oder das Zwischenhirn der Hausherr ist. Und die Tendenz, daß sich der Täter als das Opfer ausgibt – in diese... Fall als das Opfer des Designers – die haben wir auch sonst.

Aber es hängt auch mit gewissen anderen Problemen zusammen, daß da so eine Konfusion entstanden ist. Nämlich damit, daß zu dem Zeitpunkt, zu dem die Kommunikation ein heißes Thema wurde, nämlich in den fünfziger Jahren, die Humanwissenschaft noch gar kein eigenes Kommunikationsmodell hatte. Es gab... Modell, das die Nachrichtentechniker geschaffen haben, nämlich das Sender/ Empfänger-Modell. Und in diesem Modell hat der Sender tatsächlich eine Riesenverantwortung. Dieses Modell ist aber falsch. Bedenkt man das, was wir heute wissen über die Ursachen kommunikativer Machtverhältnisse, und über den Kommunikationsprozeß, dann fällt diese moralische Last von der Schulter der Designer.

Stolz: Ich würde gern noch ein Praxisbeispiel beitragen. Ich wähle mir dazu eines aus dem Automarkt. Wenn man jetzt das VW-Logo da oben projizieren könnte, dann würde man ja – ich sage mal – aggregierte Qualität auf hohem Niveau erwarten. Nur ein Beispiel: VW hat jetzt das Problem, daß sie seit zwei Jahren durch die Optimierungssysteme gerade auch in dem Design-Produktionsprozeß von Qualität auf Anmutungsqualität, wie die das jetzt nennen, umgestellt haben. Das ging zwei Jahre hervorragend, bis dann – das ist bei Lupo und den übrigen Kleinwagen besonders massiv zu spüren – die Rückläufe aufgrund von Fehlern und Mängeln so exorbitant stiegen, daß das bei denen jetzt zum Imageproblem wird. Das stellt man jetzt in der Marktforschung fest, und sie werden abgestraft.

Natürlich gibt es diesen kurzfristigen Betrug, aber mein Gefühl ist, der rächt sich immer. Und in diesen eh sehr schnellebigen und sehr konkurrierenden Märkten wird so etwas zum Regulativ, das ganz massiv wirkt. Und es gibt unendlich viele Markenbeispiele. Wir haben heute über die positiven, aber auch über die negativen geredet. Von daher finde ich diesen Manipulationsansatz auf der Markenebene problematisch. Auf der gesamtmedialen Ebene in dieser Hinsicht zu diskutieren, finde ich interessanter.

Lionni: It's normal that we're asking these questions. But we are not platonic philosopher kings. Designers, while tending to see themselves invested with a divine mission, don't have that much power really. We are, perhaps no more than court jesters in the proximity of foolish kings, intriguing here, conspiring there and awaiting our moment of glory.

Teo: I agree with you on the court jester point. But even as court jesters, you can throw a bit of sarcasm in your presentation. But sometimes – and this does not happen often – sometimes, there are situations where you are face-to-face with a responsive audience and you can make an impact by saying the right thing and ultimately what you do can inspire people. I think design inspires people to think differently, to change and to act differently.

And I have to say that I think the Prada store in NY is a great piece of work. I think that the people who work there must have a great sense of pride. By blending the boundaries between gallery and retail, they have come up with an amazing creative environment, it is a great achievement. So, I believe that design certainly has a role for inspiring people. And I think that a good designer is one who will question the information he is giving. A good designer should also offer editorial advice on how things are best organised, presented or communicated. These are all areas of responsibility for the designer. And even if a lot of the work has been agreed and signed off you shouldn't stop questioning and challenging your clients. Clients will appreciate us more if we offer our advice in a way that is not patronising but in a way that's inspiring. Designers should not play a passive role. It's so much more rewarding and it certainly makes for better design if you can contribute towards shaping content.

Moderation:	Dort war eine Wortmeldung im Publikum.

Moderation: Dort war eine Wortmeldung im Publikum.

Manfred Faßler: Ich habe eine Frage im Anschluß an das Argument der Multimedialität, das von Ihnen jetzt eben kurz angesprochen wurde. Ich bin etwas überrascht, daß die Diskussionen und auch die Vorträge, wenn sie sich auf Sinne beriefen, sich immer nur auf einen Sinn spezialisierten. Das ist eine sehr kuriose Situation, zumal wir auf der medientechnologischen Ebene nicht nur das technologische Feld der Medienkonvergenz haben, sondern eine sehr starke Medienintegration, die auf hohe Multisensorik setzt.

Das heißt, für mich ist das eine sehr merkwürdige Diskussion über Bilder oder Bildlichkeit oder durch Bilder gestützte Sinnlichkeit, unter der Voraussetzung, daß die Wahrnehmungssystematiken, die wir heute in unseren Gesellschaften oder Kulturen haben, längst *per se* multisensorisch sind. Auch medientechnologisch multisensorisch sind. Und die Angebote, die gemacht werden, sagen wir im Internetbereich oder im Webdesignbereich oder auch in der Musik plus Raumerlebnisse, sind multisensorische Angebote. Ich habe einen Verdacht – ich bringe den etwas zugespitzt –, daß diese Diskussionen, die sich nur auf eine Sinnlichkeitsebene oder auf eine mediale Ebene konzentrieren, etwas fördern oder unterstützen oder zumindest nicht infrage stellen, was ich einen Medien-Analphabetismus nenne. Und mich ist das eine sehr schwierige Situation, über Design zu reden und zu hören, da die Komplexität der medialen und Kommunikationslandschaften nicht überall wahrgenommen oder nicht überall in den Konzepten mitberücksichtigt wird. Für mich ist eine Frage an Sie alle, wie Sie mit multisensorischen, multimedialen Umgebungen umgehen, mit denen Sie tagtäglich leben und die auch in Zukunft für die Kunden/Kundinnen relevant sein werden.

Reed Kram: Well, I couldn't agree with you more and I think the only reason we weren't able to deal with additional multisensory aspects in the space was a lack of time. However, your emphasis on truly multimedia design is exactly the reason why I like to work in space. I don't know if you know a lot of multimedia designers, but it's actually quite rare that people do new media projects that take two years to complete. But this is necessary to really work on an architectural scale. When working on an architectural scale, one becomes extremely aware of all the things you mention. In other words, to work on a human scale, rather than looking into a computer screen where one simply imagines a larger space. The goal is to incorporate digital space into the rest of the environment in which we live. And for me this is a primary objective of my work. It's just that that's another talk. In fact, my thesis work was specifically about how to conceptualise multisensory space and how to design interactions for all five senses.

Now the reality of the Prada store is that the sound is not great. The sound design is simply underdeveloped. But the nice thing is that there is still work to be made. So, at least from my perspective, the future of media design is about incorporating technological things into the physical world or rather about seeing them as a part of a continuum of life as a whole. In other words: that we recognise the computer sitting in our spaces, we recognise these media technologies that inhabit our environments and we begin to not only accept them the way they are, but actively make them better.

Bevor wir jemanden aus dem Publikum zu Wort kommen lassen, würde ich gern mal den Musiker auf dem Podium mit einbeziehen. Sie haben ja vorhin zu uns von den Göttern gesprochen, die herabgestiegen sind und dann sichtbar wurden. Ich glaube, es ist auch nicht zu leugnen, trotz dieses Einwandes, daß unsere Welt hauptsächlich visuell wahrgenommen und auch beurteilt wird. Und verkommt da die Musik, sprich die Klänge, nicht zu einem Soundteppich im Design, zu einem designten Soundteppich?

Feßmann:

Wenn ich das gehört habe, was so hinter den Bildern an Sound entlanglief – da haben Sie völlig recht, das kann natürlich nicht meine Position sein. Ich möchte dazu gerne kurz etwas sagen, weil es mein Nominalfach am Mozarteum betrifft.

Seit einiger Zeit taucht immer wieder in den Diskussionen das Berufsbild des Sounddesigners auf. Und wir haben das Berufsbild des Komponisten. Der Sounddesigner ist nicht an einer Universität der Künste in der Ausbildung. Auch in keiner der gängigen Universitäten, sondern das sind Fachhochschulen, meistens technisch orientierte Fachhochschulen. Das geht dann soweit, daß sie hier natürlich Sounddesigns entwickeln wie zum Beispiel das Zuschlagen einer Autotür. Ein bekanntes Beispiel ist, daß Porsche versuchte, diesen Sound zu verändern, dann die Verkaufszahlen nach unten gingen und sie wiederum auf den alten Sound ihres Zuschlagens der Tür zurückgehen mußten.

Auch in einem Kleinwagen können Sie heute Soundsysteme von Ferrari, von Porsche, von Mercedes einbauen. Sie setzen sich rein, haben das vorher programmiert, schlagen die Tür zu und dann klingt das wie eine Porschetür, obwohl es vielleicht eine klapprige Ente ist. Und dann drücken sie auf den Startknopf und hinter ihnen dröhnt ein 350-PS-Ferrari. Dann fahren sie mit knappen fünfzig Kilometern, aber mit einem unglaublichen Gefühl. Das ist heute zum Beispiel Sounddesign.

Sie können auch eine Kneipe neben der Autobahn aufmachen, installieren eine unsichtbare virtuelle Soundklangwand, und die absorbiert den Sound der Autobahn. Dann stinkt es zwar nach wie vor nach Abgasen, aber sie sitzen völlig soundökologisch befreit in dieser Gartenwirtschaft, können ihr Bier genießen und daneben rasen die Autos vorbei.

Diese Beispiele zeigen, daß natürlich die Betrachtungsweisen von Sounddesign und Komponisten – und ich habe Ihnen heute natürlich meine primäre Existenz als Komponist dargestellt – schon ein bißchen weit auseinandergehen. Die Komponisten können heute kaum mehr von ihren Kompositionen leben, die Sounddesigner wahrscheinlich wesentlich besser. Es wird sich im Laufe der Zeit erweisen, wohin das geht.

Wir von der Universität sind inzwischen so, daß wir beginnen, uns heftig einzumischen, daß wir das nicht mehr einfach so stehen lassen. Weil nun einfach Leute über unser Fach sprechen, argumentieren, Dinge erzählen, von denen sie – ich sage jetzt mal arrogant – keine Ahnung haben. Und da ist unser Wissen und unser Können einfach gefragt, hier müssen wir tätig werden.

Ich bin mit meinen musikalischen Tätigkeiten auch plötzlich in der Architektur dabei. Ich bin in ganz anderen Bereichen dabei, was diesem Fach, auch dem eines Komponisten in einer traditionellen Ausbildung, einen noch größeren Umfang gibt.

Ich möchte gern noch etwas zu dem Multimedialen sagen: Ich bin in Salzburg in meinem Nominalfach genau in diesem Multimedialbereich in der Ausbildung von Studenten tätig. Multimedial heißt in diesem Fall: Ich leite die Abteilung, die mit dem *Studium generale* Musik beschäftigt. Die Kolleginnen und Kollegen aus dem anderen Bereich betreuen das *Studium generale* Tanz. Das sind unsere beide Grundpositionen. Wenn diese beiden Positionen aufeinanderstoßen, dann findet das auf einer Bühne oder in einem Raum statt. In dem Augenblick haben sie die räumliche Dimension dabei, dann kommt Sound hinzu, dann Licht, und dann hab Sie eine projektorientierte Aufführungsform. Das ist natürlich nicht produkt- orientiert im Sinne unserer Diskussion hier, sondern das ist ausbildungsorientiert basiert aber auf der alten Verbindung, die zwischen Musik und Bewegung besteht und das alles in einem einzigen, einzigartigen Kontext.

Teilnehmer 1:	Bei dem Entwurf: »Das Leben im Informationsraum«, wie Herr Kram das entwor hat, wird mir ein bißchen angst und bange. Denn neben der psychischen Belastun, sich Informationen nicht nur zu erarbeiten – beispielsweise zu wissen, daß ich, wenn ich eine *Toblerone* kaufe, *Philip Morris* unterstütze – muß ich diese Informa tion ja auch verarbeiten. Und wenn jetzt noch diese psychische Belastung hinzukommt, nämlich das Licht, und ich werde von einem Spot verfolgt in einer Bibliothek, oder auch diese Beispiel des chinesischen TV-Senders, der Licht abstrahlt, wenn also diese ganzen Komponenten dazukommen: Wie soll ich da weiterhin Informationen gut verarbe ten und auch aufnehmen können, wenn ich auch noch körperlich so traktiert werd
Reed Kram:	I'm not sure if I heard correctly, but the way the question was translated to me wa »How am I supposed to understand information if I'm being physically restrained Well, if you're being physically restrained then your choices are necessarily limited. I'm very much in favour of the freedom of information. I believe that the more information one has, the more access to diverse information sources, the low the possibility that you will have bodily harm happen to you. In terms of the Chin television project, there is always a real risk in dealing with other cultures to make them out to be beasts from a distance. And in order to avoid this tendency, one mu show incredible respect when engaging other cultures. This is vitally important for of us living in the world. And specifically regarding the Chinese television work, that project at this point is very much a beast of the process of design. That is, that haven't actually dealt with many of the conceptual issues of what it means to have state supported monopoly on media. You have to win the commission first. It's a tricky game. You know, one can try to deal with those kinds of issues in lots of different ways: you can speak with friends, you can demonstrate in the street, you do all kinds of things. One can also try to get involved by taking on challenging clients. And as a designer it's necessary. The role of the designer has in the past bee very much that of a court jester. For me I have no interest in doing that kind of wo If I feel I'm playing that role then I do something else. I like to take on challenging clients, that I can try to affect in new ways.
Moderation:	I think the lady's concern was more that she feels overwhelmed by information.
Reed Kram:	Oh. I'm sorry.

ration:	That she wants access to information, but she feels attacked by the mass of information.
Kram:	Right, I am, too. I feel completely under attack and that's why I made the *Living 2020* room – to amplify the attacking; to really give myself the full impact of the attack.

kurzes Gelächter

	And it was extremely painful. So I completely agree. I mean, if somebody asks me to design products for the home, I wouldn't recreate that exact room for them.
hmer 1:	But isn't it strange to communicate with the whole world being completely isolated? I mean, what you meant, too, thus get psychological. It makes you sick, I think.
Kram:	Yes, I agree. We have the ability to choose. You know, we can as consumers choose. One of our main tasks is to inform ourselves and to choose wisely. But the difficulty of course is that when it comes to media products, our choices are monopolised. So, I think it's a task for all of us to come up with much better solutions.
ration:	Heißt das, daß der Schwarze Peter dann wieder beim Konsumenten liegt und nicht beim Designer und beim Kreateur einer Geschichte, der sich schon vorher seine moralischen oder unmoralischen Gedanken macht? Erst einmal alles machen, und dann hat ja der Kunde das Recht der Wahl – ist das die richtige Richtung?
Kram:	No. Well, I don't know. Some designers certainly feel that way – I don't. I like to ask new things of people that they didn't expect of themselves and to offer them new situations, that will hopefully lead to clarity. It is the responsibility of designers to make proposals that are challenging and intelligent. If we don't, we run the risk of giving people Britney Spears. I don't like Britney Spears. It's fairly one-dimensional. I like music that has a certain amount of depth and that I can learn something from. And I try to make designs that are that generous.
ehmer 2	I am sort of shocked now, because you told in your speech that you suffered in your box. But you designed it in a large scale for *Prada* and you not only put a customer through it, which probably puts him off. But you also asked people to work in there, and that's really tough stuff for them, I guess. I don't know how often you have to exchange the stuff in this shop. That's one question and the other thing is: You already admitted that the acoustics are not really the thing you wanted to achieve. I've been for about half an hour on Thursday in the workshop of Mr. Feßmann, where he was talking about the art of creating positively acoustic rooms. Nobody knows it or only a few people know how to treat rooms to make a positive environment. This is one point I want to talk with the podium about and the other thing is, that there is a lot of what I feel means: creating a wrong reality. Keshen Teo, when I read your thesis or your themes this morning, there was on every line or an every thesis – I call it thesis – one word before that. That was – this is the truth or just truth. And you suggested as this is the truth. And I don't know how many people doubt that fact or sentence, which is – I think – really puffing, how you manipulate the

people or the audience. And I somehow feel, that the hole creation of brands and branding is nothing else, because when you deliver *Unilever* to poor countries and they can't afford a bigger bottle, they buy a smaller bottle. So more people can buy the smaller bottle and you get the same benefits or profits or possibly more with an even harder environmental impact. I mean, these are things, which scare m somehow, and I'm in the same profession, or – I think – is there something wrong with the world or with our attitude or with the morals or is there no moral or no ethics anymore?

Keshen Teo: Actually I think you have asked two questions and I will answer the first one. It's fascinating how sometimes when designers and engineers design something, they think about the ways in which the consumer is going to use it. For example, let's take a keyboard. It has standard numbers and letters. But it was the user who created the smile symbol, :-). Many other new symbols have been created by inter users that the engineers hadn't thought of. So, the way I see it, is that the space tha designers created at Prada is just a beginning. I think it reveals some interesting insights into retail; that it is about entertainment, about being a gallery, a meeting place or even a sanctuary. Its real purpose is not clearly defined, but that's the bea of it. One has to look at this brave inventive project and see what we can learn from it. And maybe by exploring unusual and impractical creative experiments so thing more practical and realistic can evolve. And I think that not experimenting with the use of space would be a huge waste.

You've also mentioned about my use of the ›pretentious‹ word *truth*. I think that's a very fair comment. But I use it deliberately, as a kind of a tool or a platfor to challenge the client. The truth out there might be ugly, and clients may choose not to confront it, because what they really care about is making money. So it's oft the case that they're not interested in finding out about how customers really thin but in fact this truth may be the very key to their success. Confronting the truth is about achieving sustainable growth and to do this they will have to question the r value they provide to people and the responsibility they have for their consumers. It is my job to offer solutions that reflect the truth about consumer behaviour and concern, so that companies can build enduring brands. My job is not about coming with a nice logo, a nice strap line and a nice visual expression to go with the logo. It's not about dressing up a company. It's about making sure, that what our clients offer to customers, makes good sense. Part of that is about communicating, becaus sometimes clients may have great products and great CSR programmes, but they don't know how to communicate this to the consumer.

Reed Kram: I guess I should probably respond quickly to the accusation that I made people go into my room. Absolutely not. The only similarity between *Living 2020* and *Pr* is that they are both boxes. The first project was a thinking and conceptual tool, designed only for myself. The second was designed by an entire team for the client customers, and staff of Prada. The dressing rooms for *Prada* serve a completely different purpose. Not all customers love it. To me that is not a problem at all. In other words, I'm not a big fan of design that everyone likes, for the same reason stated before; I don't particularly like music that everyone likes. That said, the des was – you know – it did serve certain goals and serve them incredibly well. That is that the dressing rooms should function as a place to shop – and they work very well as places to shop. Some people spend hours in there. It is not super comfortable though, and we actually went through a series of design phases. Initially we had carpeting in the dressing rooms. We had really comfortable chairs. We tried it out in the store and it seemed far too soft. In other words, it was just simply too plush. It didn't match. It didn't work for the client and it didn't work for the customers. They were guided through a series of design versions. One could call it *user testing*. But I find the term insulting to users. So, it did go through a series of versions and it did become quiet brutal in the end. And yet people still spend hours in there and the store sells a tremendous amount of clothes. And you have people lining up to go in these dressing rooms, which is not just about buying clothes. This doesn't happen at every store. There is a decent turnover of the staff, but not for the reason you suggest. The reason is that the store requires a lot of staff because there are so many people going through and not everyone is buying. Although the store sells apparently: it's one of the highest selling store that *Prada's* ever had. But it generates such a tremendous flow of traffic, and not everyone is buying, so they have to have a lot of staff to serve all these people. Another reason for the staff turnover is that in the states they make a commission. And they're not making enough of a commission because the percentage of purchasers is not as high as at a smaller boutique store. Our particular shop is perhaps more populist than the average high-end retail store. That's it. A lot of the staff are extremely proud of the store. Especially the ones that were with us during the design process. They think it's exciting and also the idea with this was that the concept could move to other stores. So, a lot of the staff will take the concepts and move them to other places.

e Süß:

Ich habe die ganze Zeit, während hier geredet wurde, überlegt, wie meine Frage lauten könnte, aber ich will zumindest meine Gedanken von gestern und heute zusammenfassen.

Wir haben gestern festgestellt, daß es die *good guys* und die *bad guys* hier im Raum gibt. Das hat sich heute etwas nivelliert. Jeder hat sich eigentlich ein bißchen versteckt, nachdem Markus Stolz das so deutlich angesprochen hat. Ich habe folgendes Unbehagen: Eigentlich stecken wir doch in einem Evolutionsprozeß, dem wir weder ausweichen können noch ihn stoppen wollen, weil er uns Annehmlichkeiten gebracht hat. Wer hat mittlerweile in seinem Haushalt keine Mikrowelle mehr oder keine digitalen Bedienelemente an seinen Alltagsgeräten? Wer läßt zwanzig Jahre lang seine Waschmaschine reparieren, weil sie noch mit einer normalen Tastatur funktioniert etc., also nicht digital, sondern in einer anderen Form die Bedienanzeigen wiedergibt?

Ich bin die Erste, die nach Verantwortlichkeit und Übernahme von Werten oder Neudefinitionen oder überhaupt nach Definitionen der Werte, die heute für uns wichtig sein könnten, gefragt hat. Das weiß jeder der Referenten, die mit mir am Telefon gesprochen haben oder persönlich mit mir zusammentrafen. Dennoch der Gedanke: Weshalb nach einem Verantwortlichen suchen. Warum wird jetzt hier gefragt: Wer ist für das verantwortlich, was passiert? Mich interessiert eigentlich, was auch Ihr Unbehagen ist in diesem Prozeß ist. Jeder schleicht um die Entscheidung herum: Können wir uns dem einfach hingeben, wie sich die Welt entwickelt, wollen wir uns weitertreiben lassen, wollen wir es einfach um uns herum geschehen lassen?

Es ist natürlich unheimlich bequem, und ich muß gestehen, ich finde es ungeheue
faszinierend wie die Welt sich verändert, aber ich bemerke in mir selber einen de
lichen Zwiespalt: daß ich auf der einen Seite immer noch an etwas festhalten möc
was mir jahrelang eine Orientierung gegeben hat, sei es an ethischen oder philoso
phischen Werten oder vielleicht im menschlichen oder sozialen Umfeld. Auf der
anderen Seiten widerspricht das meiner Realität. Ich kann mich jetzt hinstellen u
exaltiert sein, indem ich sage, »ich orientiere mich nur rückwärts«. Ich kann sagen
»ich lasse es auf mich zukommen«, oder ich kann sagen, »ich begrüße es und sehe
mal, was rauskommt«. Das bedeutet aber für mich selber eine Position einzunehm
zu dem, was passiert, und die auch zu vermitteln. Und mich unbedingt als Teil des
Prozesses zu betrachten, und es keinesfalls darauf zu begrenzen und zu sagen: »O
derjenige, der kauft, also der Nutzer, ist jetzt schuld, oder der Designer ist schuld.«

Ich habe ganz am Anfang die Frage gestellt: Wo entsteht das Ganze, woher
kommt eigentlich die Idee? Ist das wirklich immer nur marktbezogen, daß eine Id
entwickelt wird, daß daraus ein Produkt wird, daß es irgendwo ausprobiert wird?
Wo bleibt dann die Rolle des Entwicklers, des Gestalters? Ist das nur die technisc
Spielerei, die das Ganze als Prozeß vorwärtstreibt, oder steckt ein Sinn dahinter,
das heißt, schon gleich die Anwendungsmöglichkeit, die Notwendigkeit? Ist das fr
zeitig überprüft worden? Das würde mich interessieren.

Und natürlich der Nutzer. Eine elementare Frage hat uns bei den Vorberei-
tungen des Forums begleitet, als wir uns anfänglich über die Themenstellung unte
halten haben. Wie ist die Rolle des Nutzers bei dem ganzen Prozeß? Mittlerweile
wird es nur noch darauf reduziert: Es gibt die einen, die wollen Geld machen. Unc
gibt es die anderen, die müssen Geld machen. Und da ist der Nutzer, der sagen
kann, ich nehme das oder ich nehme es nicht.

Dann haben wir aber mittlerweile ein ziemlich merkwürdiges Bild von der W
weil nicht wenige zum Beispiel grundlegende digitale Elemente schon längst
integriert sind, und wir gar nicht mehr dazu kommen, eine Entscheidung zu treffe
ob wir sie nutzen wollen oder nicht. Wenn ich mir heute an einem Bahnhof ein Tic
kaufen will, werde ich zu einem Automaten geschickt, wo ich mich damit konfrontiert sehe, daß Japaner vor mir stehen, die unsere Bedienfelder überhaupt nicht
verstehen können. Viele technische Entwicklungen, Objekte von Designern gesta
tet, sind schon längst in unseren Alltag integriert, und ich habe überhaupt nicht
die Wahl, mich damit zu beschäftigen oder nicht, sie abzulehnen oder nicht, sie zu
benutzen oder nicht.

Diese Polarisierung, das Ausweichen vor der Tatsache, daß wir und unsere
Umwelt schon längst in einem tiefgreifenden Wandel sind und da unsere Position
bestimmen müssen, ist mir unverständlich. Ich vermisse eigentlich die Eigendefini
tion, die verantwortliche Position – auch der Teilnehmer hier im Raum – in diesen
gesamten Prozeß.

Markus Stolz:

Ich nutze die Gelegenheit, um noch einen Satz loszuwerden. Dieses Unbehagen, d
ist ja eine interessante Frage, weil wir hier eher faktenlastig arbeiten. Ich glaube,
dieses Unbehagen rührt erst einmal generell daher, daß 17 Prozent – und zu dene
gehören wir – der Menschen auf Kosten von 83 Prozent leben, und das schon seit
mindestens einem halben Jahrhundert, wahrscheinlich noch viel länger. Ich glaube
das ist das, was wir eigentlich spüren und wissen und letztlich auch managen,

coachen, organisieren und so weiter. Und es gibt sicher Widersprüche, die wir generieren, wobei ich jetzt da gleich zwei Dinge sagen möchte.

Erst mal vor den beiden Kollegen Reed und Keshen, und ich habe einen Riesenrespekt: Ich empfinde es als riskant, was Ihr macht oder was Sie machen. Riskant im Sinne von mutig, und daher kreiert ihr auch sehr wichtige Widersprüche.

Aber trotzdem ist es so – ich glaube nicht, daß sie jetzt *Prada* repräsentieren –, daß *Prada* sozusagen – und das war angesprochen – die Demokratisierung als eine Art von Wertezielsetzung oder irgend eine Vorgabe adaptiert, benutzt und gleichzeitig auch visualisiert und damit suggeriert, es sei eine demokratische Marke. Und in Wirklichkeit ist es ja Luxus pur.

Ich glaube, an diesen Stellen matchen sich so die Probleme: daß wir eben wissen, daß ist halt eine Minderheit – oder eine große Minderheit, weil sie eine kleine Minderheit ist – die eben hier die Ressourcen und ähnliche Dinge – ja man muß schon sagen – mißbraucht. Und deswegen, und wenn ich mich jetzt zu den *bad guys* zähle, glaube ich, daß halt die Frage der Ressourcen sicherlich eine der ganz großen Fragen ist.

eration:

Wir haben eine Wortmeldung.

ehmer 3:

Es ist jetzt natürlich ein bißchen schwierig, weil die Themen sich ein bißchen ineinander verschachtelt haben. Ursprünglich haben wir vorhin ganz, ganz oft das Wort Manipulation gehört. Der böse Designer, der mit den Sinnen und Empfindungen der Menschen spielt. Der Menschen in schlimme Boxen einsperren will, um ihn vollzustopfen mit Informationen. Das finde ich alles ein bißchen seltsam.

Ich empfinde extrem viel Angst vor einer Beeinflussung, die von außen kommt. Vielleicht ist das ein deutsches Problem, keine Ahnung. Wir haben vielleicht ein bißchen ein merkwürdiges Verhältnis zu Reklame, Propaganda und Werbung. Für mich ist es eigentlich ganz schön, daß wir im Jahr 2002 wohnen.

Ich bin auch Designer und setze mich ziemlich stark mit dem Kreislauf Marke, Produkt und Unternehmenskultur auseinander, und wir sehen eigentlich heutzutage, daß die meisten Konsumenten sehr wohl genau wissen, was sich hinter einem Markenauftritt oder einer Kommunikation verbirgt, weil eigentlich jeder sich heutzutage sehr schnell in Foren oder mit vernetzten Kommunikationsmitteln schlau machen kann. Das heißt: Wenn *Adidas* einen Schuh rausbringt, der einem angeblich hilft, Wände zu erklimmen, die ich sonst nicht erklimmen könnte, dann funktioniert das vielleicht beim ersten Kauf, aber dann weiß auch jeder, daß dieser Schuh bestimmt nicht dazu dient, Wände oder den Mount Everest zu erklimmen.

Ich denke, Marke hilft lediglich, eine kleine Tür zu öffnen, die das Produkt später bestätigt. Und Marke ist auf der anderen Seite Entertainment. Und niemand schreibt, daß ein Spielfilm, der in Hollywood sehr aufwendig und sehr liebevoll produziert wird, irgendwelche Menschen manipuliert.

Ich denke, Marke ist Entertainment, und wir gönnen uns Marken, um unser Leben aufzufrischen und um das einfach ein bißchen mehr zu stylen, ein bißchen mehr Freude zu haben und vor allem unseren Individualismus auszuleben. Und deswegen ist es eigentlich ein sehr, sehr schönes und freudiges Thema. Mit Marke, mit Kommunikation, sollte man spielen. Man sollte keine Angst davor haben, und ich begrüße es supermäßig, daß Menschen irgendwie Boxen bauen, sich hineinsetzen, mit Informationen und mit Technologie spielen, weil nur so können Designer auch wirklich mediengerechte Konzepte entwickeln.

Und von daher sollte eigentlich jeder mal anfangen, seinen Fernseher auf die Toilette zu zerren und sich einfach mal drei Tage einzusperren, um rauszufinden, was da mit ihm passiert. Und das ist eigentlich alles. Also, ein bißchen mehr Fun, ein bißchen mehr Entspannung, einfach die Angst vor Manipulation, die in Deutschland ganz extrem vorhanden ist, ein bißchen begraben.

Klaus Feßmann: Ich wollte auf einen Aspekt von Ihnen eingehen. Ich habe mal in einem Vortrag zu den Aufgaben eines Komponisten auch von der Verantwortung gesprochen, von dem Aspekt, an dem wir immer dran sind, wenn wir mit Musik zu tun haben: Musik, dieses – wie gesagt – unsichtbare Phänomen, das auf einen zukommt, das an den Menschen wirkt, ganz anders als die optischen Signale.

Die Augen können Sie zumachen, dann sehen Sie die Bilder nicht mehr und haben die Schranke davor. Die Ohren kriegen Sie einfach nicht zu, es sei denn Sie stöpseln sie zu. Aber die sind auch nachts offen, die sind immer in irgendeiner und Weise an. Und in diesem Augenblick passiert auch in Ihrem Gehirn permanent irgendwas.

Das will ich jetzt nicht weiter ausführen, aber wenn wir jetzt eingreifen mit Kunstformen in diesen Prozeß, den wir uns als Künstler von der Ecke Beethoven John Cage verfügbar machen, was in dieser Welt als Klang vorhanden ist, mit ihm arbeiten, mit ihm umgehen, dann treffen wir in dem Gegenüber immer auf jeman- den, den wir nicht als Kunden betrachten, sondern der ein Gegenüber ist, jemand, mit dem wir kommunizieren, der auf das reagiert, nicht weil er unsere Produkte kauft – das ist immer noch ein bißchen ein anderes Phänomen – sondern, weil in ihm irgend etwas geschieht, mit dem wir wiederum umgehen.

Und dieses, was da geschieht, das rückt in den letzten Jahren immer stärker in den Mittelpunkt der Betrachtung, weil das, was in dieser Umwelt in Ihrem Kopf tagtäglich und nachttäglich passiert, das ist ganz vehement und löst dann zum Beispiel Krankheiten aus. Das wissen wir heute definitiv, die Sache *Tinnitus* ist ihnen allen bekannt. Das ist die Volkskrankheit schlechthin und so weiter und so fort.

Wir haben heute so etwas zum Beispiel in der Rezeptionsforschung: Wir können es über Rhythmusordnungen schaffen, daß wir in der Schmerztherapie dem Patienten um bis zu 70 Prozent von den Medikamenten befreien. Wir können die Medikamentierung bis jetzt so weit herunterdrücken, durch ganz spezielle aus Afrika herauskristallierte Rhythmusstrukturen, die nur dort und in Asien bekannt sind. Wir sind dabei, das auch in der Krebstherapie zu probieren. Sie können sich vor- stellen, wenn so ein Künstler kommt und auf einen naturwissenschaftlichen Medizi- ner stößt, daß da die Kommunikationsfreundlichkeit nicht sonderlich groß ist.

Aber die Ergebnisse sind da. Die Ergebnisse sind vorhanden, und das ist nur einer dieser Aspekte. Wir untersuchen also in den letzten Jahren immer mehr, immer häufiger Rezeptionsphänomene, und jetzt sind die Neurologen da. Hier in Ulm gibt es einen Neurologen, der darüber arbeitet. Wir haben ein großes Zentrum in Hannover. Wir haben am Mozarteum ein Zentrum, das aufgebaut wird, und können nun einfach beweisen – das können ihnen die Neurologen gern mal mitteilen, da bin ich jetzt nicht der Fachmann dazu –, wie das alles ist, daß wir ein bißchen leben- verlängernd arbeiten und deswegen haben wir auch Klavier studiert, weil das definitiv ein langes Leben garantiert. Das können wir durch die beiden Gehirnhälften auch nachweisen und über viele, viele Biographien. Und das sind so humane Dimensionen, an denen wir dran sind, die vorhanden sind, wo wir ›das Gegenüber‹ sehen, wo wir den Menschen sehen. Ob ich jetzt mit meinen Steinen mit Gehörlosen arbeite und in die Körper der Gehörlosen komme und sie zum ersten Mal Klänge spüren, was auch immer das sein mag.

Das ist eine neue Aufgabe, die wir haben. Wir haben einerseits immer noch die traditionelle Ausbildung der Künstler, Instrumentalisten, aber immer stärker haben wir dieses Zielphänomen. Und das, muß ich sagen, ist unglaublich erfreulich und macht unheimlich viel Spaß, mit den Menschen so zu arbeiten – nicht nur mit Kranken, wie gesagt –, sondern auch auf anderen Ebenen zu arbeiten. Und das bringt so etwas von dem, was sie in den langen Ausführungen nun dargelegt hat, in eine bestimmte Richtung, die in der Musik auftaucht.

Dann würde ich ihm natürlich gern widersprechen, weil Musik ist tatsächlich viel mehr ist, und sagen wir mal Schall, Musik, alles, was an Klängen da ist, viel stärker prägend ist. Das wissen wir heute über diese neurologischen Forschungen und über andere Dinge und, um die Frage von vorhin noch hier einzubeziehen: Wir sind dran, Räume zu entwickeln, Häuser zu entwickeln, Landschaften zu entwickeln, die vom Klang her komponiert sind, auch im Multimedialen mit Materie, Materialien, mit allen anderen Dingen. Da ist man noch weit voneinander entfernt, weil auch die Architekten kein Bewußtsein für Klang haben, sondern nur für Visuelles.

Schauen sie sich das berühmte Beispiel mit dem Bundestag, dem zweiten Bau in Bonn, an. Da wurden die Mikrophone eingeschaltet, und niemand hat etwas verstanden, also mußte man wieder in den alten Bau zurück. Das war einer der bekanntesten Architekten der Republik, der tolle Sachen gemacht hat, aber Klang ist nicht sein Ding.

Und deswegen ist die Verbindung zwischen Kunst, Wissenschaft, Architektur notwendig. Das kann, das ist es gerade, das Multimediale: das Ausloten und Schauen, wo man da weiterkommt. Und das kann noch eine weitere humane Kategorie neben vielen anderen sein, wo mein Fach – und ich habe mich ja vorher in meinem Vortrag als musikalischen Exoten bezeichnet –, denke ich, einen ganz wichtigen Beitrag leisten kann, und wir fühlen uns in dieser Aufgabe sehr angesprochen und haben sehr viel zu tun.

eration:

Ich möchte nochmals gern aufnehmen, was der Kollege hier gesagt hat und Pippo Lionni fragen: Ist das wirklich so, daß man Werbung, Marken, Design nur als *Fun* und *Entertainment* und Belustigung nehmen sollte? Es gab so gar keinen Widerspruch.

o Lionni:

I don't know why you ask me that question. I don't know. Can I answer another question?

eration:

No.

o Lionni:

I think, designers get totally constipated when they ask themselves these questions. Designers mostly create mediocre stuff while once in a while doing something really good. An incredible client makes most good design possible, by designer/client dialectic. Really good products depend on the effort of hundreds of people. I have often been asked what the most important designer's tool is? Your garbage can. What interests me is the subversive aspect of design, the doing something, which one has thought of before, the perceptible innovation. There is a lot of really mediocre stuff being done out there and that's the problem. I'm not talking about tip of the iceberg chic and elite, the reality is the other stuff: that you can't buy your ticket in a train station, the car handle falling off, the can of tuna fish you can open or the streets you can't walk down. Its great that we are here concerned with the well-being of humanity, but unfortunately design has little power over product quality and products are not necessarily the most important thing that's wrong with the world… the designer tooth brushes and concept skyscrapers are only moment materialisations of mediocrity. The education little kids get in school will be more decisive for our future, than what designers learn in school.

Einzelner Applaus

Moderation:

Noch eine Wortmeldung?

Manfred Faßler:

Ich möchte mich ganz gern noch mal an die verschiedenen Vokabeln anschließen, die fast selbstverständlich genannt wurden. Da wurde von ›human‹ gesprochen, v ›Moral‹ gesprochen. Ich nehme nochmals die Frage von Frau Süß auf. Ich weiß überhaupt gar nicht, aus welchem Grunde wir bezogen auf medien-technologisch Entwicklung überhaupt die Kategorie ›human‹ und ›Moral‹ ansetzen und die Prozesse, die uns umgeben, von uns nicht zu verantworten sind. Kein einziger, der hier sitzt, keine einzige Gesellschaft, die gegenwärtige Gesellschaft, ist verantwor lich für medientechnologische Prozesse, die sie auf sich selbst anwendet.

Wofür sie verantwortlich ist, ist allerdings die Anwendung. Und das wird jetzt interessant, sagen wir mal, auf der Ebene, wie man dann das Humane definiert. Die Mediensysteme, mit denen wir zu tun haben, und damit also auch die Verwendungs-Systematiken, mit denen wir zu tun haben, sind extrakorporale, das heißt, s liegen außerhalb des Körpers, sind technologisch, sind – wie man so schön sagt – t Es wird spannend, wenn man über Moral redet. Wie verbindet man tote Systeme, um in lebenden Systemen eingesetzt zu werden? Und diese Diskussion ist in der Tat eine Diskussion, die – und da bin ich dankbar für Ihre Argumentation jetzt zu Schluß – in der Tat mit großräumigeren Design-Prozessen zu tun hat.

Wenn wir sagen, wir haben Umwelten, dann sind die Umwelten gestaltet. Sie werden genutzt, sie werden zerstört, sie werden wieder aufgebaut, sie werden reno viert und so weiter – sie werden verändert. Und für mich ist die Frage sinnvoll zu stellen, wenn man vom Humanen oder wenn man von Moral redet, bezogen darau welche Lebensumwelten wir eigentlich wollen.

Diese Frage ist für mich nicht auf ein einzelnes Produkt zu beziehen. Sie entw fen alle Angebote, die weit über ein einzelnes Produkt hinausgehen. Sie entwerfe quasi so etwas wie ein Wesen – ich sag's mal etwas pathetisch – ein Wesen, über de sen Nutzung Sie nachher nicht mehr verfügen. Also ist die Frage: Gibt es so etwas wie eine Design-Folgenabschätzung? Ja? Gibt es so etwas wie eine auf kulturelle Verdichtungsprozesse bezogene Reflektion innerhalb des Designs oder innerhalb der Produktplanung, die nicht nur die materialen, physikalischen, chemischen, ökc gischen Aspekte berücksichtigt, sondern die kulturkonstitutiven Aspekte von Des und auch die weiterführenden Aspekte? Und da wäre für mich tatsächlich die Kategorie des Humanen anzusetzen, nicht im Sinne von: »Oh Gott, oh Gott, wir haben ja Körper, und da ist die böse Technik.« Die böse Technik ist von dem bösen Körper entwickelt worden. Wir haben keine Alternative dazu. Wir haben das, wir nutzen es oder wir entwickeln Neues für die nächsten Generationen, und das Spannende ist wirklich, darüber nachzudenken: Was wollen wir eigentlich entwickeln für die nächsten Generationen? Auch durchaus im Sinne von: Was versprechen wir? Was versprechen wir den nächsten Generationen? Was versprechen wir an Schönheit, an Ästhetik, an Vertrautheit, an Verläßlichkeit, an Qualität – was versprechen wir? Und das ist für mich eine Frage, die weit über das einzelne Produkt hinausgeht.

Lionni: I think, it's more interesting to ask ourselves as citizens, what we think about ourselves as designers. But this is a social problem. The problem is not how to get designers to create new products, but how to get new quality products produced and sold. The problem is that the general public needs to be much more critical about what they think their environment should be about, because *they* can create the difference. And the solution is, to a large degree, tied up in education – if you think that you can create your universe, you'll create it, if real choice is important people will get real choices. I think that designers can produce more provocative stuff. I think the public can live differently if they decide to, but the major difference will come from education.

eration: Eine Frage kommt noch...

ehmer 4: Die Diskussion gestern und heute war für mich aus einem anderen Grund sehr interessant, weil sich dahinter sehr viel versteckt. Ich möchte auch deswegen zuerst einmal die Frage, die Frau Süß gestellt hat, noch mal stellen und vielleicht auch eine Antwort darauf geben, warum sie sie gestellt hat. Sie hat nämlich die Frage gestellt an die Referenten: Was hat sie bewogen, hierher zu kommen nach Ulm?

Sicherlich war es nicht das Honorar, vielleicht war es der Platz, vielleicht war es die Diskussion. Ich glaube aber, was sie damit verband, mit dieser Frage, ist doch: Was waren eigentlich die Motive oder was sind überhaupt die Motive, die Ihr Tun hinterlegen, die dahinterstehen hinter dem Tun?

Ganz vordergründig sind Sie natürlich auch sensibel und klug und wissen auch natürlich, daß wir hier in Deutschland mit dieser Frage auch gleichzeitig verbinden, in welche Schublade wir nun die *good guys* und die *bad guys* zu sortieren haben. Das ist natürlich eine typisch deutsche Tradition. Die hat ihre Vorteile, die hat ihre Nachteile, aber ich will jetzt mal unabhängig davon auf etwas anderes eingehen. Herr Frey hat heute gesagt, wir sollten, die Designer sollten ihre Arbeit gut machen für die Leute, die diese bezahlen. Aber das kann mich natürlich nur ziemlich unbefriedigt lassen, weil: Die Designer sind ja in einem Zweispalt. Bezahlt werden sie von einem Unternehmen, einem Auftraggeber, aber eigentlich ist der Adressat ihres Produktes ja ein anonymer Konsument, von dem sie gar nichts haben, kein *Feedback* haben, und so gibt es sehr, sehr unterschiedliche Auffassungen, auch Gestaltungsauffassungen, die heute Nachmittag auch sehr stark durchgeschlagen haben.

Ich habe mir mal ein paar Stichworte gemacht. Sehr unterschiedliche Werthaltungen, die ich jetzt völlig wertfrei einfach mal so aufzählen möchte.

Da gab es heute die *fun-producer*, die also sagen, es ist allein schon ein Wert, wenn wir die Leute unterhalten oder die Leute lustig machen oder den Leuten helfen, i den Alltag hinwegzukommen. Wir hatten die Position, daß wir Kommunikations- prozesse sichtbar machen wollen, daß wir in dem Sichtbarmachen einen Wert seh für den Konsumenten, der dadurch dann auch besser urteilen kann und sich im Leben auch besser zurechtfindet.

Eine andere Position war die der Dienstleister. Wir Designer, wir haben das *Know-how*, wir wissen über Ergonomie und kulturelle *Behaviours* und alle diese Dinge Bescheid, die wir als Dienstleistung anbieten. Wir haben eine andere Positi die hier nicht besonders herausgekommen ist, aber die Designer schon immer vertreten haben, nämlich, der Anwalt des Konsumenten zu sein. Das ist natürlich auch im Zusammenhang zu sehen mit dem Auftraggeber, denn vom Konsumente wird er ja nicht bezahlt. Dann haben wir auch die Position, daß wir Designer vielleicht Wertewandel einleiten können und sozusagen den zivilisatorischen Proz befördern. Es gibt sogar welche, wie Bazon Brock, die dann sagen: Design hat zur Sinnstiftung beigetragen.

Das ist ein ganzes Spektrum an Werthaltungen, die unterschiedlichen Berufs- motiven oder Arbeitsmotiven hinterliegen. Ich finde, die Diskussion hat sehr viel darüber ausgesagt, und ich wollte es noch mal versuchen, in meiner Sprache z rekapitulieren.

Moderation:	Eine weitere Wortmeldung?
Teilnehmer 5:	Ja, ich hoffe, daß es noch reinpaßt. Ich dachte mir, es wird immer soviel von dem Sender / Empfänger-Modell gesprochen, eben weil es eigentlich nicht funktioniert Und den Gedanken fand ich sehr gut, weil jeder Mensch individuell selbst gestalte kann. Wenn wir von der Gestaltung des Lebensumfeldes für Menschen sprechen, dann sollte man auch mit einbeziehen, daß sie sich selbst mit einbringen können. Mehr noch: Wenn sie selbst Anteil an der Gestaltung haben, identifizieren sie sich viel mehr mit dem, wie sie dann ihre Identifikation gestalten – das ist eine For des Ausdrucks, das ist auch Kommunikation. Das ist auch die Kommunikation zwischen dem Designer, der die Rahmenbedingungen setzen kann für die Möglich keiten, wie dann der Einzelne Ausdruck finden kann in seiner eigenen Gestaltung seiner Lebenswelt.
Moderation:	War das ein Statement oder eine Frage an jemanden?
Teilnehmer 5:	Die Frage ist, ob solche Design-Konzepte angedacht sind weltweit? Auch auf dem Hintergrund, daß viele Produkte ja für bestimmte Regionen maßgeschneidert sein sollen. Die Menschen haben dort andere Ansprüche und sie würden sich die Produkte nach ihren Ansprüchen gewissermaßen zurechtbiegen.
Siegfried Frey:	Ich bin da ja direkt angesprochen worden und würde gern die Gelegenheit wahr- nehmen, zwei Sachen zu präzisieren. Vielleicht zuerst das, was man macht und wof man bezahlt wird. Das hatte ich in der Tat sehr schnoddrig ausgedrückt, und ich nehme gern die Gelegenheit wahr, zu sagen, was sich dahinter verbirgt: zwei Ding Das eine ist, daß ich tatsächlich glaube, daß der Kunde, der potentielle Kunde,

sich wehren kann, und das steht direkt in Verbindung mit der neuen Sicht des Kommunikationsmodells. Schauen Sie, es ist noch nicht zehn Jahre her, daß sich das Modell entwickelt hat, und das Wesentliche an diesem neuen Kommunikationsmodell ist, daß in der Evolution ein Sender nie vorgesehen war. Ein biologischer Organismus kann nicht warten, bis ein Doktor Allwissend kommt und ihm erklärt, was hier Sache ist und wie er sich verhalten muß. Das heißt: Die Kommunikation beginnt zunächst mit einem Interpreten.

Der Interpret ist derjenige der bestimmt, was was bedeutet. Ich darf da vielleicht den großen Morris zitieren, der das in die Worte faßte: »Etwas ist ein Zeichen nur deshalb, weil es von jemandem als ein Anzeichen für etwas gesehen wird.« Was nicht als ein Anzeichen gewertet wird von jemand, ist kein Zeichen. Und da kann sich der Sender abstrampeln, wie er will.

Der zweite Punkt betrifft den Aspekt der Mimikry, der hier bereits im Sinne von Nachahmung thematisiert wurde. Die Mimikry gilt zurecht als die bedeutendste nach-darwinische Entdeckung. Nur ist Mimikry nicht Nachahmung, sondern Züchtung. Das Tier, das scheinbar nachahmt, das also einem andern täuschend ähnlich sieht, entsteht dadurch, daß alle anderen, die nicht so aussehen, weggefressen werden. Dieses Tier, das plötzlich einem andern so ähnlich sieht, weiß nicht, wie ihm geschieht – es wird sozusagen vom Interpreten hergestellt.

Und dieser Aspekt führt wieder zurück auf das Tun, wofür man bezahlt wird: Ich halte den Käufer, den Empfänger, für ein autonomes Wesen. Ich möchte, daß der Designer keine pädagogischen Aufgaben übernimmt, sich wohl aber dafür interessiert, ob ich die Thunfischdose aufkriege oder nicht. Und das setzt nicht guten Willen des Designers voraus und auch nicht einen genialen Einfall, sondern schlicht empirische Arbeit.

Und ich sehe in dem Bereich, in dem ich mitarbeite – das ist der Bereich Mensch-Technik-Interaktion –, daß dort haarsträubende Dinge gemacht werden, aber nicht deshalb, weil die Idee fehlt, sondern deshalb, weil die Designer nicht in Rechnung stellen, daß beim Menschen alles zunächst mit einer Interpretation beginnt.

In der technischen Kommunikation, in der das Sender/Empfänger-Modell wirklich gilt, ist das alles kein Problem, denn dort wird die semantische Beziehung zwischen Zeichen und Bezeichnetem auf dem Vereinbarungsweg getroffen, und Sender und Empfänger müssen sich sklavisch daran halten. Sklavisch! Die Ingenieure würden dem technischen Empfänger was erzählen, wenn der anfinge, da herumzuinterpretieren. Der würde repariert, das heißt gezwungen, nach dem Willen des Senders zu funktionieren – oder vernichtet.

Im Humanbereich ist das ganz anders. Da müssen wir mit dem Empfänger leben, so wie er interpretiert. Und wie der interpretiert, das weiß keiner, weil es niemand untersucht. Und warum untersucht es niemand? Weil wir geistig im Sender/Empfänger-Modell verhaftet bleiben, solange wir kein anderes haben. Und manchmal ist dieses Modell ja auch auf den Menschen anwendbar. Der Mensch kann kodiert kommunizieren – wenn er will. Beispielsweise beim Militär funktioniert das wunderbar – wohl nicht so wunderbar nach der Meinung der Generäle – aber immerhin. Nur: In den meisten Lebenslagen bestehen wir eifersüchtig auf unserer Interpretationshoheit. Und erst wenn diese konzeptuelle Umorientierung in den Köpfen der Designer stattfindet, wissen sie erstmals, was sie tun.

Manfred Faßler: Kleiner Widerspruch, Herr Frey. Ich denke, das Problem ist nicht allein das Sende Empfänger-Modell. Zumal, wenn ich die letzten fünfzig Jahre Kommunikations- theorie-Geschichte und Informatik und sonstige Aspekte angucke, ist das eh läng ein totes Kind. Da kümmert sich sonst keiner mehr drum, außer bei Technik- Technik-Kommunikation.

In dem Moment, wo ich über *Interface* diskutiere, habe ich das Interpretation thema auf der Tagesordnung, wie Sie es angesprochen haben. Aber ich sehe ein ga anderes Problem, und das ist dann noch mal – etwas spät, aber immerhin – auch bezogen auf Ihren Vortrag heute. Ich denke, ein erhebliches Problem liegt darin, c die Interpretation, von der Sie sprechen, in vielen Bereichen der Medienwissen- schaften und der Kommunikationswissenschaften an einem Textparadigma hängt

Sie haben das auch sehr stark betont heute. Sie haben den *Logos* betont, Sie haben Descartes betont, Sie haben eine bestimmte Rationalitätsgeschichte, A klärungsgeschichte auch damit markiert. Das finde ich auch okay, aber das Interes sante ist, daß der Text nicht mehr allein ist, schon lange nicht mehr allein ist, und die Tatsache, daß unsere Kulturen sich auf Text spezialisiert haben, eine Tatsa ist, die seit zweitausend Jahren mit Bürgerkriegen versehen ist – also eine Blutspu des Ikonoklasmus', eine Blutspur der Diktatur des Textes.

Und jetzt haben wir eine Situation, in der Text, zumindest das kulturelle Verh nis von Text und Bild oder sogar das kulturelle Verhältnis von Text, Bild und Akustik – also ich will jetzt mal die Musik noch nicht so spezifizieren, bleiben wi erst mal bei der Physik – völlig neu gemischt wird.

Das heißt, es entsteht ein Ensemble, für das die Interpreten noch fehlen. Wir haben weder eine valide Konzeption von Audiovisualität, noch haben wir eine va Konzeption von Ton, Text und Bild als gemeinsamem Auftritt. Und da würde ich schon dafür plädieren, daß wir das von der wissenschaftlichen Seite – zumindest a ein Desiderat – markieren und sagen: Wir müssen, wenn wir über Interpretation reden, weit mehr über diese Integrationsprozesse sprechen als über Textkulturen.

Moderation: Ich möchte gern an dieser Stelle die Diskussion für heute schließen. Morgen geht ja weiter, unter anderem mit dem Vortrag von Herrn Faßler.

Moderation: Dem kann ich mich nur anschließen. Morgen geht es weiter, mit dem »Designer zwischen Konsument und Kunden«, und welche Verantwortung, welche Aufgaben hat. Ich bedanke mich für ihr zahlreiches Kommen und ihre Mitwirkung.

Applaus

ber 2

bale

comi

sonntag
sunday
22 september 2002

002

komn
nunic

Communication is the topic of burning social change for this new century of ours, and it lies at the core of all our discourse on ecology, health, politics and cultural globalization. (illustration 1) Of all the vast technological revolutions of the twentieth century, perhaps none was so radical in social and cultural terms as the quantum leap in communication.

Air travel went from kites to space tourism over the four-dimensional space from January 1, 1901 to December 31, 2000, but the communication revolution has had the deepest cultural effect of all on a planetary level.

Even in places on the globe where there are no paved roads, the globalizing influence of audio and visual communication has caused tensions, resulting already in the loss of cultural narratives as well as the flight of young populations to urban centers and away from the land.

And that is just radio, just TV. With growing pressure to communicate, governments of depressed developing countries are investing scarce resources in joint ventures like Iridium which might permit economic tourists and their own most prominent citizens to remain ›online‹ at a moment's notice, 24 hours a day.

Meanwhile, McDonald's has lost track of the number of hamburgers we have eaten as the rainforests burn and earth's orbital planes fill up with worn-out junk.

Hurtling around our planet among their own debris at velocities in excess of 9 km/sec, a growing array of satellites keeps us communicating, flashing signals at the speed of light. These are the third- and fourth-dimensions of the Internet, the backbone of electronic communications, the final push of marketing into every corner of the planet – and their lost and wounded elements pose a lethal danger to every space mission. Ironic, because the original Arpanet itself was created by the need to group major laboratories and manufacturers, and to consolidate the control functions in putting an American in space, and landing on the Moon.

But Arpanet and the Internet were spawned in response to needs stimulated by the Cold War and the Space Race. As early as 1962, the protocol was established for the Mercury missions which governs the control and communication between the spacecraft and the ground, and which remains in place to this day.

While the vehicle sits on the launchpad at Cape Canaveral, the mission is controlled locally from the Kennedy Space Center; but as soon as the tail end of the rocket engines clears the top of the gantry, all control is shifted to the NASA Mission Control Center in Houston. (illustration 2)

In 1962, this was all done by radio and over the telephone; there was no telex, no fax, no good way to transfer telemetry and other data from computer to computer besides direct input. By 1968, certain work-arounds had been developed which strongly influenced the architecture of the first Arpanet nodes between California institutions, in late 1969 – and the need for networked communication was growing.[1] (illustration 3)

America loved the ham radio; and searching the unseen airwaves for conversation on a quiet summer night on the prairie was one of the archetypal American ideas

1
Griffiths, Richard T., *History of the Internet,* Chapter Two (Leiden University)
http://www.let.leidenuniv.nl/history/ivh/chap2.htm
2
Clarke, Arthur C., *Man and Space,* Life Science Library (Time, Inc.: New York) 1964; page 101

Constance M. Adams
HyperGlobal communication or developing the new Esperanto in orbit, 400 km above the Earth

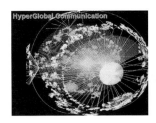

ut what we were all about. This is still true. Most people I know who enjoy flying
 United Airlines admit that, like myself, they like being able to listen to the air
rol traffic in flight. It is pleasant as well as interesting to put sound to the images
e landscape as one passes over the world, and to indulge interpretation of
clipped codelike language of the pilots. [Sometimes, this pastime can reveal less
sant or more timely information, as it no doubt did to some passengers on
ted Flight 11, a little over a year ago.] Many people on long road trips still enjoy
ing into the audio landscape of CB radios, and sometimes, a ham radio operator
 lucky and finds himself chatting with an Astronaut on orbit, as happened by
rise a few times during the Shuttle-Mir missions in the late 90s.

s jump back a few years into the late 50s and the launching of Sputnik: a crushing
at for ordinary Americans who had expected to beat the Soviets into space –
one made much more real by the fact that the little object could be heard the
ld over.

io operators' magazines had passed on a notice in the months before October,
7 from the Russian magazine, Radio, giving a clear description of the reception to
xpected from a spinning, fast-moving object in space along with the frequencies
receiving signals from future satellites (20 and 40 megacycles).
    In July, Radio ran another public notice, asking all ham operators who received
llite transmissions to send copies of their data to the address ›Moskva – Sputnik‹.

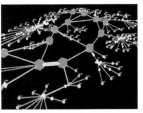

other idea Sputnik destroyed was that of sovereign territory. From its very first
it, the satellite's trajectory was challenged by no one, even when it flew right
r Washington DC. And so an unspoken treaty was signed that day: a nation may
nd its coastal waters and its airspace to 200 miles, but everything above the
osphere is in global territory, above any national sovereignty. This was interna-
al communication at an archetypal level, the dangerous but monumental
aphore of the Cold War, but it would lead to another kind of revolution: the new
itecture of global communication. (illustration 4)

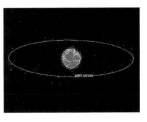

1
2
3
4

1964, the science fiction writer Arthur C. Clarke was extolling the potential of
munications satellites in the press as »a bullish future for Comsats«. These space-
t, he wrote, could serve as a »Bridge between continents… an orbital post
ce … one day there will be direct facsimile links between all major towns, so that
ct copies of letters can be delivered to almost any region on earth only minutes
r the letters are posted; the orbital newspaper:… perhaps a generation from now,
n a man wishes to read his daily paper he will dial some designated numbers
n among thousands of available television channels and see the paper screened
ore him… Global conference facilities –…it will be a simple matter to hold a
-scale conference with all the participants in their home countries – perhaps even
heir own homes. Global television – this is the most glamorous, though not
essarily the most important possibility opened up by comsats.«[2]

he same text Clarke notes: »There is, of course, a reverse side of this appealing
ure. Many people will be appalled at the prospect of living in a world where

escape from one's fellow men becomes difficult – when we may be called, at any hour of the day or night, by anyone, even on the other side of the earth. Of course, a person could turn off his transceiver – but that might mean missing an important call.«[3] (illustration 5)

Global communication: the globe, talking

A lonely blue planet, all abuzz, talking to itself

HyperGlobal communication takes that exchange activity to the next level. It is the communication between the Earth and the beyond. It is when the activity jumps to this level, that the Earth for the first time really attains a unified identity as a planet of humans, reaching out into space and back again.

The Cosmonaut Alexei Leonov is said to have reported on return from one of his early Vostok flights, »I looked down and saw the beautiful earth, no countries. Just my home; just planet.«[4]

Apollo 8: On Christmas Eve 1968, Frank Borman and his crew broadcast to the Earth over the new Intelsat III: »We are now approaching the lunar sunrise, and for all the people back there on Earth, the crew of Apollo 8 has a message we would like to send to you« and they read the first chapter of Genesis, the creation of the Earth. Christmas Day, Jim Lovell: »The earth from here is a great oasis in the vastness of space. «[5]

The late morning edition of the Houston Post from December 25, 1968 read:

»…praise for America's Apollo 8 astronauts and hopes for international cooperation in space exploration with the world-wide Christmas Eve messages as the tiny space-ship orbited the moon. Even in the Communist world, there was enthusiasm for man's first voyage to the moon…

In Cuba, Radio Havana rebroadcast the Voice of America program to tell its listeners of the Apollo 8 speech. Voice officials said it was the first time that any of the US agency's programs had been carried by Havana radio. Czechoslovakia saw the moon flight through extensive television coverage; and in Budapest, Hungary, people talk of little else on the trains and buses…«[6]

The Dish: On July 20, 1969, the only way for live TV signals to reach the US at the scheduled time of Armstrong and Aldrin's first lunar EVA was for them to be collected by an isolated radio dish at the Parkes Observatory in Australia, beamed from there to NASA's Goldstone facility in California and then up to the Intelsats for distribution around the planet. As Neil Armstrong prepared for his descent to the surface, a freak windstorm picked up, buffeting the dish with 35 mph gales… but the structure held, and the precious signals were collected.

HyperGlobal communication

Apollo 11 – at that same time it was night in Hungary as my parents and I crowded into the TV lounge of a small hotel in Szeged to watch the moon landing. It was

3
ibid., p.100
4
I heard this from another Cosmo[...] in early 1998 but have been unab[...] verify the attribution.
5
NASA SP-2000-4602, The Missio[...] Transcript Collection (NASA His[...] Office, Washington, DC 2000); AS-8-tec, Tape 59
6
ibid., Tape 64

adcast, live and unedited, but with a voiceover in Russian and Magyar every few
utes, saying something which made all the assembled townspeople turn to us
smile awkwardly. What were they saying? Finally my father, a history professor
terrible, booklearned German, managed to discuss this with the hotel manager,
we were told that the voiceovers said: »This is a movie made in Hollywood;
Americans have not landed on the moon!«

Everyone in that room listened when they could to the BBC or Radio Free
ope, and they knew that this message was ordinary disinformation. Which was
mal for them, but with Americans there to witness it, the context changed and
denly it became embarrassing. Global communication.

In Kaliningrad (now known as Korolev), the flight controllers in the Soviet
sion Control Center – known as the TsUP – watched Armstrong and Aldrin along
the rest of us, and they cheered.

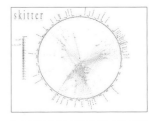

sion Control: console ops, voice loops; the quiet figures wearing headsets, seated
heir consoles in the dim light of the control rooms, are listening to 8 or more
arate voice loops at the same time. Critical loops include air-to-ground (Shuttle)
/or space-to-ground (Alpha) loops, the flight director, flight engineer and flight
rations loops. On top of these each desk must monitor all systems or science
ps related to their own specialty, and be in communication with a team in a back
m which is there for their support in case of any eventuality. (illustration 6)

While there are always periods of time during which no talk is heard at all, an
rage shift will include at least two or three hour-long bursts during which they are
ng to understand a situation while another, unrelated situation is also being
otiated on line… all in all, about ten to twenty people talking rapidly over one
ther and at the same time trying to understand what they are hearing.

man factors: we have four times as much ability to ›listen‹ as to ›look‹ – i.e. we
track four aural conversations very well but only one written one. The two main
llenges in dealing with multiple voice loops are: how to prioritize conversations,
how to keep notes on what is happening for future reference.

e product under development is an optimized logbook system; many options are
ng tried. ISS Alpha mission support places new requirements on MCC because
monitoring is fulltime and long-term, and more memory may be required to track
activities and systems.

other protocol of interest is the absolute restriction on all communication while
crew is talking; if ›space to ground‹ is ›hot‹, everyone stops whatever they
re saying and waits for the crew to finish. This is especially important as the crew
s not always have a satellite available to enable their communications with
ground, and often a comment or question will have waited some time for the next
mm. pass‹ to be sent down. The one constant visual focus in Mission Control
he orbital map on the wall, which shows the actual location of the spacecraft over
Earth along with the broadcast shadows of the available satellites: in essence,
spacecraft swings in and out of communication range several times in every
minute orbit of the Earth. (illustration 7)

In fact, the ability to communicate is even more complicated than that, since specific bandwidths, antennae and programs must all be in working order for voice as well as video or internet communication. Because of this, the bottom of every mission timeline is a patchwork of ›comm. passes‹ which are visually condensed into the real-time tracking of the spacecraft over the areas of satellite coverage as Alpha hurtles around the Earth. The paper timelines show smaller segments of comm. like DNA traces in some spots…or a foreshortened barcode. (illustration 8)

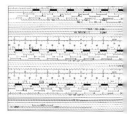

Most experiments are scheduled in accordance with these windows of avail-ability and their own requirements – often an experiment will require a visual check from the investigator on the ground, or a command signal from the ground, or downloaded data at critical junctures. Any other task must also be arranged around the availability of communication, especially if procedures must be checked. In other words, availability of communication drives the science, the repairs, even the schedule for crew wake and sleep.

7
8

Monitoring NASA TV at home during a mission: The relationship between the flight crew and Mission Control is an interesting one, particularly if one is observing vicariously. Often, when a mission is up I will leave my television on NASA TV, so that I can watch special activities and also as an active backdrop to life on the ground. One morning early this summer, for example, at 5:30 am I was just beginning to make my coffee when the Lynyrd Scynyrd song ›American Woman‹ went blasting through my house. Of course my first reaction was to panic until I heard the CAPCOM say, »that one's for Peggy from all the folks down here who still think you're the bomb!« Yes, it was the crew's wakeup call, live from mission control to orbit and back down via the White Sands receiving station, to my living room… just another beginning for another day.

Space human factors

People living in microgravity are fundamentally subject to partial sensory depriva-tion, along with all the physical, emotional and psychological strains, which have been shown to result from this condition. Among the many things affected by this condi-tion is the ability of the crew to communicate.

Because of the amount of machinery required to sustain navigation and scientific experiments as well as maintain an ambient environment that supports life, the acou-stic environment aboard a spacecraft can be very loud: 70-80dB was measured regu-larly in the base block of Mir, where the crew ate, exercised, commanded the Station and slept.

In such a loud environment it is virtually impossible to have ›normal‹ group communications; it is often difficult to speak to someone whom you can see, especially if they are more than a meter away. Nobody who is out of visual range is likely to hear a word.

This is not only strenuous, it is also potentially dangerous – as evidenced by some public reports of the events which lead to the Mir accident in July 1997. In that case, a robotic resupply module collided with the station after the Commander Valeriy Tsibiliev tried to steer it in for a docking maneuver without a direct visual

rence.[7] The camera on the module, which was supposed to provide him with
geting information kept blacking out, and because there was no window in the
trol area, Tsibiliev had to rely on a fellow crewman to shout status reports to him
n another module. Although the timing was far too tight for comfort between
ting and contact, Tsibiliev's remarks in a later interview suggest that the commu-
tion delay could have been a decisive factor in the accident.[8]

t only is person-to-person talk difficult in a spacecraft, but worse yet: thanks to
neutral posture that the human body takes when floating in a gravity-free
ironment, all normal body language is basically illegible. Add to these problems
fact that one cannot smell much and the light levels are typically very low, and
have a really very low-sensory, isolating situation in which the astronauts must
k and live.

new Esperanto

we develop the International Space Station Alpha in concert with International
tners Russia, Italy, ESA, Japan, Canada and Brazil, the need for good ways
communicating in a crosscultural environment is growing. Out of it, hopefully,
also come a new and greater kind of mutual understanding and perhaps some
v tools for the rest of us.

ernationalization: On April 12 of this year, the 41st anniversary of Yuri Gagarin's
t orbital flight, the fourth crew of International Space Station Alpha held a
ebratory space-to-ground teleconference with Russian President Vladimir Putin.
ring this transmission, Astronaut Carl Weiss told the Russian leader, »We have
own language here on the Station, using a mixture of NASA acronyms and
ssian and English words…«[9]

act, the language being developed aboard Alpha and in the training programs
Houston and Star City is a starkly foreshortened one. Based on the clipped jargon
pilots accustomed to rapid decisions and poor transmission, this speech is both
mal and curt at the same time, with very limited capacity for expression, descrip-
n or metaphor. It is a language developed in the cockpits of MiGs and Hornets,
table for travel near or above the speed of sound, and very useful in such circum-
nces; but it is not a language for communicating all the fundamental aspects of
ly life. Combined with the impressive list of acronyms which have become words
NASA, this ›Alpha-speak‹ reduces emotion to a kind of code, a few syllables
hout sentiment. While it has been useful in many different kinds of mission, it will
y likely begin to change as its user-population spends longer periods in space.

least, that is the assumption; and it is necessary if the crew are not to begin
periencing significant psychological setbacks, because it is a demonstrable fact that
ought is channeled along the pathways of expression. In other words, if the ability
communicate certain kinds of thoughts or experiences is curtailed, the participants
l eventually begin to experience those inexpressible events less and less, and
rhaps lose them altogether.

7
Transcript of interview with Mir 23
crew, July 30, 1997: Florida Today
http://www.floridatoday.com/space/
explore/stories/1997b/m23scpt.htm
8
Burrough, Bryan, *Dragonfly* (1998:
Harper Collins, New York)
pp. 368–375.
9
Public statement as transcribed live
from NASA TV, April 12, 2002.

My own experience with this phenomenon came toward the end of my second year in Japan, where despite all my efforts I had managed to learn almost no Japanese. Granted, I had a very limited vocabulary just barely suitable for survival; but by no means for even the most rudimentary conversation. Nevertheless, I found myself mentally shifting to Japanese during periods on a train or in the office… and since I had very little ability to express anything in Japanese, my thoughts followed almost terrifyingly primitive lines… »Hm. Maybe very interesting.« »Ah, blue one is bad.« etc.

Thus, it is arguable that the dominant ›language‹ in a given environment becomes the main arbiter of experience, whether by design or by default.

One convention noted by NASA staff while interviewing astronauts who had spent time aboard Mir was the unofficial protocol of the handover period.

As every new crew arrives at a space station, they spend about 48 hours together with the previous crew and are trained on any last-minute items which they might not have learned prior to launch. After 10 years or more on orbit, however, Mir was no longer in a condition that much resembled what the cosmonauts were training for on the ground. Many things had evolved over time to suit actual uses or to prevent mistakes which might easily have been made with the original designs, and the handover periods became a vital cram-session during which the new crew had to relearn a great deal about the station, including the real use of several buttons which had been mislabeled a decade ago when the module was built. (illustration 9)

Cross-cultural issues: signage! ideograms!! color!!!

Assuming that this tendency will continue, how can space hardware be packaged and designated so that its use is intuitive, readily communicated without extra training? NASA has had limited opportunities to address signage as an issue, but some protocols are currently under development for visual (nonverbal) labeling which may set precedents for the future. One example of this is the ISS Multi-Egress Placard, designed to illustrate the path to each of the visiting vehicles docked to Alpha, from every module.

»Disorientation in space is also a significant problem that has been experimentally and operationally documented. [10] The etiology of this disorientation most likely results from input error due to neurovestibular disturbance and perceptual illusions, causing errors in processing the information. These problems may leave a crewmember temporarily unaware of his/her orientation, which could potentially result in confusion as to which direction to travel. The crew therefore essentially faces two problems in determining their escape route:
– Orientating themselves in the correct plane within the station, particularly where visual cues have been degraded.
– Determining which direction to go to the correct escape vehicle.

Psychological concerns – the isolation of space can lead to sleep disturbance, headaches, irritability, anxiety, depression, boredom, restlessness, anger, homesickness and

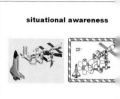

situational awareness

9
10

liness. Additionally sensory overload may occur through the excitement and
ueness of the environment, the volume of work, and the disruption of circadian
es. These factors together may result in delayed response and low performance
nergency situations.« [11]

other important lesson was taken from Mir, in noting and adapting the arrows
ch generations of crew had taped into the Node to help mark the ›way out‹ in the
nt of an emergency or disorientation. The JSC Flight Crew Support Division
eloped the following criteria for the Multi-Egress Placards:

placards should
asily perceivable, even in low light
asily differentiated from other indicators on ISS
itively indicate egress path
st with crew orientation
cate egress path unambiguously
no power
k regardless of the ISS lighting and power situation
econfigurable to indicate changes in escape vehicle complement and location
ightweight and compact for launch
e minimal impact on crew time and resources.

se considerations led to the development of a concept based on vehicle symbols
arrows indicating direction of travel. [12]

asks at every level, the evolving needs of long-duration spaceflight are challen-
, the aerospace culture to grow in awareness of design professions, especially in
fields of usability and communication … different aspects of cognition and
ct … (illustration 10)

ent experiences aboard the International Space Station have shown that the
hods traditionally used by US and Russian ground teams to describe operations
experiments or maintenance are difficult to use for all crewmembers and
n impossible for nonnative speakers. This means that unnecessary time is spent
ng to decipher a procedure, which may be relatively easy, and sometimes twice
many crew are necessary. If, for example, a Russian is expected to perform a task
ten in English in complicated terms, often the only way to do it properly is
them to ask an American to help. [13] Since recent estimates suggest the value of
Astronaut's time on orbit to be about $ 40,000 an hour, it is becoming clear
improved communication – global communication – may be something on which
need to work a little harder.
ause it is now fairly clearly understood that pictorial symbols such as icons or
ograms are much more rapidly processed than written information in any
guage [14] one task which my office is trying to develop is the creation of a dictio-
y of symbology for the International Space Station, which could be designed
tested in the world's first truly global laboratory, and serve as a basic grammar
future space programs. (illustration 11)

10
Young LR, Oman CM, et al (1993),
*Spatial orientation and posture during
and following weightlessness:
human experiments on Spacelab Life
Sciences 1.*
J Vestib Res. 1993 Fall; 3(3): 231–9
11
Palinkas LA, Gunderson EK, Johnson
JC, Holland AW (2000), *Behavior
and performance on long-duration
spaceflights: evidence from analogue
environments,* Aviat Space Environ
Med 2000 Sep; 71(9 Suppl): A 29–36
12
Novak, Jennifer, Kieran Smart et al.,
*ISS Emergency Egress – A System
for Crewmember Pathway Indication*
01ICES-315 (© 2001) Society of
Automotive Engineers, Inc.
13
Operational Habitability Team (SF3),
*Operational Habitability Evaluation:
Procedures Issues on ISS.*
OHEV_02_003, July 2002; NASA
Johnson Space Center, Houston, Texas
USA.
14
Much literature on this topic,
see especially *Dhamija and Perrig's
"Project Déjà vu"* (University of
California at Berkeley):
http://zdnet.com.com/
2100-11-525841.html?legacy=zdnn

The issue of communication – specifically, the cognitive eloquence of items and operations which do not require training but can be intuitively understood – is also important for those planning for long-duration extra-orbital missions, such as a return to the Moon or the first human exploration of Mars.

The Martian time-slip

While there are no current plans for a human mission to Mars, I have heard various NASA officials estimate that we could be capable of sending a crew for a return mission within 10 to 20 years. Of course, in any such grand projects there are bound to be delays due to funding, politics and science ... and these estimates depend on the space program receiving regular funding for that purpose.

Nonetheless, I believe that in my daughter's lifetime (at the latest) we humans will find that we are a two-planet race. In considering this possibility, we are forced to imagine rolling back many important steps in our communications revolution, and relearning both patience and autonomy.

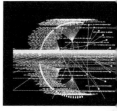

What was it like to travel to the New World in the sixteenth century? Even the Antarctic winter explorers of today are not so isolated as was anyone on a different continent just a few centuries ago. But even with the best of technologies, the laws of physics will limit communications between Mars and Earth in some interesting ways. (illustration 12) Transit periods of ~180 days harbor issues similar to those common to orbital spaceflight, with the additional loss of any locational or circadian cues since the spacecraft is no longer experiencing regular day-night cycles but is instead traveling away from the Earth toward Mars. (illustration 13)

11
12
13

TransHab – a prototype inflatable spacecraft developed specifically for the crew transit between Earth and Mars – involved many levels of investigation in design; one was a study conducted at the Yale School of Architecture concerning the ›language of Earth‹ or, how the art of patternmaking might communicate to a weightless crew a reinforcing sense of up and down, of time and place. This study focussed on designing patterns in which the inner cloth lining of the inflatable shell could be woven, thus adding ornament without altering the total weight or complexity of the vehicle.

Exploration missions also suggest the development of a staggered relationship between the ground crew/MCC and the flight crew. For example, the Martian day is 24 hours and 39 minutes long. This is very close to Earth's and a good thing for the flight crew, but the small difference will have significant implications on the people whose lives will revolve around staying in contact with them from Earth. Figure an extra 39 minutes per day, there is approximately 6 weeks rotation between ground controllers and the explorers. This either challenges the ground crew to shift cycles, or requires new tools to represent ›memory‹ in tracking issues.

Delay: During the 425 days the crew would stay on the surface of Mars, there will be a delay of 10 to 18 minutes in one-way transmissions between planets, depending

ow far apart they are on their respective orbits. And to top it all off, there is the
matic ›black-out‹ period. During the middle of every mission there will be a
od of about 10 days when the two planets are on opposite sides of the Sun from
another, and communication between Earth and the Mars team will be blocked
pletely.

erGlobal communication: from planet to planet across the solar system

onomy: crew must learn to loosen the tie to Earth, make their own decisions.
th must learn to loosen its tie to the crew! – This is very difficult for the aerospace
ure, for ›Mission Control‹ to relinquish control and allow the crew to do their
Why send humans? Because a robot can answer a question, but only a human can
stion the answers. Only a human crew can respond flexibly to changes in data,
theories, real-time facts… These roles are already established – the Astronaut as
lorer, the ground team as a supportive resource – but their relationship with
ent practice will require development and will greatly affect the requirements
the methods for C&C – Command and Control.

technologies for communication have evolved rapidly, and with them our sense
asonable distance: the history of frontiers suggests that we tend to reach as far as
an comfortably ›speak‹, and a little bit beyond. Just last month little Voyager 1,
ched in 1977, celebrated its 25th birthday as the most distant human object in the
erse: it is beyond the solar system and some 85 Astronomical Units away – that
early 8 trillion miles, and heading out into what is known as interstellar space. The
ager team at the Jet Propulsion Laboratory still receives signals from the space-
t almost every day, although at the current distance, it takes over 12 hours for one
s signals to reach the Earth. [15]

part of Voyager's development, a team of scientists and anthropologists gathered
Carl Sagan worked to develop the Golden Record, a 30 cm phonograph record
ose golden cover carries symbols to designate the location of Earth, the function
he record, how to play it and at what speed – 16.667 revolutions per minute…
hat any spacefaring species sophisticated enough to find it might be able to hear
greetings recorded on it in 55 Earth languages (starting with Sumerian) and see
ie images of Earth.

t step: HyperStellar Communication, speaking with those beyond our star. It
only be done as a global effort, in true collaboration as a planet. Let's hope we
re out how to make it that far. Maybe we can start here.

15
NASA News Release 02–156, August
16, 2002

All illustrations © courtesy of NASA

Dedication
Some of the data that inspired this
essay was drawn from the planning
and crew training of the STS-107
science mission of the space shuttle
Columbia, which was tragically lost
during reentry on the morning of
February 1, 2003 after sixteen days of
remarkable scientific achievements.
This author would like to dedicate
these pages to Columbia's crew of
gentle heroes, and to the pioneering
spacecraft that, on her 28th mission,
resisted a catastrophic failure long
enough to return her crew to the green
hills of Texas. You rode the fingertips
of humanity's reach into the future,
and your dedication and achievements
have already changed the way we
understand our world.

Der Titel des Vortrags darf in zweierlei Hinsicht verstanden werden: Einmal ist u
Produkt ›Fahrzeug‹ Form, mehr noch ein ›Zeichen‹ in Bewegung, zum anderen
aber unterliegen Form und Zeichen beim Automobil einem ständigen Wandel, sin
in gestalterischer Bewegung. Und das natürlich unter dem Einfluß globaler Mark
bedingungen.

Für unser Haus als Automobilhersteller, der seit jeher mit seinen Produkten w
weit präsent ist und der diese Präsenz ebenso in Deutschland wie in den anderen T
len der Welt Stück für Stück konsequent ausgebaut hat, ist Globalisierung ein
völlig selbstverständliches Wort, das keineswegs mit negativen Emotionen besetzt

Wo heute das Wort Globalisierung auftaucht – und das ist ein ganz entscheid
der Punkt –, werden meist im selben Atemzug auch Worte genannt wie ›Eingehen
auf regionale Ausprägungen‹ oder ›back to the roots‹, also ›stärkere Betonung de
eigenen Landestraditionen‹. Es ist ein Gedanke, der überall kursiert, nicht nur in
Industrie. Globalisierung bedeutet heute für die Global Player zwar weltweites
Agieren, weltweite Präsenz, Nutzen von Synergien und von Stückzahleffekten. Si
muß jedoch keineswegs weltweite Gleichmacherei oder Anonymität von Produkt
bedeuten.

Längst haben sich die Herausforderungen dahingehend verlagert, beiden
Aspekten gerecht zu werden: durch intelligente Lösungen die profitablen und son
konkurrenzfähigen Stückzahlen mit Identität und individueller Ausprägung der P
dukte zu verbinden. Denn mit gesichtslosen Produkten, die letztendlich nirgendw
auf der Welt wirklich verstanden werden, ist der Markt mehr als gesättigt.

Einer der Hauptbrennpunkte ist bei dieser Herausforderung mit Sicherheit das
Design.

Während die Gebrauchsfunktionen vieler Industrieprodukte vom Kunden schlich
weg als Voraussetzung angesehen werden und in vielen Fällen aufgrund eines seh
hohen Erfüllungsgrades auch nicht mehr sehr differenziert wahrgenommen und v
glichen werden können, ist es das Design, das den Produkten ein Gesicht verleiht.
Die optische, haptische und nicht zuletzt auch akustische Wahrnehmung ist weltw
sehr direkt und von jedem erfaßbar, unabhängig von Bildung beziehungsweise ko
kretem Fachwissen oder vom Kulturkreis. Diese Signale kommen überall an, auch
wenn die Reaktionen durchaus unterschiedlich sein mögen. Ein zentral gesteuert
Überfahren regionaler Kulturkreise ist mitnichten das, was wir unter Globalisieru
verstehen, und ist es in dieser Intention auch nie gewesen. Allenfalls hat man die
Bedeutung regionaler Ausprägungen früher noch nicht ausreichend erkannt.

Die Gesetze des Marktes – und nach diesen müssen wir letztendlich handeln – sin
nach unserer Erfahrung auf einen einfachen Nenner zu bringen: Begehrte, exklus
Luxusartikel von hohem Prestigewert können in aller Regel weltweit in gleicher
Form und Ausführung verkauft werden. Bestimmungsgemäß werden damit jedoc
sehr geringe Stückzahlen erreicht. Je höher die Stückzahlen und somit die Markta
teile werden sollen, desto spezifischer müssen regionale Bedürfnisse berücksichti
werden.

Wichtig ist auch die Frage der Bedeutung des Produkts für den Benutzer:
Die alltäglichen Gebrauchsaspekte müssen in jedem Fall erfüllt werden. Doch die

Jörn Petersen
Form und Zeichen in Bewegung. Fahrzeuge für den globalen Markt

Aufgabe des Produkts kann hierüber weit hinausgehen. Wie beim Automobil: Trotz der vielfältigen Funktionalitäten geht es bei weitem nicht nur darum, von A nach B zu kommen, sondern es geht um Selbstdarstellung, um Image, um Status.

Hierbei müssen die Produkte vor allem emotional ansprechen. Die Auffassungen von einer geeigneten Selbstdarstellung sowie Empfindungen und Emotionen generell können aber weltweit sehr unterschiedlich sein. Daher bauen wir keine ›Weltautos‹. Ein Auto in Großserien-Stückzahl weltweit in gleicher Ausführung zu verkaufen, würde nicht funktionieren.

Wie erreichen wir es, jedem Kunden weltweit jeweils das optimale, auf ihn maßgeschneiderte Produkt anzubieten?

Hierzu möchte ich den Blick auf den Gesamtkonzern DaimlerChrysler lenken, der in den letzten Jahren im Hinblick auf eine weltweite optimale Marktpräsenz völlig neu konfiguriert wurde. Schwerpunktmäßig wurde in der Öffentlichkeit die Fusion zwischen der Daimler-Benz AG und der Chrysler Corp. bekannt. Weniger bekannt ist vielleicht, daß jeder der Fusionspartner mehrere Automobil- beziehungsweise Nutzfahrzeugmarken in den Konzern einbrachte und daß darüber hinaus weitere, zum Teil mehrheitliche Beteiligungen bei anderen Automobilkonzernen aufgebaut wurden.

Ich möchte nur auf einzelne Punkte hinweisen, die erkennen lassen, daß hinter dieser Konzern-Neustrukturierung eine beispielhafte globale Strategie steckt. So verfügt der Konzern über mehrere bekannte Marken, die den sehr bedeutenden amerikanischen Markt sehr spezifisch bedienen können: allen voran Chrysler, Jeep und Dodge.

Beteiligungen im asiatischen Raum bei Mitsubishi und Hyundai eröffnen dem Konzern einen direkten Einstieg in den fernöstlichen Teil der Welt – auch hier wiederum mit spezifisch auf Asien zugeschnittenen Marken.

In Europa haben wir die relativ neue, jugendlich-agile Marke Smart etabliert, der mit ihren unkonventionellen Fahrzeugkonzepten längst der Durchbruch auf dem Markt gelungen ist und – was für uns eine wesentliche Rolle spielt – die trotz der enormen internationalen Produktvielfalt in diesem Marktsegment ein eindeutiges, klares Markenbild aufbauen konnte. Smart ist Produkt und Programm zugleich.

Mercedes-Benz und die in diesen Tagen wieder auf dem Markt erscheinende Marke Maybach schließlich sind zwei besondere Highlights des Konzerns und auch diejenigen mit der längsten Tradition. Bei diesem kurzen Blick auf das Markenportfolio des DaimlerChrysler-Konzerns wird deutlich, daß die weltweite Produktstrategie bereits auf Konzernebene erfolgen kann.

Betrachten wir die Marke ›Mercedes-Benz‹: Unser Fahrzeug-Portfolio wurde gegenüber den 80er Jahren ungefähr verdreifacht, unsere Jahresproduktion von einer knappen halben auf eine Million Fahrzeuge pro Jahr mehr als verdoppelt. Gegenüber den 50er Jahren wurden unsere Stückzahlen sogar ungefähr verzehnfacht, und spätestens bei diesem Vergleich wird klar, daß eine solch erfolgreiche Expansion nicht ohne genaue Analysen der verschiedensten Regionen der Welt erfolgen kann. Unsere Produktoffensive ermöglichte uns durch das sehr viel differenziertere

Eingehen auf zahlreiche Nischen, sozusagen Maßanzüge für alle Kundenkreise zu schneidern. In der Berücksichtigung dieser individuellen Bedürfnisse liegt zu einem guten Teil unser globaler Erfolg begründet – lassen Sie mich daher aufzeigen, wie wir diese Herausforderung angehen.

Hierzu zunächst ein Blick in unseren Design-Bereich und in unsere Arbeitsweise. Über 500 Mitarbeiterinnen und Mitarbeiter sind in unserem Designbereich mit der Entwicklung des Mercedes-Benz- und Maybach-Fahrzeugdesigns beschäftigt, 120 Entwurfsdesigner, aber auch zahlreiche Design-Modelleure, CAD-Spezialisten und Ingenieure. Der überwiegende Teil davon arbeitet seit 1998 in unserem neuen Designgebäude in Sindelfingen, das der italienische Architekt Renzo Piano entworfen hat und das durch seine großzügige, transparente Bauweise eine ideale Arbeitsatmosphäre bietet.

Interessant im Hinblick auf die Globalisierung ist dabei zweierlei: zum einen die personelle Zusammensetzung dieses vermeintlich schwäbischen Teams: 19 Nationen sind hier vertreten. Besonders während der sehr freien ersten Ideenphase, in der Tausende von Ideen skizziert und weiterentwickelt werden, aber auch in den späteren Prozeßabschnitten, hat dabei jeder Entwurfsdesigner, Modelleur oder auch Konzept-Ingenieur großzügige Möglichkeiten, seinen eigenen kulturellen und persönlichen Background zur vollen Entfaltung zu bringen und so in den Gesamtprozeß – direkt oder indirekt – einfließen zu lassen. Der Suche nach Inspirationsquellen sind dabei keine Grenzen gesetzt.

Menschen aus aller Welt lassen also Einflüsse aus aller Welt in die Produktpalette mit einfließen. Doch mit dieser Voraussetzung allein ist es freilich nicht getan – auf die professionelle Anwendung dieser Ressourcen kommt es an, und hier kommen wir zum zweiten globalen Aspekt unseres Designentwicklungsprozesses: Konkrete Analysen in den wichtigsten Märkten sind unerläßlich. Dabei steht uns DaimlerChrysler-Marktforschungsabteilung für die direkte, enge Zusammenarbeit zur Verfügung, und auch im Designbereich selbst haben wir eigene Standbeine ähnlicher Art: In Deutschland, Italien, Japan und in den USA haben wir jeweils ein Advanced Design Studio angesiedelt mit der Zielsetzung, alle Signale dieser für uns wichtigen Märkte aufzunehmen, zu interpretieren und kreativ umzusetzen. Wir verfügen also über eine professionelle Sensorik, die es uns erlaubt, unsere Produkte sehr exakt zu positionieren.

Im Zuge unserer expansiven Firmenpolitik, die zu einer großangelegten Produktoffensive geführt hat, sind wir stark auf die Bedürfnisse der Hauptmärkte eingegangen, ohne jedoch spezifische Fahrzeuge für nur einzelne Märkte zu entwickeln. Bei der Berücksichtigung der Länderspezifika geht es keineswegs nur um Kundenwünsche, sondern maßgeblich auch um gesetzliche Anforderungen, die ganze Kataloge füllen und die weltweit stark unterschiedlich sein können. Früher waren wir aus diesem Grund gezwungen, beispielsweise den amerikanischen Fahrzeugen stark veränderte Scheinwerfer, Stoßstangen und andere Details mitzugeben, um die dortigen Anforderungen erfüllen zu können. Aufgrund der technischen Weiterentwicklung gelingt uns dies heute im wesentlichen mit identischen Komponenten, die alle weltweiten Anforderungen erfüllen.

Form und Zeichen in Bewegung. Fahrzeuge für den globalen Markt

174 / 175

Nun aber zurück zu den internationalen Kundenwünschen: Mercedes-Benz bietet seit jeher ein außergewöhnlich breites Spektrum an Sonderausstattungen an, die ein Eingehen auf sehr spezifische Anforderungen erlauben. Sie werden von den jeweiligen Landesvertrieben zu bisweilen sehr unterschiedlichen länderspezifischen Ausstattungspaketen kombiniert.

Von großer Bedeutung im Hinblick auf die Globalisierung ist auch hier das Thema ›Individualisierung‹. Zunächst wird die optische Individualisierung betrachtet. Ein komplettes, konsequent durchstrukturiertes Individualisierungsprogramm erlaubt ein sehr direktes Eingehen auf unterschiedlichste Wünsche des einzelnen Kunden wie auch auf nationale Präferenzen. Den Mercedes von der Stange gibt es nicht. Nur einige wenige der über 300.000 E-Klassen, die pro Jahr in Sindelfingen vom Band rollen, sind identisch. Dennoch besteht die Kunst darin, bei aller Vielfalt und Individualität der Marke klare Konturen zu geben, ein scharfes Markenbild zu prägen, das sich klar von den anderen Marken differenziert. Mercedes-Benz hat daher über viele Jahre hindurch eine eigene Designphilosophie entwickelt und stets auf lebendige und aktuelle Weise gepflegt.

Einige markante Design-Elemente wie beispielsweise der bekannte Limousinen-Kühler von Mercedes-Benz oder sein Pendant, der SL-Kühler, aber auch die Formensprache insgesamt wurden stets weiterentwickelt. (Abb.1) Dabei standen zwei Aspekte im Vordergrund: zum einen die sogenannte ›Vertikale Homogenität‹, also die logische Weiterentwicklung eines Modells zu seinem Nachfolgemodell – dies gilt übrigens gleichermaßen für Exterieur- wie für Interieur-Design; zum anderen schufen wir eine ›Horizontale Homogenität‹, also das homogene Erscheinungsbild aller gleichzeitig auf dem Markt befindlichen Modelle der Mercedes-Familie. In den 90er Jahren waren es im wesentlichen Limousinenbaureihen. Alle diese Maßnahmen bewirkten, daß ein Mercedes sofort als Mercedes erkennbar war, und dies weltweit!

Im Zuge der 1995 eingeleiteten Produktoffensive ist unser Portfolio extrem gewachsen. Wir verfügen über zahlreiche Modelle, die bereits in ihrer Grundproportion und Grundaussage so verschieden sind, daß es aus unserer Sicht keinen Sinn machen würde, allzu diktatorisch gleiche Design-Elemente auf alle Fahrzeuge zu übertragen. Statt dessen verliehen wir jeder Baureihe eine eigenständige Gestaltung, die dem Grundcharakter des jeweiligen Fahrzeugs gerecht wird und diesen zum Ausdruck bringt, jedoch eindeutig ohne die Mercedes-Linie zu verlassen.

Es herrscht also ein Gleichgewicht zwischen baureihenspezifischen Design-Elementen und baureihenübergreifenden Mercedes-Benz Design-Merkmalen. Jeder Mercedes ist somit als Mercedes erkennbar und gleichzeitig auch als eigenständiges Modell.

Auch im Interieur sind die Baureihen eigenständig, aber doch im übergreifenden Mercedes-Stil gehalten. Das MB-Interieur verfügt über typische charakteristische Merkmale: Die Symmetrien zwischen Fahrer- und Beifahrerbereich zum Beispiel.

Weiterer Aspekt ist die Harmonie von Exterieur und Interieur. Durch die gezielte formale Behandlung wesentlicher Formelemente wird ein einheitliches Bild erreicht. Das war nicht immer so. Die interaktive Kommunikation zwischen Fahrer und Instrumenten änderte sich im Laufe der Jahre erheblich; sie war aber in bezug zur Zeit verständlich.

Entwicklung Armaturen

Bedienkonzept

F 200 Showcar

Aussichten

Bei unserem ersten Fahrzeug war die Anzahl der Bedienelemente noch recht überschaubar: Lenkrad, Hupe, Handbremse, Motorregelung. (Abb. 2) 1902 dokumentierte sich das Fahrzeug-Interieur hinsichtlich Materialeinsatz und Konstruktionsweise wie andere zeitgemäße Steuerelemente, zum Beispiel bei Schiffen und Dampfmaschinen. In einem Mercedes SS von 1927 findet man Ansammlungen von Anzeige-Instrumenten und Schaltern in der Mitte auf ein Brett montiert, dem Armaturenbrett. Aus den Ansammlungen wurde schon ein Jahr später geordnete Gestaltung. Die Instrumente wurden in einem Feld zusammengefaßt. Mit zunehm der Geschwindigkeit und der Notwendigkeit, den Blick immer mehr nach vorn zu richten, rückten die Instrumente hinter das Lenkrad.

Der technische Fortschritt in den 60er Jahren bringt immer neue Funktionen ins Fahrzeug mit den dazugehörenden Bedien- und Anzeige-Elementen wie zum Beispiel Radio und Klimaanlagen. Später halten Sicherheitsvorkehrungen E zug ins Cockpit wie Sicherheitsgurt und Airbag. Besonderer Wunsch unserer Kunden waren schon immer mehr und mehr Komfortfunktionen wie Sitzverstell und Sitzheizung.

Seit den 80er Jahren vollzog sich ein Wandel vom funktional-geprägten zum komfort-orientierten Fahrer-Arbeitsplatz. Der Wandel vom Fahrerplatz als Arbe platz, den man eher benutzt, zum Innenraum, den man erlebt, wird deutlich. Die Entwicklung des Interieurs zum Lebensraum, der den individuellen Ansprüc der weltweiten Kundschaft gerecht werden soll, wird Realität.

Heute sind wir gewohnt, ein äußerst komplexes System ›Auto‹ zu benutzen und z genießen. Zahlreiche Funktionen, die zum Fahren notwendig sind, die Sicherheit bieten und Komfort ermöglichen, müssen bedient werden. (Abb. 3) Die Gestaltu der Bedien- und Anzeigesysteme eines Fahrzeugs muß nach Prioritäten geordnet geschehen:

– Primärer Bereich: Fahr- und Sicherheitsfunktionen (zum Beispiel Tachometer, Kontroll-Leuchten etc.)
– Sekundärer Bereich: fahrunterstützende Funktionen (Navigation, Reiserechner e
– Tertiärer Bereich: Komfort- und Kommunikationsfunktionen

2
3
4
5

Alle Funktionen müssen leicht verständlich, möglichst intuitiv bedienbar, sicher erkennbar und zumindest schnell erlernbar sein. Darüber hinaus achten wir darau das Bedienkonzept und die Elemente Mercedes-typisch zu gestalten, so daß ein Mercedes-Fahrer sich in jeder Baureihe spontan zurecht findet. Dies muß für alle Kunden weltweit verständlich gestaltet werden und dabei auch die ästhetischen Ansprüche ans Interieur erfüllen. Einfache Bedienung vermittelt Sicherheit, und ist die unabdingbare Voraussetzung, um sich wohlzufühlen und entspannt fahren zu können.

Das Spektrum von entlastenden Systemen und Details ist groß: Automatisier Funktionen wie zum Beispiel ABS, ESP, Abstandsradar Distronic, Tempomat, Kli tisierung, Regensensor, automatische Lichtschaltung, Elektronische Bremse SBL Navigation, bis hin zu Tele Aid, Linguatronic (Sprachsteuerung) und Presafe, ein ganz neuartiges proaktives Insaßenschutzsystem, tun unauffällig ihre Arbeit.

Daneben gibt es eine Vielzahl von Funktionen, die durch möglichst eindeutig Symbolik zuverlässig bedienbar sind – Typografie, Strichstärken, Lichtfarben,

Form und Zeichen in Bewegung. Fahrzeuge für den globalen Markt

176 / 177

Tag-/Nachtdesign bleiben nicht dem Zufall überlassen. Text-/sprachrelevante Anzeigen sind jedoch auch hier unverzichtbar. Ländercodierungen in der Elektronik und die Sprachauswahl durch den Nutzer sind bei uns Stand der Technik.

In Zukunft wird der Anteil der Elektronik im Fahrzeug zunehmen. (Abb. 4) Weitere Funktionen werden entmechanisiert oder automatisiert und wirken sich dadurch auf die Gestaltung des Interieurs aus. Auch der Einzug von Medien wie Fernsehen, DVD, Internet, PC ins Fahrzeug wirken massiv auf die Interieurgestaltung. Unsere Prämisse dabei ist jedoch, die Aufmerksamkeit des Fahrers dadurch nicht zu beeinträchtigen. Schon mit unserer Studie F200, vorgestellt auf dem Autosalon Paris 1996, haben wir die ›drive by wire‹ Technologie, fahren mit Joystick, funktionierend gezeigt. Wann ein lenkradloses Fahrzeug vom Markt akzeptiert wird, ist jedoch offen. (Abb. 5)

1
Faßler, Manfred 1999: *Cyber-Moderne*,
Wien

Ihnen einen Text vorzulegen, der so tut, als hätte das Symposion ›Form und Zeiche
globale Kommunikation‹ keinen Einfluß auf seine jetzige Fassung, wäre nicht rich
Der nun publizierte Text ist anders als der vor der Tagung vorgelegte. Gründe sind
vielfältig. Sie zu erörtern ist weniger interessant, als der Hinweis darauf, daß ich m
durch die Debatten darin bestärkt fand, den Haupttitel beizubehalten, den Unter
›Medientechnologien auf dem Weg zur kulturellen Blindheit?‹ aber zu streichen.
Dies zu erläutern, scheint mir dann doch interessant.

Während der Tagung stellte ich mir die Frage, ob wir als Betrachterinnen und
Betrachter von Formen, Zeichen, Kommunikation sagen können, *wie weit wir*
uns Objekten nähern? Ob manche Formen ›uns näher sind‹ als andere? Ob es Kor
spondenzen zwischen Körper und Form, Kognition und Form gibt? Ob Form nur
Beobachtungsebene gelingt, weil sie bezeichenbar ist? Muß sie dann auch dauerh
sein, wenigstens für einen Vergleich? Würde das nicht bedeuten, daß Form
dann die aggressivste, weil ausschließlichste Zeitmaschine wäre? Ihr gegenüber
wären die Synchronisierungsleistungen industrieller, bürokratischer und kyberne
scher Modernen[1] kulturelles Randgeschehen? Form also doch topos uranicos?
Nein, nicht daß dies exklusiv vertreten wurde. Aber die Sehnsucht danach, nicht
ständig mit moving targets, transforming objects, boundary management oder fuz
logic zu tun zu haben, war ab und an zu Besuch.

Die gedanklichen und designtheoretischen Gründe für diese Sehnsucht, für d
Bedarf an Kontinuität, an Wiedererkennbarkeit als Entlastung von ständiger Neu
stimmung sind plausibel. Wer will das Konzept Rad ständig neu erfinden? Wer da
Konzept Stuhl? Oder das Konzept Kultur? Die Welt ist unser Modell von ihr, und
Formen geben Auskunft über diese vorformliche Modellierung, sollen sie zumind
Und gerade um diese ›Auskunft‹ ist's im Moment wieder schwierig geworden. Ich
vermute, daß dies nicht hauptsächlich daran liegt, daß es eine Formenvielfalt gibt,
die funktionalen Prinzipien wie zum Beispiel sitzen, körperlich orientieren und ei
betten, automobil sein zum Teil bis in's Unpraktische ausgestalten. Hier könnte m
auf die Floskeln zurück greifen: ›Design ist Design ist Design‹. Oder: ›Das Design
bestimmt das Bewußtsein‹, ohne den Realitätsgrad dieser Sätze prüfen zu wollen.

In der Irritation über die Formdebatte ist aus meiner Sicht eine kritische Verschie
bung im dreistufigen Verhältnis von:

(1) Aussagen über die Welt sind wahr und eindeutig, (2) Funktionen sind
Formalismen unserer Erwartungen, (3) Formen integrieren unsere Erwartungen
die Prinzipien der Modellbildung entstanden.

Der Platz 1 lautet nun: ›Welt ist unser Modell‹ von ihr. Traditionell wurde ein
Aussage über die Welt als Objektivität oder objektive Wahrheit behandelt. Somit
konnte ›Aufklärung‹ inklusive der eindeutigen Form auf sicher geglaubtem Bode
angesiedelt werden. Die herangezogenen Zeugen für diese Haltung waren Philoso
phie und Naturwissenschaften. Obwohl, wie ich noch ansprechen werde, Design
theorie sich der Philosophie, zumindest der des linguistic turn annahm, hielt sich d
Kontinuitäts- und Formanspruch durch. Kurios ist dies: denn gerade in den Naturwissenschaften wurden nicht nur die Erkenntnisse der Relativität, der Quanten-
mechanik (A. Einstein), des Gödelschen Unbeweisbarkeitstheorems unter ander
als Abschied von der objektiven Beobachtbarkeit umgesetzt. Neurophysiologen

Manfred Faßler
Kalte Fiktionen. Aspekte einer synpoietischen Reformulierung von Zeichen und Form

(K. R. Popper / J. Eccles), radikale Konstruktivisten (E. v. Glasersfeld, P. Watzlawik, G. Bateson), Vertreter der Kybernetik 2. Ordnung (H. v. Foerster) verdeutlichten, daß der Mensch sich seine Welt erfindet. Mithin wären die Stufen (1) – (3) Konstruktionen, mit sehr verschiedenen Vereinbarungen und Zeitregimes ausgestattet, aber eben von Menschen gemacht. Um es noch einmal verkürzt zu sagen: es geht nicht mehr um ein lineares, eventuell durch Interpretationen variierbares Konzept ›Materie – Funktion – Form‹, sondern um eine vernetzte, hierarchisierte Situation: ›Modell – Funktion – Form‹.

Zwischendrin:

»Der Mensch ist eine Spezies, die ihre Reaktionen selbst erfindet. Kulturen entstehen aus dieser einzigartigen Fähigkeit des Menschen, seine Reaktionen zu erfinden und zu verbessern.« *Ashley Montagu, Culture and the Evolution of Man*

2

Diese Hinweise haben ihre Auswirkungen auf meine Themenstellung. Ein wichtiges Konzept in den zuletzt genannten Theorietraditionen habe ich noch nicht angeführt: das der Unbeobachtbarkeit der Welt. Mit ihm verbindet sich die Anforderung, gegenüber den eigenen Entwürfen und jeglichen Bestrebungen, sie auf Dauer zu stellen, sensibel zu sein.

Weiter oben stellte ich die Frage, wie weit wir uns Objekten überhaupt nähern können. In der hier mitgedachten wissenschaftlichen Position ist die Frage nur dann zu beantworten, wenn Objekte / Objektivität als Artefakte verstanden werden. Dann bedeutet Annäherung allerdings nicht nur den Weg zum Objektiven, sondern das Verfahren, nach dem dieses Objektive geschaffen wurde. Von manchen philosophisch argumentierenden Naturwissenschaftlern wird deshalb Objektivität als *epistemic object*, als ein Gegenstand beschrieben, der in der Erkenntnismethodik existiert, allerdings realistisch als außerhalb dieser angenommen wird.

Nun könnte man fragen: Welche Beziehung hat diese Argumentation zu Designdebatten? Die Antworten versuche ich auf zwei Ebenen kurz anzusprechen. Zum einen halte ich die enge Bindung mancher Designkonzepte an die Semiotik für nicht ausreichend, um die gegenwärtigen Veränderungen gestalterisch berücksichtigen zu können. Zum anderen existiert eine empirische Realität der softwaretechnischen Weltprogrammatik, in der weitgehend ohne Designdiskussionen die sinnlich-operative Umwelt neu zusammengesetzt wird. Softwareentwicklung hat eine spezifische Sinnlichkeit der Abstraktion erzeugt, zu der es aus meiner Sicht noch keine hinreichend komplexe Designdebatte gibt. Dies hat sicher damit zu tun, daß das medienkünstlerische Feld zwischen Kunst und Design noch nicht ausdebattiert ist und vor allem die Beziehungen von Kunst und Wissenschaft noch unter überlieferten Modellen leiden.

Es entstehen nicht nur Realitätssamplings als Zitatklumpen der industriell-modernen Formenarchive (in elektronischen Architektur-Entwurfsprogrammen bis hin zu Spielen). Es entstehen allmählich andere, medienbasierte, digital-kompositorische Form- und Prozeßoptionen, die mit einer starren Klammer von Materie-Zeichen-Form nicht mehr kritisierbar und beeinflußbar sind. Erinnert sei hier nur an die Debatte um Cyborgisierung, um hybride Räume, um interaktive Oberflächen.

2
Nake, Frieder 1999: ›Bildgeschichten
aus Zahlen und Zufall.‹ In: Dress /
Jäger (Hrsg.), *Visualisierung in Mathematik, Technik und Kunst,* Braun-
schweig Wiesbaden
3
ebd. S. 120

3

Kann dies noch mit der Frage danach verbunden werden, ob wir uns überhaupt
etwas annähern? Oder anders gefragt: können wir uns Formen annähern, die uns
über sich, uns und die Welt ›aufklären‹? Inwiefern/inwieinah (dieses Wortspiel ge
eine bis zur Unkenntlichkeit verwendete Abstandsfloskel erlaube ich mir hier)
sind Beobachtungen stets Umformungen, die uns die ›Urformungen‹ ja gar nicht
nahe bringen? Also selbst nicht einmal Umformungen sind, sondern Formungen?
Nähe und Annäherung, Entfernung und Entrückung wären dann Gedankenkuns
unterscheidbar, aber eben gedachte Unterschiede.

Wäre das so, und ich nehme es einmal an, wäre die *erklärende, selbst erklären*
ja sogar *aufklärende Form,* die ihre Funktion und ihre Herkunft zeigt, eine Illusio
eine Fälschung in sich, wenngleich eine reizvolle. Dies hat Folgen für ›Zeichen‹.
Ist Form allenfalls ein flüchtiger Begleiter der Beobachtung und des Tuns, auch da
wenn sie nicht zerbricht, also in Form bleibt, so verweist das Thema Form auf das,
was man klassisch Sinn nannte, auf SinnForm/FormenSinn. So gefaßt wäre dann d
Suche nach jeweils spezifischen materialen, funktionalen, operativen, ästhetische
Formen die Suche nach der Bedeutung von Bedeutung. Und just an diesem Punk
wird es heikel.

Wird die Erwartung erzeugt, Form könne in irgend einer Weise Speicher von
oder für Bedeutung sein, so erhält Form den kulturellen Passierschein für jede
Diskussion: man ist plötzlich auf der Suche nach der verlorenen Form, nicht auf d
Suche nach Feldern, die einem jedwede Formung erlauben und schadlos widerruf
können. Mehr noch: Form wird der kulturellen Praxis der Formung entgegenges
Nun könnten manche sagen, daß sie gerade das nicht tun, sondern Form den gege
benen Produktionsbedingungen angepaßt, aber unterscheidungsfähig, kritisch
denken. Aber: Welche *Produktion* ist damit gemeint?

Steht ›Form‹ nicht in dem Risiko, eine der Mechanik, der materialen Formko
stanz und der dinglich-gegenständlichen Produktion eigene Argumentation zu se

4

Es ist nicht nur ein schriftsprachliches Spiel, der Form (als Gestaltkontinuität) die
Formel, die *Formation* und die *Information* entgegenzuhalten. Informatiker und
Künstler sprechen von der »immateriellen Produzierbarkeit« und zielen damit ni
auf ein fertiges Produkt, sondern auf das *Programm.*

»Bei der Verwendung von Computern für die technische Produktion und Rep
duktion von Kunstwerken (wie von anderen Werken) geht es nämlich bekannter-
maßen vielmehr und zunächst um das Programm, das zum sichtbaren Werk führt,
um das Werk selbst. Das Programm erscheint uns stets materiell, stofflich, wie
könnte es anders sein – als Licht auf einem Bildschirm also, als Druckerschwärze
Papier oder noch anders. Doch ist der eigentliche Zweck des Programmes erst in
seiner Ausführung, im dynamischen Prozeß zu sehen...«[2]

Was ist Form gegenüber Programm und Prozeß? Was ist Zeichen? Man spricht vo
der Verflüssigung der Formen, manchmal doppelsinnig von deren ›Liquidation‹.
Trifft damit aber weit an dem vorbei, was Frieder Nake, Künstler wie Harold Coh
Manfred Mohr und viele andere beschreiben: die Entstehung eines »kontextarme
Denkens«[3], das sich zugleich anschickt, sich weltweit ›zu Hause‹ zu fühlen, zerstre

r, Manfred / Hentschläger,
a / Wiener, Zelko 2003:
iction, Wien.

schläger, Usula / Wiener, Zelko
Webdramaturgie, München,

Gert 1973: *Ideologie und Utopie
esign. Zur gesellschaftlichen
rie der industriellen Formgebung,*

ger, Theodor 1966: ›Die Infor-
nsfunktion des Produktes.‹
stschrift für Karl Hax, Köln und
den, S. 259

in globalen binären Netzwerken. Nun mag ich nicht mit der Paarung jonglieren: die Prozesse sind die Form / die Form besteht in den Prozessen. Das würde die Problemlage nicht treffen.

Empirisch ist's so, daß weltweit täglich 800–850 Millionen Menschen in digitalen Netzwerken arbeiten, also in Local Area Networks. Das, was sie von der Gestalt, der Form dieser medialen Umgebungen mitbekommen, existiert in den Interfaces, den immersiven Zuständen, in denen tiefe Oberflächen an Bildschirmen entstehen. Und täglich werden es mehr, mehr Oberflächen, mehr Menschen, die diese als Weltbezug, als Funktion, als Information, als Realität erleben, sich vorstellen müssen, weil sie damit Geld verdienen, Flugzeuge steuern, Schiffe navigieren, Geld vernichten, blind dates verabreden, Gruppen bilden, quatschen. Nein, dadurch wird all die dingliche Gegenständlichkeit, werden die beharrlichen Formen nicht überflüssig. Aber etliches ändert sich. Vor allem werden Formen und Zeichen jener Seite entzogen, die Charles Sanders Peirce als die wichtigste beschrieb: daß dem Zeichen der sogenannte Interpretant (man könnte ihn das Dauerangebot zur Deutung und Verwendung nennen) inkorporiert sei. Wichtig war Peirce, daß jeder einzelne Mensch ihn verwenden könne. Die Variierbarkeit im Rahmen der Repräsentationsgrenzen nahm er als groß an. Offene Interpretierbarkeit war gegeben.

5

Nun ist eine globale mediale Infrastruktur entstanden, mit immer neuen und weitreichenderen Standardisierungen. Sie funktionieren nur, wenn gerade diese offene Interpretierbarkeit unterbunden wird, wenn, um nochmals Frieder Nake zu bemühen, *kontextarme Zeichen* die Kalkulation von allem Möglichen, das kalkulierbar ist, durchzieht. Die Verknüpfungsregeln der Kalkulation, gefaßt in Programmen, in den Verschmelzungen von Software und Hardware, setzen auf immateriale Gegenstände. Werden aber Zeichen zu kontextarmen Signalen, so sind die Formen, die in den materialen Schichten schaltbarer Medien entstehen, ähnlich zu beschreiben. *Kontextarme Formen*, die erst in der Nutzung zu einem reichen Interpretationsfeld werden – und gerade gute Webdesigner wissen, welche Probleme damit verbunden sind[4] – fallen kaum mehr in den Deutungsrahmen der Design-Theorien der letzten 30 Jahre. Aber sind die medialen Formen überhaupt kontextarm?

Eines der Hauptthemen in den zurückliegenden drei Jahrzehnten war die *Produktsprache*, von Gert Selle in Design 1973 eingeführt.[5] Dies stellte bereits eine Abkehr von der Formen-Kirche des rezipierten Bauhauses der 1950er dar. Theodor Ellinger beschrieb:

»Zur Produktsprache gehören sehr verschiedenartige Ausdrucksformen wie z. B. Dimension, Form, physikalische Oberflächenstruktur, Bewegung, Materialbeschaffenheit, Art und Weise der Funktionserfüllung, Farben und graphische Gestaltung der Oberfläche, Geräusche und Töne, Geschmack, Geruch, Temperatur, Verpackung, Widerstandsfähigkeit gegenüber Außeneinflüssen. Alle diese Informationen wirken – positiv oder negativ – in starkem Maße auf den potentiellen Käufer ein.«[6]

Interessant ist die Multisensorik. Sprache ist also keine phonologische Sprache ausschließlich. Sie ist informationelle Ordnung, Ordnung zweiten Grades. Nun gehört

Mathematik als moderne Sprache auch dazu. Sie taucht bei Gert Selle und Theod
Ellinger nicht auf. Wie auch? 1982 kam der erste Personal Computer auf den
Markt, 1991 entstand das World Wide Web als Format zur Koordinierung der viel
Transfer- und Anschlußstandards der Internets. Mit diesen Schritten und vielen
anderen werden mathematische, algorithmische Standards als Quellcodes für For
Farbe, Geräusch, Geschmack... weltweit durchgesetzt. Ob sich nun MicroSoft ode
OS2 um Marktanteile streiten, ist dafür nicht interessant.

Die *Sprache der Quellcodes* und die *Sprache der Signale* verändert mit einem
Schlage nicht nur die Bedeutung des Materiellen für die Realitätszusicherungen.
ändern auch die Spielarten der Form-Möglichkeiten.

Das ›der Möglichkeit nach Vorhandene‹, also die Realität einer immaterielle
entstehenden und verschwindenden elektronischen Welt, von Jaron Lanier als
»virtuelle Realitäten« bezeichnet, fordert leise die materiale Beständigkeit der F
heraus. Und: mit ihr stellte sich die Frage, ob eine kontextarme Sprache der Quel
codes hinreichenden Interpretationsraum liefert, um Kultur zu ermöglichen.

So gestellt war die Frage eine Falle. Denn, wie mit Recht von Wolfgang Coy,
Friedrich Kittler unter anderem bemängelt wurde, fordert die Frage implizit
Kontextreichtum – für die Schaltungsökonomie der Computertechnologie eine
unmögliche Forderung. Die Frage wurde und wird also falsch gestellt. Der medial
Struktur entsprechend, müßte sich die Frage auf die *Umsetzung von Formel in
Form* beziehen, die den Zustand der Mediennutzung beschreibt, auf das *Interface*
Die Frage könnte also lauten:

Worin besteht die Produktsprache des Interfaces? oder
Was ist die Produktsprache von Information? oder
Was ist die Produktsprache globaler Kommunikation? oder
Was ist die Produktsprache globaler Ideenökonomie? oder
Was ist die Produktsprache von Wissenskultur?

Daß diese Fragen nicht gestellt werden, läßt auf eine Art Medienfremdheit
schließen, auf verbreitete Sprachlosigkeit gegenüber den Produktsprachen digita
Medien und ihrer Vernetzung. Tendenz: Medienanalphabetismus.

6

Unterstellt ist dabei weder Trotz noch Willkür. Eher vermute ich als Wirkung der
Anstrengungen in den 1960ern bis 1980ern, Sprachen »als eine Domäne der
Gestaltung zu begreifen« (Gui Bonsiepe), eine Unlust, sich nochmals den Anforde
rungen zu stellen, Zeichen und Formen zu suchen. Nun kann man unumwunden
zugestehen, daß die Aufwände gegenüber Bauhaus-Rezeptionen erheblich gewes
sein müssen, eine Sprachenorientierung für Design zu entwickeln. Dies vor allem,
da weder der philosophische Schwenk zum linguistic turn (in den 1920ern) und de
daraus entstehenden Sprachpragmatismus noch die semiotisch-strukturalistische
Denkweise in den 1950ern und 1960ern nicht einmal leicht in den Herkunftswisse
schaften verkraftet wurden.

Auch die Aufnahme von Umberto Ecos Arbeiten zu semiotischen Feldern,
die der Erforschung harrten, abverlangten viel Veränderung in den Designtheorie
Dennoch kennzeichnete all diese Diskussionen die Erwartung gegenüber kontext

Kalte Fiktionen. Aspekte einer synpoietischen Reformulierung von Zeichen und Form

182 / 183

reichen und kontextsensitiven Zeichen, Formen, Zusammenhängen. Die Entscheidung für eine Form war hoch aufgeladen.

Und gerade dies scheint sich für etliche Designer und Designerinnen zu verlieren. Vordergründig haben sie ja recht: die *Abkühlung der kulturellen, funktionalen oder ästhetischen Betriebstemperatur* (kontextarm) *von Zeichen und Formen ist offensichtlich und global-technologisch unvermeidbar*. Aber, wie schon oben, liegt das Problem in der überlieferten Verbindung.

Zu vermuten ist, daß die transkulturellen Bedeutungen medialer Produktsprachen noch nicht erkannt sind. Ich kann sie hier auch nicht durchformulieren. Allerdings nehme ich an, daß in den globalen Kulturen der Interface-Kommunikation bereits *Interface-Produktsprachen* existieren: zum Beispiel in den Bereichen der Partizipation, der Instantaneität, des Knowledge-Mining, der Transparenz, der elektronischen Agenten, der Audiovisualität, der Räumlichkeit, der Avatare und so weiter.

Zu vermuten ist auch, daß die variationsreiche Funktionalität von Software (Programmen) noch nicht für Designtheorie entdeckt ist. Es mangelt an einer audiovisuellen und einer programmsprachlichen Kultur des Digitalen.

7

Um der Frage der Interface-Produktsprache noch etwas nachzugehen, möchte ich einige Überlegungen aus der Vernetzung von Medienwissenschaften und Mediengestaltung beisteuern. Ich beziehe mich dabei nicht auf Neo-, eher auf Retro-Logismen, wie zum Beispiel: Anwesenheit, Erreichbarkeit, Raum, Dauer, Beteiligung, Entwurf, Wissen und Fiktion. Formen, also Designentscheidungen, müssen unter den Bedingungen medienevolutionärer Prozesse betrachtet werden. In der schon angesprochenen Systematik der Signale wird das, was wir als Form beobachten, ein Phänomen der tiefen Oberflächen (V. Flusser). Interfaces bestimmen die Präsenz von Formen in dem riesigen Feld der binären Medien.

In der Verschiebung von einer eindeutigen Form- und Produktsprache zur interaktiv schaltbaren Signalsprache und deren Durchläufe durch die Schichten der digitalen Vektor-, Form-, Textur-, Farbalternativen verschwinden ja weder Form noch Funktion als Formalismus der Entscheidung und Nutzung. Sie werden experimentell und geraten in bestimmter Weise so in Konkurrenz mit und in Gegensatz zu dinglich-gegenständlicher Form. Es ist nicht sinnvoll, dinglich-gegenständlich oder visuell fixierte Form- oder Farbprofile gegen interaktive Simulationsumgebungen auszuspielen. Allerdings scheint es mir unverzichtbar, die Veränderung in der Zusammensetzung von Sichtbarkeit, Hörbarkeit und Pragmatik unter Einfluß der verschiedensten Varianten des Graphical User Interfaces zu bedenken. Zusammensetzung bezieht sich dann auch auf Wahrnehmung, also die veränderten sinnlichen Ensembles unserer medialen Umgebungen, auf die Wege der Abstraktion, auf Entwurf und Gestaltung.

Der angenommene Idealfall der Interaktivität (Mensch – Medien – Interaktivität) wird von mir nicht normativ eingeführt. Interaktivität beschreibt eine Text-, Farb-, Textur-, Raum-, Geschwindigkeits- oder Erreichbarkeitsentscheidung, die erst in der Nutzung, im Gebrauch entsteht. Sicher setzt sie im technischen Feld eineindeutige Codierungen voraus, störungsfreie Schaltungsverläufe und eine sinnliche Präsenz

7
Gros, Jochen 1997: ›Das Ornament im
Vorzeichen neuer Technologien.‹
In: *formdiskurs. Zeitschrift für Design
und Theorie*, S. 82–94, hier S. 86

der zur Auswahl stehenden technischen Freiheitsgrade. Und im Kompetenzfeld des Menschen setzt dies ›eingefleischte‹ Nutzungserfahrungen, Abstrahierungs- und Synthesekompetenzen und ein großes Maß an Sensibilität gegenüber den nic steuerbaren Komplexitäten der Netzwerke und Medienräume voraus. Wenn ich nicht weiß, wie ein digitales Medium re-agiert, kann ich nicht absichtsvoll agieren

Diese Annahmen haben eine interessante logische und kommunikative Konsequenz: die mediale Interaktivität ist nur dann aktivierbar, wenn die möglichen F men in ihrer Verwendung nicht überdeterminiert sind. Sie müssen nicht Bedeutur spielraum anbieten, sondern offene Bedeutungsalternativen. Wie jemand was visualisiert, in Szene setzt, bildlich und textlich verknüpft oder argumentiert, muß ›kontextarm‹ sein oder ›kühl‹. Eine These verknüpfe ich damit: *die intensivere und immer mehr verbreitete Nutzung digitaler medialer Umgebungen läßt Räume und Zusammenhänge auf der Basis kontextarmer Zeichen, aber kontextsensitiver Gestaltungsmöglichkeiten entstehen.* Diese Kontextsensitivität, die zum Beispiel v Hackern, Programmierern, Communities, Berufsgruppen, Newsgroups, Web-Designern eingebracht wird, ›heizt‹ sozusagen die Zeichen mit Bedeutung kurz a ›Heiße‹ Zeichenwelten und Kultursamplings entstehen also unter den Bedingung der Individualisierung von Kommunikation. Sie stehen damit gegen die steilen Institutionalisierungen von Normen, Werten, Bedeutungshierarchien, Erwartungs erwartungen: ›Früh krümmt sich, was ein Häkchen werden will‹.

8

Diese Unterscheidung von ›heiß‹ und ›kalt‹ hat ihre Herkunft. Der gewählte Titel meines Vortrags lehnt sich an die schon fast klassische Unterscheidung zwischen »heißen und kalten Medien« Marshall McLuhans an. Wobei »heiß« Medien mit instruktiver, direkt erzieherischer Bedeutungsordnung und Normativität meint ur mit »kalt« Medien beschrieben werden, die globale Nutzungs- und Einzugsbereich haben und deshalb normativ flacher argumentieren müssen. Die Betonung von Fiktion teile ich mit Siegfried J. Schmidt, der in »Kalte Faszination« Fiktion als ent wurfsorientierte Verdichtung von Vorstellungen einführt, aus denen Veränderung entstehen können. Also nicht mehr nur science fiction, sondern cultural fiction oder media fiction.

Nun könnte man locker eine Debatte über Fiktion und Funktion führen, über die ›echte‹ Technik und die »Scheintechnik«, wie Wolfgang Pauser die Erweiterun gen des Funktionssets eines Rasierapparates (Messen der Bartdichte jede halbe Sekunde, Panasonic Smooth Operator), eines Toasters (Börsendaten auf dem Toas oder ähnliches nennt. Funktion wird nicht als Funktion, sondern vermittels zusätz-licher technologischer Leistungsversprechen angeboten und verkauft. »Technische Schnickschnack« sagt Jochen Gros dazu und polemisiert mit Recht gegen die täuschenden Verbindungen von »Schnickschnack« und »guter Form«. Er schreibt:

»Täuschen wir uns aber nicht. Der Rückgriff auf die Gute Form hat ihren Charakt verändert. Sie wirkt jetzt nicht mehr fortschrittlich, sondern konservativ, im wört-lichen Sinne sogar reaktionär: als Reaktion auf Memphis und die Postmoderne. D ser Neofunktionalismus lebt weniger von erneuter Begeisterung, als von enttäusch ter Hoffnung.«[7]

Kalte Fiktionen. Aspekte einer synpoietischen Reformulierung von Zeichen und Form

184 / 185

Der Bereich, in dem ich mich ansiedle, also Medienentwicklung, Mediengestaltung und Medienevolution, unterscheidet sich in einem Punkt deutlich von dieser Fragestellung, da eine Debatte, gar eine Kontroverse um die Nutzungsformen und die gestaltbare Funktionalität von Medien nicht existiert. Entweder zieht man sich in die Formeln zurück, also Algorithmen, Zahlen- und Schaltungswelten, und tut so, als könne man freizügig alles weitere dem Rest der Welt überlassen, oder man rückt ab in's Format und schaut sich die Marktgängigkeit von Internetportalen, Bericht aus Berlin oder Lara Croft an. Somit wird die mediale Struktur unserer Umwelten und unseres Denkens auf ein Geräteparadigma reduziert, das weniger auf enttäuschte Hoffnung verweist, als auf medialen Analphabetismus.

Man kann sicher auf die Nachfrage nach der Struktur dieses Dilemmas mit Arbeitsteilung zwischen Computersciences, Software-Entwicklungs-Teams, Web-Designern, Providern, Mulitmedia-Verlagshäuser oder künstlerischen Initiativen antworten. Allerdings bekräftigt diese Arbeitsteilungsidee das Geräteparadigma, wo doch ein Medienparadigma dringend wäre. Historisch ist bislang nur ein monologisches Medium ausdrücklich und mit allen kulturellen und sozialen Konsequenzen generalisiert worden: die gedruckte Schrift; eine Galaxie sei dies, so McLuhan.

Gegenwärtig haben wir soviele Medien und Medienrealitäten wie noch nie, und die meisten Menschen stehen ratlos vor der Aufgabe, Kultur mittels multimedialer Infrastrukturen zu machen. Eingelullt von der ›Guten Form‹ und intellektuell eingedämmt durch das adornitische Verdikt gegen sogenannte Massenmedien und gegen Kulturindustrie, wird übersehen, daß jede Faser unseres Alltags der Anforderung untersteht, mit Medien und in Medien die ›Kulturen next generation‹ zu gestalten, zu denken, zu entwerfen.

Viel passiert, wenig geschieht. Der Gedanke, Kultur zu produzieren, sie also in der Spannung von Infrastruktur und Individualität zu denken, gelingt selten; diesen Gedanken in ein Projektsegment der Produktion von Kultur umzusetzen, gelingt noch seltener. Meine Forschungen zu Kunst im Web und zu Netzkritik, die ich mit Zelko Wiener und Ursula Hentschläger im Rahmen des *Cyber-Poiesis*-Projekts vornahm, belegen diese Problematik und die Tendenzen, sie zu überwinden.

Obwohl es verführerisch ist, hier mit Wortspielen wie fictional media, fictional culture, fictional science weiterzuarbeiten, um die enorme Entwicklungsgeschichte menschlicher Wahrnehmung und Kommunikation aufzugreifen, beschränke ich mich auf einen Satz des Kulturanthropologen Helmut Plessner: »Existentiell bedürftig, hälftenhaft, nackt ist dem Menschen die Künstlichkeit wesensentsprechender Ausdruck seiner Natur.«

Ich werde mich also mit der besseren Hälfte, der Künstlichkeit, und hier in der Ausdehnung der symbolischen Systeme, also Medien befassen. Die Grundfragen für mich lauten:
– Welche Art ›kalter Fiktionen‹ erzeugen Medienstandards?
– Welche kulturellen Abkühlungen erzwingen sie?
– Kann man von global ausgelegten Kulturen sprechen, wenn Medientechnologien ›kalt‹ sind?
– Und was sind ›medial kalte Kulturen‹?
– Oder entstehen durch standardisierte Medientechnologien und weltweit anschlußfähige Kommunikationsverfahren verteilte Medienlandschaften und eigenständige globale Kulturareale?

Daß Kulturen auf die hohe Bedeutung herkömmlicher Medienensembles verzich
müssen, wenn sie binäre Medientechnologien auf sich anwenden, ist unbestreitba
Nicht nur die Speicher- und Verarbeitungssysteme ändern sich, sondern auch
die Lese-, Schreib-, Anwesenheitsweisen, die Suchverfahren und die institutionel
Gefüge des kulturellen Gedächtnisses.

Dies ist aber kein Kulturverzicht oder Verfall. Insofern lehne ich die These ei
globalen kulturellen Homogenisierung ab. Nicht nur die Videokultur in Indien is
anders als die in Finnland, oder die Cola schmeckt anders in den USA als in Deu
land. Die Vereinheitlichung von Betriebssystemen, der Transferprotokolle oder
die Strukturen des WWW haben eine zunehmend facettenreiche, komplexe und i
vidualisierte Darstellungs-, Nachrichten-, Informations- und Entwurfswelt entste
lassen.

Entsteht aus ›kalten Medien‹ eine neue ›warme Kultur‹? Oder weniger verw
rend: ermöglichen Delokalisierungsprozesse dennoch ein kulturalisierendes
»embedding«? Entstehen also neue normative, instruktive, verbindliche, verpflic
tende Kommunikationsstile und Verhaltensmuster, dieses mal nicht an Territorie
gebunden, sondern in medialen Netzwerken präsent?

Würde man diese Frage mit ›Ja‹ beantworten – und frühe Nettiquette bis zu
Newsgroups und Communities aller Art sprechen dafür –, wäre es an der Zeit,
Entwicklungsoptionen an die Kritik der Medien, an die Kritik der Software, der
Hybridisierungen, also an die Kritik der medialen Formen zu binden. Da gibt es a
noch viel Brachland.

9

Über ›globale Kommunikation‹ zu sprechen, ist gegenwärtig ›leichter‹ und
›schwerer‹ als vor 10–20 Jahren. ›Leichter‹, weil man heute nicht mehr darum we
ben muß, daß Internet oder WWW, global verteilte informationelle Räume, comp
terbasierte On-Line-Spiele ›rund um die Welt‹ zur Empirie dieser netzverstärkte
und netzgebundenen Realität gehören. ›Schwerer‹, weil wir nur über eine wenig
unterscheidungsreiche Beobachtungssprache verfügen, mit der zerstreute, dissipa
tive, beschleunigte, experimentelle Kommunikation und deren Räume beschriebe
werden können.

Allerdings ist es egal, von welcher Warte aus eine Beschreibung versucht wir
alle Debatten lahmen aus meiner Sicht daran, daß Konzepte, die den erreichten
Komplexitäten medialer Systeme auch nur annähernd entsprechen, nur am Katze
tisch mitmachen dürfen, wenn überhaupt. Die Gründe dafür sind mächtig:

So gilt Technologie in den meisten computer- und kunstwissenschaftlichen, sozial
und kulturwissenschaftlichen Debatten, als para-kulturell, als illegitimer Ab-
kömmling, als Bastard. Daß Technologie, von jedem Symbol, rechenbaren Zeiche
jeder modellierenden Abstraktion, über Versuch / Irrtum, Anwendung und
Diffusion kulturelle Praxis ist, fehlt fast völlig.

So werden Medien als räumliche und territoriale Zutaten verstanden, nicht aber a
konstituierend für eine neue, weltweit entwickelte und genutzte Raumgattung,
die eine andere Ökonomie der Präsenz und der Aufmerksamkeit, Beteiligung und
Präsenz ermöglicht und fordert als das Territorium. Allerdings ist nicht auszu-

Kalte Fiktionen. Aspekte einer synpoietischen Reformulierung von Zeichen und Form

186 / 187

schließen, daß sich unter den Bedingungen der ent-territorialisierten Kulturräume ein regressives Phänomen aufbaut: die Verbindung von Kultur mit Landmasse, traditionell ansässigen Völkern etcetera.

So werden auch, um einen weiteren wichtigen Grund anzuführen, jene bereits hervorragend funktionierenden on-line-basierten Entwicklungs-, Kooperations-, Spiele- oder Nachrichten-Communities, das WWW-Consortium oder die Internet-Society für die Kulturdebatten ignoriert. Politisch sind sie zudem kein Thema: oder haben Sie in irgendeinem Wahl- oder Parteiprogramm gelesen oder vielleicht gehört, daß jemand für eine netzbasierte, kulturoffene, transkulturelle Wissensgesellschaft eintritt? Gibt es irgendeine politisch-kulturelle Ebene, die sich mit Mensch – Medien – Interfaces als Eintritt in einen transkulturellen Raum der Informationen beschäftigt? Ich kenne diese nicht. Und dies, obwohl Bildung und Wissen großspurig beredet werden.

10

Woran man sich wohl nicht nur in Europa schwerlich zu gewöhnen scheint ist, daß Medien keine gesellschaftliche oder kulturelle Einheit mehr garantieren.

Medial geht das christlich-monologische Gutenberg-Zeitalter zu Ende; technologisch verliert sich die industriell-mechanische Ordnungs-Moderne in immer kleineren Bereichen material-dinglicher Produktion. Das ist der Kern der These von der post-industriellen Gesellschaft, die Daniel Bell vor Jahren in Umlauf brachte.

In diesen Umbrüchen organisieren sich die Vernetzungen, die weniger als Zu-sammenhänge, denn als Ensembles sinnvoll beschrieben werden können; bricolage war einmal das architekturtheoretische Wort dafür. Eine Reaktion auf den empfundenen Integrationsverlust überlieferter Form- und Stil-Ordnungen war das Phänomen der ›Post-Moderne‹. Während man darüber engagiert in den monologischen Druckmedien stritt, wurden Server weltweit verbreitet, entstanden Netzwerke, verschiedenste dynamische Knoten, festigte sich die globale Infrastruktur der kybernetischen Medien. Und mit ihnen verschoben sich die Fragen von der beliebigen, also geliebten Assemblage der sogenannten klassischen architektonischen Grundformen und der Reanimation des Ornaments hin zu technologischen Potentialen der Multisensorik und der Multimedialität.

Nicht das singuläre Produkt blieb wichtig, sondern der Grad an Selbstorganisation von Gruppen, die die Medien nutzen und nutzen sollten, wurde entscheidend. Für diese wurden Internet-Portale für zahlreiche Bereiche entwickelt, ›sinnlich‹-attraktiv, informationell reichhaltig gestaltet und mit elektronischen Agenten ausgestattet.

Globale Standards von Betriebssystemen bis hin zu dem weltweit etablierten Standard für Text und Bild (Adobe SVG) rissen tiefe Löcher in die Wagenburg des Wahren, Guten, Schönen, und sie eröffneten und öffneten die Räume für die freie Assoziation von Gedanken, Texten, Bildern und für die freie Assoziation von Menschen. Und was wohl noch verwirrender dabei war und ist: Kommunikation garantiert weder (erzieherische oder werbeträchtige) Dauer von Aufmerksamkeit, noch Integration auf Dauer. Kulturkritisch wird zumindest die Schlappe der erzieherischen Integration gerne als ›Verfall der Werte‹ oder als ›Sprachlosigkeit‹ behandelt, stets mit den hochmütigen Seitenschlägen auf Sichtbarkeit und Hörbarkeit, also auf die Sprachen des Sehens und Hörens.

11

Ernster zu nehmen sind da schon die Kritiken, die aus den medientechnologische
Szenen selbst kommen.

Stewart Brand zitiert in seinem Buch *The long No* Sätze aus der Beschreibur
des Projektes ›Zeit und Verantwortung‹, das unter anderem auch von David Byri
getragen wird. Dort heißt es: »Die Zivilisation steuert mit Höchstgeschwindigkei
auf pathologisch kurze Aufmerksamkeitsspannen zu.« Grund dafür ist weniger
Medientechnologie, als das Faktum, daß sie nicht als jene komplexe, dynamisch
kulturelle Praxis verstanden wird, für die veränderte Gedächtnis-, Erinnerungs-,
Zuordnungs-, Bereitstellungsmodelle entwickelt werden müßten, kurz ein andere
Zeit- und Raumverständnis.

Auch für Bruce Sterling erzeugen die digitalen Netzwerke »das goldene Zeit
alter der toten Medien«. Gründe sind die Ablehnung ihres kulturellen Status dur
die monologischen und institutionalisierten Gesellschaften und die zum Teil
manifeste Kulturaversion einer großen Zahl von Netznutzerinnen und -nutzern,
Netzentwicklern und -providern, die auch bis in die Hackerszene reicht.

Man könnte sagen: die digitalen Mediensysteme werden von den traditionellen
Medien-Kulturen enterbt und entwickeln in sich bislang nur sehr bescheidene
Ansätze einer eigenen Überlieferungskultur. Andererseits: die digitalen Medien-
szenen tun sich schwer damit, ihr eigenes Tun als integrierte kulturelle Praxis zu
verstehen. Dies hat einesteils damit zu tun, daß die Communities, die sich im Netz
bilden, höchstens 3,6 Jahre zusammenbleiben. Daneben hat sich aber ein massive
Spannungsverhältnis zwischen der Individualisierung in der Mediennutzung, der
Kommerzialisierung und den staatlichen Kontroll- und Überwachungsstrukturen
gebildet, das demokratisch nicht ausgelotet ist. John Perry Barlows *Cyberspace
Declaration* ist wohl eine der bekanntesten älteren Reaktionen von der Electroni
Frontier auf diese Widersprüche; der Datenschutz ist die institutionell-rechtliche
Reaktion.

12

Vereinfacht gesagt handelt es sich um einen Machtkampf zwischen Medieneliten
Medienkulturen. Thema ist: Medienraum; eine virtuelle Geopolitik entsteht, satel
tengestützt und in terrestrischen Netzwerken existent. Eine Geopolitik der global
infografischen Räume.

Die Besonderheit besteht allerdings darin, daß es in den Medienszenen nur
wenig strategische und langfristig denkende Eliten zu geben scheint. Auf die Tech
logie blickend, resümiert Stewart Brand: »Jeder brandneue Rechner läßt ein
Leichenfeld zurück – ausgestorbene Computer, Speichermedien, Anwendungen,
Dateien.«

Was aber könnten oder sollten die Themen sein, die in Form und Zeichen übe
setzt werden und eine andere, also dauerhafte Umwelt für Computer, Speichermedien, Anwendungen und Daten bilden? Ich werde diese Frage nur andeutungs
weise beantworten. Vorrangig geht es mir darum, den Grundgedanken aus
verschiedenen Richtungen zu erörtern, den Roger Caillois 1961 in *Man, Play and
Games* formulierte: »Rules themselves create fictions.«

Kalte Fiktionen. Aspekte einer synpoietischen Reformulierung von Zeichen und Form

188 / 189

Dynamische kybernetische Umgebungen gab's da noch nicht. Unter den Bedingungen, daß gegenwärtig weltweit 800 Millionen Menschen in Local Area Networks arbeiten, kommunizieren, fluchen, sich ihre Liebe erklären oder ihren Haß, bessere Verbindungen, breitere Übertragungsbahnen, höhere Bildqualität, raschere und billigere Telepräsenz haben wollen, kann dieser Satz fortgesetzt werden: ›Fictions themselves create rules, forms, environments, cultures.‹

Es ist ein Machtkampf um die Räume der Anwesenheit mit der Tendenz, Räume als container, als black boxes zu verstehen, und nicht als kommunikative und kulturelle Interfaces. Es gibt keinen unmittelbaren Raum. Raum ist eine Erwartungsgröße, eine sensible, routinierte, intelligente Vorstellung von Orten, Zusammenhängen und Bedeutungen, von Ferne, Nähe, Reichweiten und Erreichbarkeiten. Werden sie nicht genutzt, existieren sie nicht, nicht einmal als evakuierte Hüllen.

Jeder Raum stellt eine spezifisch sprachliche, bildliche, bewegliche oder gebaute Ökonomie von Unterscheidungen und Abständen dar – und stellt sie zur Verfügung. Diese dingliche und strukturelle Realität wird aber erst durch ihre Nutzung, ihre Verwendung, ihren Gebrauch wirklich. Dies gilt für das Gehen, Beobachten, Auswählen in der Stadt, auf dem Land, dies gilt für Sitzen, Gehen, Radiohören, am Laptop arbeiten in ICEs oder Autos, oder auch für das Lesen, Sehen, Aussprechen und Darstellen in Kunst, Literatur, Theorie oder Medien. Räume werden nicht nur in ihrer Funktion angeeignet, sondern diese wird als Fiktion, Imagination, als Vorhaben in einem Durchgangsraum gewandelt.

Mit dieser Überlegung verbinde ich eine theoretische und methodologische Position: Raum wird für den Menschen erst schlüssig, wenn ihm eine räumliche Verwirklichung bedeutender Momente, Beziehungen, Aufgaben gelingt. Raum ist das experimentelle und existentielle Areal, das für alle Menschen gilt, ganz gleich, wie technisiert, handwerklich, malerisch, akustisch Räumlichkeit ist oder erfahren wird. Diese Überlegungen werden sicher noch eine Drehung interessanter, wenn man berücksichtigt, daß die medialen Räume als Cyberspaces, virtuelle Realitäten, 3D-Simulationen keine euklidischen, geometrischen Räume sind, allerdings von dem Erleben des realen Körpers in realen Räumen material beharrlicher Gegenstände zehren. Räume sind, um einen Ausdruck von George Marcus zu verwenden, ›moving targets‹.

Die Bewertung von Raumentwürfen hängt bei mir sehr stark davon ab, wie das Verhältnis von Anwesenheit und Erreichbarkeit gestaltet wird. Dabei kann es gewaltige Unterschiede geben. Raum und Menschen einer Weltraumstation müssen in ihrer Anwesenheit ständig erreichbar sein, bidirektional, 24 Stunden am Tag. Broker wählen für ihr Funktionsareal 24 Stunden on-line. Ein Arbeitsraum in einer Universität, in einem Designer-Büro erfordert anderes, nicht nur firewalls, die den Binnenraum vor Spionage schützen.

Versteht man Raum als Interface-Areal, so sind die Entwurfsverläufe von Code-line, über komplexe Software bis hin zum Human-Computer-Interface als eine Einheit von hergestelltem, geschaltetem und genutztem Ereignis (Zeit-Raum) und multisensorischer Anwesenheit (Immersions-Zeit) zu verstehen. Der mediale Raum existiert in der Nutzungszeit, die präsenten Formen und Funktionen ebenso.

13

Wir sind in eine Entwicklungsphase der computertechnologischen Raum- und Zeitmedien eingetreten, in der sich eine Gesetzmäßigkeit deutlich herausstellt: d evolutionäre Kooperation von Medien und Kommunikation, Anwendung und Entwurf. Ich beschreibe diese Kooperation als syn-poietisch.

Dieser Ausdruck geht
a. zum einen auf die neurophysiologischen Untersuchungen und Konzeptbildung der Synästhesie zurück. Diese beschreibt neurophysische Zustände der Vermischung von Sinnen, von Gerüchen und Farben, Text und Raum, Ton und Farbe (Hinderk M. Emrich) und folgt der These, daß Synästhesie an grundlegenden Abläufen gnostischer und noetischer Erfahrungen beteiligt ist (Richard E. Cytow

b. Der zweite Wortanteil zum anderen ist der neurophysiologischen und radikal konstruktivistischen Forschung und Theoriebildung um autopoietische (Auto*poi* kognitiv-reflexiv begründete selbsterzeugende und -erhaltende Organisation) Pr zesse bei Lebewesen entnommen. Diese poietische Dynamik bezieht sich gerade der Beschreibung menschlicher Lebensverhältnisse auf die Erzeugung künstliche Umwelten und die immer wieder neue Kombination und Erweiterung ihrer Verbindungs- gleich Vernetzungspotentiale.

Synpoiesis verstehe ich als eine der wichtigsten evolutionären Lebensleistungen u als eine der wichtigsten Leistungen der Erzeugung, Erhaltung und Bewertung vor kulturellen Leistungen.

Alle Lebewesen müssen an ihre Umgebung angepaßt sein, damit sie leben kö nen. Nutzen sie ihre Sinne nicht, können sie in der ökologischen Nische nicht leben; nutzt der Mensch seine Selbstbeobachtungsfähigkeit nicht, verliert er den Bezug zu den genetisch-sensorischen und cerebral-reflektorischen Möglichkeiten

Die Erörterungen über Signal, Zeichen, Form, Design betrachte ich unter diesem Maßstab der Synpoiesis. Sie ermöglicht, eineindeutige Funktionen von Al rithmen mit den Nutzungserwartungen zusammenzufügen und die Raumzeit des Interfaces in das Zentrum der Beobachtung zu stellen.

14

Aber was haben Kulturen vor (sich), die sich auf die derzeitigen tiefgreifenden Ve änderungen einlassen? Haben sie überhaupt die Chance, haben einzelne Mensche die Chance, ihre Formen dem dichten Geflecht von Matrix und Produkt zu entringen, ihr Vorhaben zu formulieren und zu gestalten? Wie können sie ihre Projek als Produkte eigener Art, als Anderes, als Innovation, als Erfindung, als einzigartig Artefakt, als Konsumgut einbringen? Wie können sich Kulturen in den Dynamike des Entwerfens einrichten, ohne ihre Eigenart zu verlieren? Kultur als Projekt? Handeln und Identität als unfertige Entwürfe? Eine neue Koalition von Wirtscha und Kultur?

Je blasser die Herkünfte der Gegenwarten werden, um so bedeutender werde die Antworten auf die gestellten Fragen. Medien- und Gentechnologien sind im Bewußtsein vieler Menschen zu kulturellen oder zivilisatorischen Projekten gewo den. Die Frage lautet nicht: »Wohin geht der Weg?«, sondern: »Wie wollen wir

Kalte Fiktionen. Aspekte einer synpoietischen Reformulierung von Zeichen und Form

190 / 191

morgen leben?«. Nicht mehr U-Topien werden erfragt, sondern lebenswerte Zusammenhänge zwischen den angestammten Territorien und den Topografien der globalen Netzwerke, zwischen langen Traditionen und dynamischen Wissensgesellschaften, mit Genomanalysen und Körperoptionen.

Wie sollten die audiovisuellen künstlichen Räume aussehen? Wie sollten sie gestaltet sein, um den Informationsfluß und die individuelle Beteiligung zu garantieren? Wie wird sich das Verhältnis von Kunst, Wirtschaft, Kultur und Wissenschaft entwickeln, und wie lassen sich Kunst und Wissenschaft in Zukunft unterscheiden? Welche kulturellen Optionen werden die Verständigungen regeln? Wie könnten Modelle zivilisatorischer Verbindlichkeit in medialen Netzwerken gegliedert sein?

Zu welcher Seite tendiert Design? Geht es um experimentelle Welten, um Entwürfe mit wissentlich eingefädelten Zerfallsdaten? Nichts dagegen, daß sich Modelle und Formen erschöpfen, nichts dagegen, daß man mit der Ermüdung des Materials rechnen muß, nichts dagegen, daß das Bessere der Feind des Guten ist. Aber Design, das sich auf den Verzicht der kulturellen Reibung einpendelt, weil ja eh alles auf dem Sondermüllhaufen landet, ist weder angewandte Kunst noch angewandte Wissenschaft.

15

Ein Dilemma macht die Runde: die globalen Ideenökonomien setzen auf high-end-Konnektivität und techno-kulturelle Anschlußfähigkeit, zugleich ist diese nur möglich, wenn die kulturellen Hintergründe für intelligente Lösungen abgekühlt, in ihrer Bedeutung willentlich zur Seite gestellt werden. Heißer Draht und kalte Kultur also? Was als Merkmal der Eingangsphase medientechnologischer Diffusionen schlüssig war, wird zum Sperriegel weiterer Entwicklungen.

Komplexe Software im Bereich von Hunderttausenden und Millionen relationaler Codelines erfordert ebenso grundlegende und belastbare Modelle kulturelle Komplexität, wie dies die globale kommunikative Nutzung von medialen Netzwerken aller Art herausfordern. Dies anzufragen, führt zu massiven Abwehrreaktionen: die einen bestehen auf ›rauschfreier‹ Kommunikation, in der sinnförmige Kulturerwägungen stören; die anderen verdächtigen Medientechnologie der Kulturzerstörung. Es rächt sich die lange Ignoranz gegenüber dem Faktum, daß Technologie Kultur ist, daß Abstraktion und Virtualisierungsfähigkeit Kultur sind. Wäre es denn nur die Ignoranz! Fatal ist, daß sie sich anschickt, die dringend erforderlichen Entwicklungen kultureller Intelligenz, also solcher des sensiblen und komplexen Zusam-menhangswissens und -entwerfens, erschwert. Schon lange geht es nicht mehr um zu beerbende Kultur, sondern um zu entwerfende, zu produzierende Kultur – und zwar als instabiles globales Phänomen. *Kultur als Risiko, nicht als Heimat der Guten Form.*

16

Die Bemühungen darum, mediale Globalität, Individualisierung von Mediennutzung, Kommunalisierung von (vernetzten) Medienwelten, Kommerzialisierung von medientechnologischen Kulturen sowie künstlerischen und sozialen Projekten zusammen zu denken, sind nach wie vor rar. Kunst, die Medien verwendet, versteckt sich im Argument des singulären Artefaktes und läßt die kunstgeschichtlichen Bedeutungsprofis abfällig über Netz- oder Web- oder mediale Raumkunst reden.

Medienwissenschaftler können sich nicht vom theoretischen Lieblingskind ›Mas‹ medien‹ und dem propagandistischen Broadcasting-Muster lösen. So wird in künstlerischen Zusammenhängen die Individualisierung des Kulturbezuges aufg frisch, während in Wissenschaft der Totalisierungsverdacht (verpuppt als Homog nisierungsverdacht) fortgeführt wird. Dagegen steht die These: Mediale Netzwer sind keine BinärFeedbackGeräte, ohne Sinnformigkeit und Bedeutungsbezug.

Dennoch gibt es interessante und wertvolle Ansätze. In vielen Entwicklungs und Gestaltungszusammenhängen wird intensiv an den Möglichkeiten gearbeite computer- und medienadäquate Kulturkonzepte zu formulieren und zu modelli Längst gibt es differenzierte Szenen, in denen Medienprojekte und -projektioner umgesetzt werden – und sich rascher verändern, als die Zeitfolgen der Software- generationen. Selten bleiben Websites länger als ein Jahr unverändert. Bislang gil es weder medien- und kulturwissenschaftliche Softwarekritik, noch einen künst- lerischen, entwurfsbezogenen Diskurs darüber, welche Kultur man nun ›wirklich will, ob real real oder real virtuell.

17

Die Phantasien über jene Zusammenhänge, die dann doch ab und an Kultur gena werden, sind dünn. Sie kommen zum einen kaum über Standardisierungspolitiker auf Softwareebene, die mit ihren Konnektivitäts- und Bandbreitenansprüchen verbunden sind, und zum anderen den künstlerisch-gestalterischen oder ergonon orientierten Applikationsschulen hinaus. Das dann verwendete Zauberwort ist Hybridität.

Es ist, im Sinne der Einteilung von heißen (normativ strikten, die Nutzung, di Speicherung und Verarbeitung sehr eng vorschreibenden) Medien und kalten (eher katalytisch einsetzbaren, normativ ungerichteten Informationen) eine kultu kalte Gestaltung: hybride künstliche Umgebungen, hybride künstliche Experten, hybride Räume. Zu weit mehr ist der Mainstream noch nicht gekommen; kalte Quellcodes. Es fehlt eine offensive Kultur der Selbstbeschreibung durch Medien- Netz- und Web-Fictions. Solange dies nicht gelingt, sind binäre Medien in der Tat größten Informationsvernichtungsmaschinen (S. Brand) der Menschheitsgeschich

18

Kulturen bestehen darin, daß jeder Teil den anderen Teilen ihre Bedeutung verlei Mediensysteme führen eine neue polylogische Bedeutungsverteilung ein, weil sich die Praxis- und Ausdruckfelder, die Zeitordnungen und Anwesenheiten, die Erreichbarkeiten und Territorialitäten verändern. In ihnen ist die Anhaftung an C und Zeit, Funktion und Gestalt nicht mehr so entscheidend wie im urbanen, indu- striellen, territorialen Raum. Mit den binären Medien werden mikrologische Realitätsmuster weltweit durchgesetzt, die an jedem Ort zu jeder Zeit anders zus mengesetzt werden können. Ich nannte dies einmal die Entwicklung zu infografi- schen Räumen.

Dies heißt eben nicht, daß durch die mathematische Wahrscheinlichkeit be-stimmter (Schaltungs-)Zustände die makrologischen Realitätsmuster von zun Beispiel Kontinuität, Wiederholbarkeit, Rückbeziehbarkeit verschwinden. Im Gegenteil: binäre Medienlandschaften sind die erste universale medientechnolog sche Struktur der Bedeutungsverteilung, die sich herstellt, erhält und erweitert

Kalte Fiktionen. Aspekte einer synpoietischen Reformulierung von Zeichen und Form

192 / 193

in den sich ständig ändernden Situationen und Realitätsensembles. Es ist eine globalkulturelle Figur und Verkörperung ›24 Std. On-Line zu sein‹, eine kulturelle Praxis. Sie organisiert die individuellen, gruppentypischen und kulturellen Wahrnehmungspyramiden und Entwurfs- und Gestaltungsoptionen neu. Was daraus wird, wissen wir nie.

19

Nun gut, wird man sagen: Was Kultur erzeugt und wie sie erhalten werden kann, wissen wir nicht. Benennen wir Kultur, so kommen wir immer zu spät. Die Zeitabstände zwischen erdachter und entworfener Form und deren Kommentierung und Kommunalisierung sind enorm, sie sind kaum zu beschleunigen. Beließe man es dabei, könnte man sich mit der Singularität des Artefakts, sei es digitales Videobild oder eine digitale Textur, begnügen. Aber die Zeit der mechanischen oder materialen (und der genialischen) Einzellösung ist vorbei. Digital ist jede kulturelle Extension und Expression materialgleich; es ist dasselbe Equipment. Nur so ist eine Vernetzung denkbar, die alle Wissens-, Entwurfs- und Gestaltungsbereiche unter dem Anspruch der Rechzeitigkeit (just in time) und Sofortigkeit (Instantaneität) verbindet.
Die instantane oder asynchrone Vernetzung hebt die Formdifferenzen nicht auf, aber verbindet sie auf der Formelebene. Was man digital ›tut‹, das heißt als Schaltungszustand produziert, ändert die Quellcodes der Erinnerung, der Anwesenheiten, der Identifizierung.

20

Versteht man diese Prozesse als Replikationen (also kalt), werden selbst die kulturellen Praxen ›Technik‹ und ›Medien‹ auf das Niveau von Schaltungszuständen und Codes zurückgeführt. Die Frage, was (als kulturelles [?] Programm) was (als Technologie) warum schaltet, entfällt. Versteht man Prozesse als Reproduktion (also etwas wärmer), so wird auf Erhaltung und ein stabiles Programm gesetzt. Das heißt, es geht dann um Konservierung von überlieferten Wissens-, Informations-, Ausdrucks- oder Beteiligungs-Gefügen. Um dies zu erreichen, dürfen die Neuerungen nicht ›zu weit gehen‹, nicht zu heiß sein. Was für den Markt der Einzelprodukte hilfreich sein mag, wird aber für vielschichtige kulturelle Entwurfspraxis zum Hindernis.

Es scheint, daß multisensorische Medientechnologien großer Reichweite gerade wegen ihrer kulturellen Kälte ideal dafür geeignet sind, für jeden (nationalen) und globalen Kulturkreis einsetzbar zu sein. Wichtig dabei ist, daß sie zugleich die Basis für die weltweiten wissenskulturellen Neuorganisationen sind. In ihren multimedialen und multisensorischen Umwelten werden die Bedingungen für und die Verhältnisse von Sinnlichkeit-Abstraktion-Reflexion-Entwurf-Projekt neu gemischt. Die jeweiligen Medien-Ensembles setzen das, was als kulturschaffend, kulturerhaltend oder gar tradierend angesehen werden kann, immer wieder neu zusammen. Und dies geschieht nicht mehr als nationalkulturelle Auswahlleistung, sondern in den nicht-territorialen Prozessen globaler Teilkulturen, in infografischen Räumen. Ihr Gebrauch erzeugt global verstreute Interfacekulturen.

Unter diesen Aspekten wird der Gedanke, gerade auch Debatten um Form, Zeichen, globale Kommunikation als synpoietisches Vorhaben zu führen, vielleicht schlüssig. Mich würd's freuen.

Die Debattenbeiträge der Referenten sind namentlich, die des Auditoriums mit ›Teilnehmer‹ gekennzeichnet. Moderation bei allen drei Debatten: Barbara Wieg. Reiner Veit.

Moderation:

Mir ist aufgefallen, daß in den letzten Tagen viele Referenten ein bißchen verstec. aber doch deutlich sagten, daß sie – als sie die Einladung von Frau Süß bekamen - sich überlegt haben, was habe ich denn da zu suchen? Jetzt, wo wir die Referente. gehört haben, fand ich, die hatten alle ganz viel hier zu suchen. Constance Adams sich die Frage gestellt, Herr Faßler ebenfalls. Hatten Sie sich die Frage »Was soll i. denn da?« auch gestellt, Herr Petersen?

Jörn Petersen:

Als ich die Einladung bekommen habe, habe ich erst einmal festgestellt, daß der T natürlich relativ weit gegriffen ist. Und ehe man dann beginnt, einen Vortrag zu formulieren, setzt man sich schon mit der Frage auseinander, in welche Richtung ich ihn anlegen? Denn es gibt natürlich sehr viele Facetten, auch bei uns, die man noch hätte ansprechen können.

Corporate Design hätte beispielsweise so eine Frage sein können – oder auch andere Erscheinungsformen von Gestaltung in so einem Unternehmen. Aber da habe ich mir wiederum gedacht, wenn ein Automobilhersteller gefragt wird, ist sicher interessant, auch über das Produkt etwas zu erfahren, über den Hersteller selbst und über mein spezielles Metier. Und so hat sich dann relativ schnell herau. kristallisiert, was – wie ich glaube – in diesen Kreis ganz gut paßt.

Moderation:

Das war ein ziemlich weites Feld, das in den letzten zweieinhalb Tagen aus sehr ur terschiedlichen Blickwinkeln hier betrachtet wurde, bestimmt auch nicht aus- diskutiert, auch nicht ausdiskutiert werden kann, auch nicht heute an diesem Schl. tag. Was, Constance Adams, war für Sie der Reiz, nach Ulm zu kommen?

Constance M. Adams:

Probably curiosity. It's a big opportunity for me to reengage in the world of desigr I try to do one or two things like this you hear by lecturing or by teaching. I do tha. part because there are few other aerospace architects practising; in fact we're pre- paring to hold our own very first world wide symposium in a couple of weeks in Houston in conjunction with the World Space Congress. That's where we are goin, take on the history of the field and try to begin by defining what is aerospace arch. tecture. So it's very useful in that context and in the context of just my own life as a designer, to reengage the profession occasionally. Because for the most part I wc alone as a designer. I mean, very very much in company in terms of my interaction. that I try to interface with all kinds of different fields, but I don't have a lot of common language.

Moderation:

Wir sind in den letzten Tagen auch viel zwischen Praxis und Theorie, zwischen Geschichte, Psychologie und Philosophie hin- und her gesprungen. Mit jedem Ref. rat waren wir eigentlich wieder in einer ganz anderen Welt, und was ich so ein biß- chen empfinde ist: Ich kriege oft das, was ich von Praktikern gehört habe, mit dem. was ich von den Theoretikern – das sage ich jetzt mal in Anführungsstrichen – hörte, wenig zur Deckung. Liegt das nur an mir, Herr Faßler?

Debatte, Sonntag
Podium: Constance M. Adams, Manfred Faßler, Jörn Petersen

ed Faßler:

Ich höre Sie nicht so gut – insofern kann ich die Frage nicht beantworten, ob es nur an Ihnen liegt. Es kann ja durchaus sein, daß die Erklärungsweise und die Zuspitzungen noch so weit auseinanderliegen, daß es schwierig ist, das zusammenzubringen. Ich bringe es mal als These. Es ist dann vielleicht etwas spitzer als eine Vermutung: daß sich die Bereiche über Jahrzehnte sehr wohlgefühlt haben, in einem wechselseitigen Vorwurf »Wir haben ja eigentlich nichts miteinander zu tun«, oder – wenn wir was miteinander zu tun haben – »Der versteht mich ja nicht« zu sagen.

Wenn wir davon ausgehen – und das ist ja immer eine gern gebrachte Forderung – interdisziplinär zu denken, transdisziplinär zu denken (noch ein paar Fremdwörter), dann werden wir auf die sehr ernstzunehmende Situation zukommen, Projekte finden zu müssen, in denen die jeweiligen Fachsprachen und Fachperspektiven in einem Gestaltungszusammenhang weitgehend zusammengebracht werden.

Es wird weiterhin schwierig bleiben, in solchen Situationen die Sprachen zu vereinheitlichen oder so nahezubringen, daß es Verständigung ohne Anstrengung gibt. Ich denke zum einen, Verständigung sollte mit Anstrengung verbunden sein, aber zum anderen wäre es schön, mal über Projekte nachzudenken – und solche Space-Geschichten sind wirklich sehr, sehr interessant – und Projekte zusammenzubringen, in denen sehr unterschiedliche Qualifikationen, sehr unterschiedliche Perspektiven, auch sehr unterschiedliche Sprachen unter der Pflicht stehen, gemeinsam etwas zu produzieren. Das wäre ein Job für die Zukunft, um die Sprachschwierigkeiten oder Verständigungsschwierigkeiten vielleicht etwas zu mindern.

hmer 1:

Ich habe eine Frage an Constance Adams. Bei der Durchsicht der Programme fand ich bei Ihnen den Titel »Das Esperanto in 400 Metern Höhe«. Ich konnte mir nichts darunter vorstellen, und es war der einzige Titel, bei dem ich wirklich die Stirn gerunzelt habe, aber – *I beg your pardon* – es war ein Highlight für mich, und dafür möchte ich Ihnen auch ein Kompliment machen.

Ich habe aber jetzt eine ganz praktische Frage. Ich weiß aus der Geschichte, daß *human factors*, was wir Ergonomie nennen, eigentlich aus der Kriegstechnik entstanden ist, weil die Piloten unterschiedlich groß waren, und die paßten dann nicht in das Cockpit, und so fing also die Ergonomie an. So habe ich das begriffen.

Aber können Sie mir jetzt erklären, warum diese Disziplin, die ja zum Beispiel in der Automobilbranche weit verbreitet ist, bei dem Design der *space capsules* offensichtlich keine Rolle gespielt hat – sonst hätte ein Astronaut ja nicht unter den Schreibtisch kriechen müssen, um dort aus dem Fenster zu gucken. Das kann ich nicht verstehen. *Do you have any explanations for it?*

ance M. Adams:

Sure. It's interesting, actually: the answer falls into the domain of another kind of issue, that I hear coming up in some of our conversations. The question of: what is culture, is there a global culture? There is also institutional culture. I haven't heard this discussed, but it's very influential. For example, NASA by nature shares an institutional culture with military industrial complex in the United States. And thus the only awareness of the world of human factors that reached NASA was through the military standards so that often, if I am trying to introduce what we as designers would consider a very fundamental requirement to an object or a vehicle, I have to rely on Military Standard 1479, which is for pilot human factors.

Important though is also to know that human factors, which was a completely

new phrase for me when I came to the space program, is not just ergonomics. It in
des psychology and all kinds of behavioural studies, you know, like colour, althou
I have yet to see a really good scientific basis for colour theory. For both the desig
field or an engineering field, that's an interesting question. On the other hand,
to the engineers at NASA the institutional culture is like a step child of military in
tutions. It was interesting to have the opportunity to meet a lot of the first genera
of the people there. And I find that I personally get along much better with them,
because they were cowboys. You know, sure, these kids were fresh out of college w
the degree in – I don't know – chemical engineering and some guy says: »Hey,
let's put a man on the moon, now!« What kind of person is going to say, »Yeah; ok
sure we'll figure it out.« And while the upside of that is – I think – understandable
they pulled it off, you know; the downside is, they are not aware or particularly
interested in history, in a world of humanities or in any kind of generalized thinki
And, no thought that they might themselves have a need for that. So. That's NAS
and the NASA culture.

So my biggest job is trying to communicate just with engineers. For the Russi
space agency I can't really speak very much, though I can tell you, that one drawir
was done in 1974 for *Saljut 6* and that is the blue print for even the Russian modu
on the International Space Station. There were plenty of problems with it. There
were indeed even buttons that were mislabelled, really important ones. But the co
monauts … I mean, in opening conversations with cosmonauts I have had to spen
lot more time encouraging them to talk to me, because they have great experienc
things to share. But they don't believe there is any point in talking or complaining
about it, because there is no user evaluation, no feedback at all in their culture. Th
is almost none at NASA, but none at all in Russia, so that's a long way of answerir
your short question … but I think, that institutional culture is something rather sig
nificant … you know, these are the new tribes and they share a language …

You notice that I'll hear you fine in German and I could probably answer in
German, but I can answer much better in English, and so since we have this luxury
I'm enjoying it. But spanning language across physical designations – I think
that *DaimlerChrysler* is a fantastic example of a global institution of culture, whicl
can be very positive and of course, you know, a lot of science fiction writers will li
to warn us about the potential negative sides of that.

Jörn Petersen:

Ich könnte vielleicht noch ein Beispiel direkt dazugeben, und zwar sind wir einma
beauftragt worden von der Airbusindustrie, an der wir beteiligt sind, einen ver-
nünf-tigen Pilotensitz für Flugzeuge zu entwickeln. Die Erfahrung kam wohl dahe
daß die Piloten sich in ihren Sitzen auf Dauer nicht so wohl gefühlt haben – die
sitzen nun wirklich stundenlang in ihren Cockpits. Und sie fahren auch Auto, mitu
ter eben auch Mercedes, und haben dabei festgestellt, da kann man auch lange sitz
und es ist bequemer als offensichtlich in den Cockpits. Wenn da also Unterstützun
angefragt wird aus einer Branche, die sehr viel Kundenfeedback bekommt (wenn
da irgend etwas nicht stimmt, kriegt man sofort etliche Kundenbriefe auf den Tisc
zeigt das, daß offensichtlich die, die ganz professionell mit solchen Situationen
konfrontiert werden, oftmals in ihren Bedürfnissen weniger beachtet werden, daß
da vielmehr auf Systemfunktionalität geschaut wird. Ist eigentlich erstaunlich, abe
es scheint so zu sein.

ration:

Ich würde mich auch gern nochmals an Constance Adams richten. Was mich furcht-bar erstaunt hat: Vor allem in dieser hochtechnologisierten Weltraumwelt wird Sprache im Prinzip auf Funktionalität reduziert, weil dort offensichtlich ein kolos-saler Krach herrscht – das kann man sich so auch gar nicht vorstellen, man ist ja im allgemeinen noch nicht dort gewesen. Ist das nicht eine Verkümmerung der Kommu-nikation, die dort passieren kann: Auf der einen Seite wird es immer technologi-scher, Hypertechnology, aber auf der anderen Seite gibt es eine Sprache, die sich nur noch um die direkte Funktion dreht?

ance M. Adams:

You know, this is something very interesting about technology, at least in my world, which is that humans always find a way around it. I mean people are always having little problems with designations and operations, but somehow they make things work. Nevertheless, there is a sense that we are losing ground to our own machines, and I am worried about that trend. I'm a big believer in the proposition that science fiction is the post theocratic world's way of working out philosophy or theology by setting it in another setting, a different area. And it's certainly very easy to track a large, general shift in the idea of the future, from let's say *Star Trek* to *2001* to *Robocop* to *The Matrix*, and there we're stuck. And I think that if that's what we believe, than it's what's going to happen. So, when I speak particularly with students, I find myself becoming very, very emphatic about the importance of choosing your future and, the idea that even if we as individuals aren't really powerful to change the big things that were going on, it's amazing what little things you can change. And over the last two days, the other thing that keeps coming up is the issue of responsibi-lity. But at this Forum I only hear that question coming up on one side: the responsi-bility of the designer. It worries me a lot and I was reminded of this by some aspects of your talk. I think the biggest problem is condescension; that we condescend to the market. The market also has a responsibility, you know. I've noticed that a few decades ago, it was assumed that people had some level of learning and some level of conversation over dinner. And at least in America that doesn't seem to be true any-more. There's not a fundamental level of learning assumed anymore, and the media seem if anything profoundly involved in degrading, what Americans are told that they want to see on the news. I don't care about a kid stuck in a tree. There's a flood in southern Germany, you know. I realize that this problem is probably strongest in America. But I don't think that it's completely absent elsewhere in the West. So, a little bit of respect, less condescension, is something that I worry about.

The people will find a way around the technology, I think you kind of have to trust them. Sometimes it's hard. It's probably hard right now, it's voting day, but you have to trust the people to do the right thing. And we don't always agree about what that is. But there was another part of this. I've also heard a few people talking down to the users in another way. There is the assumption, that our attention span is becoming shorter. I heard an amazing story about this just a couple of months ago, because Sesame Street, you know, *Sesamstraße*, is thirty years old this year, which is great. And Sesame Street was the beloved of all of the educators and parents, because it conformed to the new understanding, which was that children had very short attention spans, and that you need to switch from thing to thing. And what has in fact been discovered since then is that this just isn't true. Children have very long attention spans and Sesame Street has been making them crazy.

I think this is a good example of what I'm talking about. Nowadays, somebody sta
a study but – because of market pressure – she or he doesn't have enough time to
really take it over the ten or twenty years that she needs to do good work. Instead
rush in prematurely; we jump on it and we go: »Oh, people, they have no attention
span.« When in fact, the opposite is true.

Pippo Lionni:

I agree totally with you. I think that designers have become more literate, and for
that matter, have often surpassed the theoriticians. An important consequence of
evolution is the breakdown in the role design plays and in the way it is considered
One of our biggest hurdles is the conservatism of ›enlightened‹ institutions, schoo
standardizing agencies and corporatist organizations. We are not interested in the
definition or theoretical delimitation of the profession, but in the exciting opportu
nities emerging from the crossovers, from the ›mettisage‹ of design with the world
art, scientific research … These experiences prove very rewarding once the initial
boundaries are destroyed. To add to the trans-professional, we have the trans-geo
phic, which for us has always been part of our culture. But we must also be cautiou
not to fall into the trap of superficiality, very much a risk when one overlooks the
›verticality‹ of deep investigation, to benefit the ›horizontality‹ of experiencing
as much diversity as possible. Here a critical approach is indispensable. Coming he
as Americans is sort of presumptuous. Design is easier in the US because there
is no retention of culture. On the other hand, you can produce some mass mistake
this non-culture. You didn't have to fight against institutions to go forward. We jus
produce whatever we want. We can also just as easily produce gigantic malls wher
your children can appropriate the plastic New Age culture. We are critical because
we are not gullible to this new conception of space, time … of life portrayed in
the new product culture. I don't want my children zoning in no man's land as part
the non-experience. This is the reality.

And this reality is coming here. One of the things that I have said during the la
three days – is that there is a choice. The problem is how to understand and to have
cess to choice, how to have enough information to manœuvre the institutions, to ma
œuvre the technology. The second point is that the means of communication are le
and less accessible. This is a consequence of the increase in complexity and cost of s
tems. Of this we must be aware, seeking alternatives, opportunities and resistances.

The third thing is that for the moment most new media is pretty terrible: poor
navigation, poor visualisation … a lot of packaging and not much content. Next
to the promise, this is pretty much a deception. The most pressing problem for the
moment is not how to increase quality, but how to deal with the accumulation of
superficiality. You cannot defend yourself against the masses of stuff you never as
for. Freedom of contact is a new state of vulnerability. But in the moment, we are
really in the dark ages. Now, I think, we still have the choice and have to do it.

Manfred Faßler:

Darf ich kurz darauf antworten? Ich stimme Ihnen zu, daß die Qualität der Sende-
medien inklusive Internet, also die Bereiche des *Broadcastings* innerhalb des Inte
nets, bisher keine breite, hohe Qualitätsebene erreicht haben. Das hat aber – und d
Frage muß man sich dann schon sehr ernsthaft stellen – meiner Meinung nach dan
zu tun, daß die Garagensystematik des Denkens bis ins Netz, bis in die High-end-
Levels gegangen ist. Man muß es einmal anders herum sagen: Es hat Jahrhunderte

gedauert, bis das, was wir als Hohe Literatur oder Hohe Kultur in der Musik und so weiter beschrieben haben, entwickelt wurde. Man muß sich vielleicht noch mal auch die zeitlichen Dimensionen zurechtlegen: Wir haben die Personal-Computer seit zwanzig Jahren, wir haben *www – World Wide Web –* seit etwa zehn Jahren.

Die kulturellen Praxen haben sich als bewußte, ästhetische, kulturelle Praxen noch nicht stabilisiert. Was wir haben, sind ökonomische Praxen, Informationsübertragung und so weiter und so fort – das müssen wir gar nicht weiter diskutieren. Also ist für mich eher die Anforderung – und das war auch meine Kritik an der derzeitigen Politik – diese: Kümmert euch doch bitte mal darum, daß mit diesen medientechnologischen Entwicklungen tatsächlich Kulturen entstehen, und ihr habt, bitte schön, auch die Mittel dafür zur Verfügung zu stellen, daß genügend Menschen qualifiziert werden, mit diesen Medientechnologien tatsächlich das zu erhalten, was wir als wertvolle Kultur oder als wertige Kultur in irgendeiner Weise beschreiben können.

Also ist es für mich nicht so sehr ein Problem der Medientechnologie im Sinne der Technologie, sondern es ist eher ein Problem, daß die modernen – wie auch immer man sie nennt – Industriegesellschaften, postindustriellen Gesellschaften, diese Mediensysteme auf sich anwenden und so tun, als hätten sie mit ihnen nichts zu tun. Das ist mein Problem. Das ist durchgängig so, in fast allen Gesellschaften. Und da kann man sagen, die US-amerikanische Kultur habe keine so lange Tradition wie die unsrige. Das ist ja okay, das erinnert mich ein bißchen an *Steppenwolf* und *American Song.* Das ist lange her: »Where are you now, America?« Okay: Das hat jetzt sicher noch eine andere Aktualität, aber die Frage ist für mich gar nicht so sehr, welche Traditionen haben die Kulturen, sondern die Frage ist, welche Optionen auf die Zukunft haben sie? Und was hilft mir die Verteidigung einer Tradition, wenn ich weiß, es ist schön, am Abgrund zu stehen? Ich finde das nicht wirklich aufregend.

Noch ganz kurz auf einen anderen Zusammenhang: auf das, was ich vorhin meinte, bezogen auf die Projekthaftigkeit und Verbindung von Theorie und Praxis – wenn man sich überhaupt auf diesen Dualismus einstellt. Ich mag den sowieso nicht. Das ist eine Erfahrung. Von '89 bis '92 habe ich an einem Projekt zur künstlichen Intelligenz mitgemacht. Als Soziologe, Computer-Mensch und so weiter. Und wir hatten da eine ganze Menge Probleme, die aus der heutigen Sicht dadurch entstanden waren, daß uns nicht bewußt war, daß wir komplexe Welten produzieren, das heißt, daß wir komplexe Kulturen produzieren. Daß wir nicht nur das Ergonomieproblem haben – das ist sicherlich ein sehr wichtiges Interface-Problem –, sondern daß wir uns der Frage gar nicht gestellt haben: Was geschieht mit dem, was wir tun, außerhalb eines Nutzenzusammenhangs, den wir uns gerade mal so vorstellen können? Also, was geschieht in kultureller Breite damit?

Und das ist für mich so ein wichtiger Punkt: zu fragen – um noch mal auf die Hauptthese zurückzukommen: Wo sind denn eigentlich die kulturellen Anstrengungen in unseren Gesellschaften, die es ja noch in irgendeiner Weise gibt, zumindest Reste davon? Wo sind denn die kulturellen Anstrengungen, aus diesen medialen Systemen tatsächlich für uns lebensalltäglich wichtige hilfreichere Systeme zu machen? Da kommen Kategorien wie Anwesenheit, Erreichbarkeit, Partizipation, Transparenzen in's Spiel, all diese wichtigen Kategorien, die es zwar gibt, aber bisher liegt darunter eher die Ödnis. Es ist kulturell nicht beschrieben.

eration:

Haben Sie eine Idee, weshalb niemand sich um diese Vermittlung der Medienkompe-

tenz kümmert in dem Maße, wie es nötig wäre, denn das muß ja noch davor passie
ren? Warum der Staat das nicht macht, die Medien ja auch nicht?

Manfred Faßler: Ja, *der* Staat ist immer so eine Sache. Ich war längere Zeit Leiter eines Begabtenfö
derungswerks in Deutschland. Und habe damit bestimmte Erfahrungen mit Kultu
Bürokratien respektive mit Ministerien gemacht. Und bis Anfang der Neunziger
Jahre, also 1993/1994, war in Ministerien, die sich mit Bildung beschäftigten, ausdrücklich mit Bildung beschäftigten, die Standardantwort: Netzwerke, die brauch
wir nicht. Wir brauchen uns damit nicht zu beschäftigen, weil Bildung per Definiti
wie es da institutionalisiert war, textbasiert war. Vielleicht noch ein bißchen mehr,
denn das, was da unter Medien verstanden wurde, nämlich Bildzeitungslektüre in
Konfrontation mit Frankfurter Allgemeine durchzusetzen, das war noch so das Ei
zige, das auch den Lehrern zugelassen wurde, aber darüber hinaus passierte nicht

Erst in den letzten Jahren kommen langsame Versuche auf, nicht nur mittels
Landeshaushalten irgendwo in irgendeiner Schule Computer zu positionieren. So
wie es Bayern und Baden-Württemberg gemacht haben und dann Nordrhein-
Westfalen und so weiter. Also, ein Computer für eine Schule ist ja ganz toll, ist ja e
Superdurchbruch gewesen, hat ja viel Geld gekostet.

Auf der Infrastrukturebene geht man jetzt ran, aber die Öffentliche Hand hat
nicht das Geld dafür, das tatsächlich zu forcieren. Es gibt nicht *die* Beamten innerhalb der Ministerien, die mit dieser Perspektive der medientechnologischen
Entwicklung und deren Relevanz für die Ausbildung arbeiten – also diejenigen, d
Entscheidungsträger sind, sind nicht durch diese Sozialisation gelaufen. Das heißt
die Institutionen sind tatsächlich *Tribes*, also auch die Ministerien sind so etwas
wie *Tribes*, die ja auch ihre Territorien nach wie vor noch verteidigen. Also, es gibt
eine ganze Menge Probleme dabei, und ich denke – um es vielleicht ein bißchen
provokant zu sagen –, daß die Wirtschaft, die die Nutzerin und den Nutzer im Aug
hat, zum Teil verantwortlicher mit der Kulturfähigkeit der Mediensysteme umgeh
als es die Politik tut.

Teilnehmer 2: Daran würde ich gern anschließen. Das zeigt eigentlich auch, warum ich das
IFG-Forum so liebe. Es sind so viele weite Felder hier. Jeder hat sein Eigenes, sein
eigene Welt, seine eigene *sphere*, und dennoch wird hier der gemeinsame Nenner
der Gestaltung, der Kreation und der Überlappung und Konflikte gut zusammeng
bracht. Ich bin mal gespannt, wann uns die NASA den ersten Marsianer bringt,
der dann hier in der Runde mitdiskutieren kann über Gestaltung.

Ich möchte jetzt noch einmal zu dem *icono-clash* kommen, den Sie heute mor
gen schon angesprochen haben, der in unseren unterschiedlichen Kulturen existie
Es ist vielleicht wirklich so, daß durch die neuen Medien die Geschwindigkeit sich
so erhöht, daß wir mit unserer eigenen Evolution des Menschen nicht mehr hinter
herkommen. Vielleicht ist unsere Lebensform wirklich zu langsam, wenn ich höre,
daß bei der NASA Leute acht Kanäle gleichzeitig hören, denke ich, vielleicht
bräuchten wir – was gestern schon angesprochen wurde – eine Erweiterung unsere
Gehirnhälften. Also nicht nur, daß die linke sich mit der rechten vernetzt, sondern
vielleicht müssen sich irgendwelche Satelliten abspalten, die das dann separat be-
arbeiten und wahrscheinlich brauchen wir dann acht Ohren oder ähnliches. Also, d
tut sich einiges für uns Designer auf.

Dieser Medien-Analphabetismus, den Sie heute morgen angesprochen haben, auch diese Verzögerung oder der Abbruch, der da eventuell entsteht, der kann auch zu einer Erholung, zu einer Denkpause führen, was durchaus positiv ist. Es ist ja oft so: Man versucht irgendwo zuzuhören, und von hinten greift einer irgendwie ein, und man denkt plötzlich etwas ganz anderes. Also mein Unterbewußtsein und mein anderes Ich – oder vielleicht doch schon eine Abspaltung meiner Hirnhälfte. Ich finde, das ist auch gut so, denn sonst wären wir irgendwie stark manipulierbar, und wenn wir so stark manipulierbar sind – was wir ja sicher unterbewußt sind –, dann wäre das auch konstruierbarer, und das wollen wir doch vielleicht auch vermeiden.

Das klappt vielleicht auch deswegen, weil aufgrund des stetigen Wandels der Zeit und der Kulturen – und es gibt so viele Kulturen – sich immer noch eine Individualisierung herauskristallisiert, und das macht uns Designer, die wir als Gestalter aktiv sind, ja doch auch zur Person, die im *driver's seat* sitzt. Wir können mitreden, wir können mitsteuern, wir können mit die Knöpfe drücken, wir können mit am Zügel oder am *joystick* steuern – und das hilft uns dann vielleicht doch zu unserer Aufgabe. Unsere eigentliche Aufgabe ist ja die Ästhetik und diese eventuell nachhaltig zu beeinflussen. Das ist doch unser Job, und das ist auch unser Herzblut, denke ich mal als Gestalter. Da gibt es vielleicht in anderen Bereichen andere Ansichten.

Mich persönlich reizt das sehr, die Kreation von Produkten – wobei nicht jeder von uns ein George Lukas sein kann, der sich seine eigene Welt kreiert, die dann Sachen kann, die im Moment nur virtuell oder digital möglich sind. Da fällt dann eventuell auch auf uns zurück, ob und welche Schäden wir damit anrichten. Da ist er, dieser Konflikt: Die Leute bei Daimler kreieren Fahrspaß, schaffen aber gleichzeitig natürlich durch diesen Spaß am Fahren auch eine umweltpolitische Belastung, das ist ganz klar. Aber das wollen wir uns ja gönnen.

eration:

Jetzt stellt sich die Frage: Welche Frage stand dahinter, und an wen ist die gerichtet?

Petersen:

Was die Geschwindigkeitsentwicklung betrifft, glaube ich, zu jeder Zeit kam den Leuten vor, daß die Vergangenheit angenehm war, und die Gegenwart so anstrengend beschleunigt ist. Es gibt in der Geschichte des Automobils auch so nette Geschichten. Als man mit der unglaublichen Geschwindigkeit von zwölf Kilometern pro Stunde unterwegs war, mußten fahnenschwenkende Warnpersonen vorherlaufen, um den Rest der Bevölkerung vor diesen schnellen Geräten zu warnen. Und ich denke, so ist es auch mit anderen Medien. Wie uns in der Vergangenheit ein Fax als nahezu terroristische Erscheinung vorkam, dann die E-Mail, so relativiert sich das, wenn man gewöhnt ist, damit richtig umzugehen. Und es kommt dann die nächste Entwicklung, die einem erst mal wieder ungewohnt und sehr schnell erscheint. Das, glaube ich, ist ein Zeitphänomen.

ehmer 3:

Ich bin Gestalterin und habe eine Frage an alle. Ich möchte mit einer Geschichte beginnen, die schon lange zurückliegt: Es war einmal vor langer Zeit, als die Dinge noch sprechen konnten, ein *Pissoir*. Und dieses *Pissoir* hatte etwa 99.000 Geschwister, designed von einem Designer. Ein *Pissoir* wurde ausgewählt von einem Herrn, der hieß Marcel Duchamp, und der sprach zu ihm: »Ich nehme dir deine Funktion und gebe dir eine andere oder am besten gar keine.« Er stellte dieses *Pissoir* in einen anderen Kontext, und es war ein Kunstwerk. Das ist eine Neuerung, die ist nicht sehr

bekannt, unter uns natürlich schon. Quantitativ hat hier das Design absolut gewo
nen, die *Pissoirs* wurden benötigt. Qualitativ, als Gedankenleistung, stehe ich zu
Marcel Duchamp. Meine Frage ist – und eigentlich ist es fast keine Frage mehr: A
das Fernsehen erfunden wurde – die sogenannten Massenmedien –, da gab es
Leute, zum Beispiel Bruce Naumann, Ulrike Rosenbach, Klaus von Bruch, die ha
aus Schrottfilmen Sachen gemacht, die uns heute noch erschauern lassen. Aber
wen erschauern sie? Nur den, der sich bemüht, wirklich Rezipient zu sein für dies
Kunstfilme. Für mich liegen darin die Neuerungen.

Ich möchte Herrn Lionni fragen: Wieviel Geld würde er verdienen, wenn er n
seine Bücher und seine Ausstellungen machen würde und kein angewandtes Desi
Es geht – wie er auch gesagt hat – um Kreativität, und die Kreativität ist ein freies
Radikal. Und sie *ist* auch frei und radikal. Wir stecken in ungeheuren Zwängen, ur
als ich von der Automobilindustrie gehört habe, in welchen Zwängen sie steckt, w
mir angst und bange. Und diese Zwänge kommen nicht nur vom Konsumenten.

Meine Frage, die ich seit drei Tagen mit mir herumgetragen habe, ist jetzt bea
wortet. Die wirklichen Neuerungen, die gedanklichen Neuerungen, die kommen
nicht durch die Institutionen, und ich glaube auch nicht, daß sie von der Industrie
kommen. Ich denke, sie kommen immerhin noch von den freien Radikalen. Aber
kennt diese Radikalen, wer bemüht sich darum? Wer ist der Rezipient?

Manfred Faßler: Ich weiß nicht, wie viele virtuelle *Pissoirs* es inzwischen gibt, die Sie verwenden
könnten, aber möglicherweise stellt sich dann gerade bei dieser Entwicklung hera
daß selbst das ausgewählte virtuelle *Pissoir* nicht als *ready made* funktioniert. No
nicht mal als Junggesellenmaschine, sondern als eine kulturelle Komplexität, die
ganz andere Anforderungen auch an die Wiederverwendbarkeit, das heißt an die
künstlerische Transformation erstellt.

Das, was sie gefordert oder eingefordert haben, das »freie Radikal«, denke ic
kann überall passieren. Wenn ich – um noch einmal auf den Technologiebereich
zurückzugehen, den ich einigermaßen überblicken kann – mir die Entwicklung de
Webkultur anschaue, das, was im *World Wide Web* in den letzten zehn Jahren
auch künstlerisch versucht wurde, dann ist das vielleicht eine Variante, die nicht
ready made, sondern *instant made* heißt. Und dieses Instantane, Sofortige, das ist e
Qualität, die für den Moment gilt. Und wenn andere diese Momente aufnehmen,
ist das wunderbar, phantastisch. Aber es kann durchaus sein, daß auch diese
Momente schnell verloren sind. Das gehört eben auch zu dieser Dynamik, und da
wäre dann wirklich spannend, diese Kreativität, die Sie eingefordert oder angefra
haben, einmal für solche Prozesse zu thematisieren.

Es gibt noch keine Kunstgattung, die sich in diese Prozesse hineindefiniert. E
gibt Künstlerinnen und Künstler, die das versuchen und zum Teil – aus meiner Sic
auch exzellent und sehr spannend versuchen, so eine flüchtige Kreativität oder ei
fliehende Kreativität – das bedeutet ja auch eine Art Freiheit – im medientechnol
schen Bereich mal auf die Tagesordnung auch von Kunstdebatten zu setzen.

Eugen Gomringer: Um es kurz zu sagen: Ich glaube, wir müssen ein neues kulturelles Verständnis ent
wickeln in den nächsten Generationen. Sie wissen alle, daß Seele, daß wir Seelenda
über Silizium empfangen. Und vielleicht müssen wir einfach in kulturellen Räumer
denken. Wir sind das gar nicht mehr gewohnt. Wir meinen immer, das kulturelle

Verständnis bei uns, das ist eigentlich seit der Renaissance mehr oder weniger tradiert. Und jetzt müssen wir wahrscheinlich in virtuellen Räumen, eigentlich in neuen Kulturräumen denken, zum Beispiel so wie Dante Alighieri in der Divina Commedia. Das ist wieder ein Beginn. Und es ist auch gegeben in diesem Zeichen, dem Logo des IFG Ulm, das hier glücklicherweise entwickelt worden ist. Wir haben eine sehr schöne Verbindung von virtuellem mit abendländisch-geometrisch-physikalischem Verständnis. Das verbindet sich hier in diesem Zeichen, und ich würde gar nichts anderes machen, als daß wir uns bemühen, uns langsam seelisch auf diese Räumlichkeit einzustellen. Alles andere ergibt sich dann, und dieses Designgespräch, das hier so relativ kleinkariert stattfindet, muß sich dann aus diesen Dingen einfach ergeben. Das wird sich dann in diese Räumlichkeit einpassen müssen. Und verändern.

Lionni:

I agree with Constance. Art is subversive, or potentially so. I think that design is a bastardly occupation because it confronts the subversive aspect of creativity with the conformist aspect of functionality. I don't think that design is art, and it's a good thing. On the other hand, that design can benefit from the germ of dissension, from a critical view of the status quo. This should be much more a part of the design experience, and thus, the educational experience. Though seemingly esoteric, durable design is wholly dependent on an ethical critique of society. Aspiring for quality is the objective behind even the most insignificant design detail – and design education is the process by which we understand the necessity of a critical approach to the judgement of quality. Good design has always been controversial, thus radical, within its historical and cultural context. What has changed in the ultra-liberal paradigm is that big business has come to be considered a reference for quality and innovation because marketing tells us that what people like is good and what people are willing to pay for is desirable ... because this society is very short-sighted and desperate for harmony. This is unfortunate. Constructing, building, inventing, experimenting, learning ... take time. Quality of life is rarely profitable in the short term, and paradoxically, fear of change is often more important than the desire for well-being.

ration:

Ich möchte dieses Statement von Pippo Lionni gern als Schlußaufforderung verstehen und gebe ab an Sabine Süß.

e Süß:

Es sind elementare Vorträge und wichtige Debatten in den vergangenen Tagen zu erleben gewesen. Nicht zu vergessen die Gespräche, die in den Pausen oder am Rande der Tagung geführt wurden, intensiv, kontrovers, fruchtbar. Als Leiterin des Internationalen Forums für Gestaltung Ulm hoffe ich sehr, daß der Raum, den wir für solche Auseinandersetzungen bereithalten und in Zukunft verstärkt anbieten wollen, auch weiterhin so genutzt wird. Als Ort, um sich zu treffen, Themen losgelöst von den Beschränkungen des Alltags diskutieren zu können und sich mit Entwicklungen zu konfrontieren, die das eigene berufliche Selbstverständnis zu erweitern vermögen. Ich möchte allen, die hierzu beigetragen haben, danken, ebensowie ich allen, die oftmals im Hintergrund gewirkt haben, um die vergangenen Tage zum Gelingen zu bringen, zu tiefem Dank verpflichtet bin. Ich freue mich auf ein Wiedersehen und Ihr weiterhin lebendiges Interesse an der Ausgestaltung des Internationalen Forums für Gestaltung Ulm.

Zum 15. IFG-Symposium sei heute ein kurzes Schlußwort erlaubt. Wie Sie in den letzten zweieinhalb Tagen erfahren konnten, hat die Stiftung Hochschule für Gestaltung Ulm nach langer Vorbereitung beschlossen, das Internationale Forum für Gestaltung Ulm weiterzuentwickeln und nach Kräften weiterzuführen. Im Zentrum dieser Entwicklung steht die Verjüngung der aktiven Personen und die Ausweitung der Organisation für umfangreichere Aktivitäten. Diese Maßnahmen zielen darauf hin, im größeren Rahmen den Sinn- und Findungsprozeß im Bereich der Gestaltungskultur für die Zukunft weiter intensivieren zu können.

Grundlage für diese Entscheidung ist die Leistung des IFG's der letzten drei Fünfjahresperioden. Allein sie legitimiert einen weiteren überschaubaren Entwicklungsschritt. Das IFG hat ein geistiges Kapital geschaffen – dies wird uns in verschiedenen Formen immer wieder bestätigt. Ein Kapital also, für das wir dankbar sind und das für uns Verpflichtung bedeutet.

Wer sich mit der Geschichte der Stiftung und der alten HfG auseinandersetzt wird immer auf das angestrebte Primat der Unabhängigkeit stoßen. Stiftung und IFG konnten dieses Primat durch die spezifische Erfahrung der früheren Zeit aufrechterhalten und bewahren.

Ein so fragiles Gebilde kann nur durch engagierte und stets sich einbringende Persönlichkeiten in seiner Existenz gesichert werden.

Wir sind 15, wie wir meinen, aktuelle Themen angegangen. 15 Mal haben von einem Jahr zum nächsten die Intendanten gewechselt und diese haben sich jeweils ein Jahr lang dem Thema gewidmet. Die Summe der aus dem In- und Ausland berufenen Referenten wollen wir nicht zählen. Sie alle sind in unseren Büchern gegenwärtig.

Garantiert wurde diese Kontinuität aber durch den gestaltenden IFG-Fachbeirat. Persönlichkeiten, die sich über zwei, sogar drei Wahlperioden zur Verfügung gestellt und zum Teil auch die Intendanten-Funktion übernommen haben.

Es ist selbstverständlich, daß ihnen heute der persönliche Dank gebührt. Stellvertretend für die gesamte Beiratsarbeit, darf ich auf besondere Freunde und Namen eingehen. Eugen Gomringer und Helmut Spieker waren von Anfang an dabei. Später kam Klaus Lehmann dazu. Sie kamen aus Hof, Zürich und Stuttgart zu uns.
Ein Mann der ersten Stunde war auch der Ulmer Heinz Hahn. Er hat den Beirat in vielen Jahren als Vorsitzender geführt und durch alle Schwierigkeiten begleitet.
Ein besonderer Dank gehört natürlich dem viel zu früh verstorbenen Karl-Heinz Reisert, einem der beiden Begründer des IFGs.

Selbstverständlich, ohne die Förderung durch das Ministerium für Wissenschaft, Forschung und Kunst des Landes Baden-Württemberg und der Industrie – hier möchte ich besonders DaimlerChrysler nennen – wäre es dem Vorstand der Stiftung Hochschule für Gestaltung Ulm wesentlich schwerer gefallen, das angestrebte Ziel zu erreichen. Dafür sind wir besonders dankbar.

Mein letzter Dank gilt Ihnen, den engagierten Teilnehmern aus dem In- und Ausland. Ich wünsche Ihnen eine gute Rückreise und uns ein Wiedersehen im nächsten Jahr.

Fred Hochstrasser
Vorsitzender Stiftungsrat, Stiftung Hochschule für Gestaltung Ulm
15. IFG-Symposium, Abschluß und Ausblick

Klaus Feßmanns Workshop ›Die Gestalt des Klangs – Ideale Resonanzen‹ im Ulmer Münster und Pippo Lionnis Thema ›Alltägliche Zeichen – die Geschichte des Piktogramms‹ wie auch Axel Thallemers Tagesprojekt mit dem Titel ›Luft als Zeichen – Von der Geschichte eines Elements im Corporate Design‹ im Einstein Haus der vh Ulm gingen jeweils einen Tag lang pragmatisch wie theoretisch den zentralen Fragestellungen des sich anschließenden Symposiums nach: Wirken sich zunehmende digitale Vernetzung, vordringende Globalisierung und die Vermischung und Auflösung kultureller Grenzen auf den Gebrauch von Formen und Zeichen aus – und wie und in welcher Form tun sie es? In diesen von rund 40 Teilnehmern besuchten Workshops wurden die Themenstellungen aufgeworfen, ergriffen, erlebt, erarbeitet, entwirrt und verwirrt, vertieft und verflüchtigt, verdaut und vernetzt – so der Ansatz, die Idee und der Hintergrund. Daran teilgenommen haben Architekten, Gestalter, Musiker, Fotografen, Studenten und andere Interessierte.

Mit der Wahl der Themen und Referenten dieses Tages griffen wir Bereiche heraus, in denen zum einen die Unendlichkeit der Dimensionen besonders sichtbar und fühlbar waren, zum anderen die ursprünglichsten und ureigensten Bedeutungen von Form, Zeichen und Kommunikation erspürt werden konnten: Ohne Klang und das Verstehen des Klangs ist keine Welt denkbar. Zeichen und Symbole gebrauchte der Mensch bereits vor der Schrift und sind heute für die modernen Kommunikationsformen immer noch von entscheidender Bedeutung. Und die Luft – hatten wir dieses grundlegende Element jeden menschlichen Daseins bisher in dieser Deutlichkeit als Zeichen und Medium der Kommunikation verstanden?

Die Komplexität des Symposium-Themas verlangte geradezu danach, die unterschiedlichen Aspekte und Facetten in davorgeschalteten ganztägigen Workshops herauszuarbeiten, zu hinterfragen und zu verknüpfen. Unser Ziel war es, sowohl den Teilnehmenden des darauffolgenden Symposiums als auch denjenigen, die sich für Einzelthemen und einen bestimmten Referenten besonders interessierten, die Möglichkeit zu geben, einen Tag lang, in intensivem Austausch mit den anderen das Thema einzukreisen und gezielt zu erarbeiten. So konnten die verschiedenen Gesichtspunkte herausgeschält werden, so war es möglich, sich mit neuen und alten Phänomenen auseinanderzusetzen, Reaktionen zu betrachten, neugierig zu werden auf neue Erfahrungen, selbst Initiative zu ergreifen, inspiriert zu werden und sich in einzelne Aspekte zu vertiefen. Wir, die vh Ulm und das IFG, versprechen uns als Initiatoren von Workshoptagen wie diesem eine Konzentration auf das darauffolgende Symposium und eine Bereicherung dessen, die Erweiterung des Teilnehmerkreises, eine vielschichtige Belebung der Diskussion und der Debatten und eine direktere Herangehensweise an das Thema. Interessant mag in diesem Zusammenhang sein, daß auch das Echo der Referenten, die diese Workshops durchführten, in eben diese Richtung geht. Das heißt, für sich und das Symposium neue befruchtende Erkenntnisse gewonnen zu haben, die sie für ihre weiteren Beiträge im Rahmen des Kongresses und darüber hinaus nutzen können. Im Laufe des Symposiums war prägnant und anregend zu beobachten, wie die Arbeit in den Workshops die Debatten und Argumentationen beeinflußte und diesen andere Richtungen, neue Strukturen und tiefere Einsichten verlieh.

einhild Mergenthaler
e Gestalt des Klangs. Alltägliche Zeichen. Luft als Zeichen.
ei Workshops im Kontext des Symposiums

Einen Einblick in Verlauf und Ergebnisse der Workshops geben Zitate von Teilneh
menden:

»Schwingende – singende Steine eines Klangforschers und Komponisten im be-
rühmten Ulmer Münster, mit der Aussicht, das Schwingen der Steine, das Zum-
Schwingen-Bringen selbst leibhaftig erfahren und erproben zu dürfen, das war m
Workshop-Wahl. Birgt nicht dieser Sakralbau in sich Geheimnisse der Korrespon
denz architektonischer mit musikalischer Proportionslehre, ist nicht das Münster
in sich Zeuge einer Entwicklung von Form- und Zeichengebung im Dienste aben
ländischer Geistigkeit, die unser Bewußtsein über Jahrhunderte geprägt hat in
einem Ausmaß, das sich mittels gewöhnlichen Nachdenkens wohl kaum angemes
und auf die Schnelle erschließen läßt. Das Antworten des Baus auf die schwingen
Steine, körperlich spürbar an Boden und Wänden, hörbar in Form unterschiedlicher Nachhalle – im Chorraum wandernd, verschwindend, nach langer Stille
wiedererklingend – unterstützte und bestätigte eine der grundlegenden Forschun
hypothesen von Klaus Feßmann, der Musik, und nicht nur die Musik, konsequent
als Resonanzphänomen weit über musikalische Ereignisse (im Sinne traditionelle
Zuordnung) hinaus begreift, erforscht und komponiert. So war durch diesen
Workshop mein Bewußtsein nicht nur eingestimmt auch auf altes Wissen um man
geheimnisvolle Zusammenhänge unseres Erlebens und Kommunizierens von
Welt und Kultur, sondern darüber hinaus auch geschärft für die Begegnung mit de
Vorträgen und Diskussionen des Symposiums und der darin anklingenden und
(vielleicht) zu selten aufgegriffenen Frage nach der Verantwortung des Setzens ve
Formen und Zeichen, Verantwortung im Sinne radikaler Würdigung der Dimensi
des Ästhetischen als Movens von Bewußtsein und Kommunikation überhaupt.«
Petra Sachsenheimer, Dozentin für Musik und Tanzpädagogik, Universität
Mozarteum, Salzburg.

»Der Workshop bei Axel Thallemer war weniger aktives Gestalten als vielmehr
aktives Zuhören. Die Nähe in der kleinen Gruppe nahm Axel Thallemer das Ikon
hafte und der Gruppe die Scheu vor Verständnisfragen. Dieses intensive Warm-up
war ein sehr angenehmer Beginn des Kongresses. Die ausreichende Zeit, die zur
Verfügung stand, ermöglichte tiefe Einblicke in seine Konzepte und legte mir eine
Denkstruktur vor, die ich so nah und intensiv noch nie erlebt hatte ... Das Thema
einer Firma in umfassender Form zu entwickeln, die firmeneigenen Forschungen n
einzubeziehen und Entwicklungen und Erfindungen der CI-Kampagne auf die
Produktpalette einer Firma rückzuübertragen; dies war neben einer Fülle verblüf-
fender Ergebnisse aus der Wissenschaft die Hauptaussage seines Vortrages. Diese
Beginn trug für mich auch Früchte im folgenden Forum, in dem weitere Referenten ähnlich vielschichtige Themen bearbeitet hatten und dies nur in einem Brucht
der Zeit zu vermitteln versuchten.« Felix Nolze, 3. Semester Produktdesign,
FH Potsdam.

»Axel Thallemer hatte ich bisher zweimal als Vortragenden erlebt... Ich war faszi-
niert sowohl von der Person Thallemer als auch der Philosophie von Festo.
Axel Thallemer selbst nun schafft es, einen auf eine rasante, etwa einstündige Reis
in seinen Vorträgen in die Festo-Welt mitzunehmen, die er fast ohne Punkt und

Die Gestalt des Klangs. Alltägliche Zeichen. Luft als Zeichen. Drei Workshops im Kontext des Symposiums

206 / 207

Komma, ohne Manuskript, man hat fast das Gefühl aus dem Stand, anhand un-
zähliger Dias durchbraust. Man kommt kaum zu Atem, obwohl es ständig um Luft
geht. Noch hin und her gerissen zwischen den beiden Workshops ›Klangsteine‹ mit
Klaus Feßmann und eben ›Luft als Zeichen‹ mit Axel Thallemer, entschied ich
mich auf Grund der gemachten Erfahrungen für letzteren, um das Gesamtbild zu
vervollständigen und – so die Vorstellung – durch gemeinsames ›worken‹ in die
›Luft-Denke‹ von Festo mitgenommen zu werden. Das Treffen der Teilnehmer aller
drei Workshops im Ulmer Münster, wo Klaus Feßmann mit seinen Klangsteinen
schon eine halbe Stunde früher begann und wir anderen dem Anfang beiwohnen
durften, war vielversprechend. Faszinierend, seinen Ausführungen zu lauschen, und
ersten Tönen, die er seinen Steinen mit angefeuchteten Händen entlockte, nach-
zuhören. Ich konnte mich sehr schwer trennen. Warum nur – die Frage ging mir
durch den Kopf – bleibt man letztlich doch an Altbekanntem kleben, anstatt sich von
völlig Neuem, Fremdem inspirieren zu lassen?« Lioba Geggerle, Grafikdesignerin,
Ulm.

»Fight for Quality! – Ein Tag im Land der Zeichen, im Land von Pippo Lionni.
Halten wir fest: die Welt ist schlecht, aber Piktogramme sind gut, denn sie erzählen
von der Wahrheit. Wahrheit, was ist das? Globalisierung, ein modisches Wort?
Was ist globale Kommunikation? Der Workshop mit Pippo Lionni gab den Teilneh-
mern keinen Leitfaden für das Entwerfen funktionierender Zeichen in die Hand.
Vielmehr wollte Lionni uns auf den Zahn fühlen. Und das letztendlich, um die nötige
Sensibilität hervorzulocken, der es zum Verstehen seiner Piktogramme bedarf ...
Seine Geschichten entstehen, weil er Beziehungen zwischen den Zeichen herstellt:
was eigentlich zählt, ist das Zeichen zwischen zwei Zeichen. Und das verleiht seiner
Arbeit die spürbare Lebendigkeit. Schon während des Workshops und der Diskussionen wurde klar: ›Communication is not global‹. Somit war der eigentliche
Aufsatz des Symposiums geklärt, um so spannender die Aufgabe, den Vorträgen der
verschiedenen Referenten zu folgen. In den folgenden drei Tagen konnte eine Ausweitung des Themas durch Beiträge aus unterschiedlichen Disziplinen stattfinden.
Um so mehr wurde die These des ersten Tages bestärkt: ›Communication is not
global‹.« Judith Konz, 11. Semester Design, Köln International School of Design.

Die obigen Zitate mögen einen sehr individuellen Einblick geben in Erlebnisse von
Teilnehmenden der Workshops, sie stehen für die vielfältigen und vielschichtigen
Eindrücke, Assoziationen, Erfahrungen und Ergebnisse, die an diesem Tag erlangt
und erlebt wurden, sie stehen für Einsichten, die neue Einsichten einfordern, ja
unumgänglich machen, die neue Fragestellungen aufwerfen und neue Diskussionen
auslösen. Einsichten, die dem Kreislauf der Zeichen und der Kommunikation neue
Richtungen, neue Wege, neue Ziele, neue Inspiration, neue Erkenntnisse und
neue Impulse eröffnen, gebaut auf dem Fundament des Vorhandenen, getränkt und
gestärkt von dem Wissensdurst des Menschen, seiner immerwährenden Neugierde,
seiner immerwährenden unbeantworteten Fragen und dem Bedürfnis nach Verstehen und Erfahren.

munik

ation

anhang
appendix

ation

Zweck der Stiftung Hochschule für Gestaltung ist es, in Ulm eine Hochschule für Gestaltung und ein Forschungs- und Entwicklungsinstitut für Produktgestaltung unterhalten. Die Stiftung Hochschule für Gestaltung soll auf überparteilicher und überkonfessioneller Grundlage sowie ohne Rücksicht auf Herkunft und Vorbildu ihrer Schüler eine zeitnahe universelle Ausbildung vermitteln, welche fachliches Können, kulturelle Gestaltung und politische Verantwortung zu einer Einheit ve bindet. Dabei sind vor allem Gestaltungsgebiete mit starken sozialen Auswirkung vorgesehen wie Formgebung von Industrieprodukten, Architektur und Städtebau Journalismus, Rundfunk, Fernsehen, Film, Werbung.

Das Forschungs- und Entwicklungsinstitut für Produktgestaltung bezweckt die Forschung und Entwicklung auf dem Gebiet der industriellen Erzeugung im weit sten Sinne. Das Institut erarbeitet Grundlagen zur Beurteilung von Fakten, die fü die Erzeugung qualitativ hochwertiger Erzeugnisse von Industrie und Gewerbe notwendig sind und die es ermöglichen, den Lebensstandard der Bevölkerung un die Exportfähigkeit der Produkte zu erhöhen.

Das Stiftungsvermögen dient der Erfüllung der vorstehend bezeichneten Zwecke ausschließlich und unmittelbar und erstrebt keinen Gewinn.

Solange die in Absatz eins genannten Institutionen in Ulm nicht unterhalten werden, soll die Stiftung – unbeschadet ihrer Verpflichtung, die Verwirklichung de in Abs. 1 – 4 niedergelegten Stiftungszweckes anzustreben – in geeigneter Weise Förderung von Wissenschaft und Gestaltung, insbesondere auf dem Gebiet der Produktgestaltung, betreiben.

Der Vorstand besteht aus drei Mitgliedern. Er wird vom Stiftungsrat auf die Dauer von jeweils fünf Jahren bestellt. Der Stiftungsrat bestellt eines der Mitglied zum geschäftsführenden Vorsitzenden. Dem Vorstand gehören derzeit an:

Ilse Hochstrasser, Ulm
Dr. Hans Peter Holzer, Ulm (geschäftsführender Vorsitzender)
Ulf Kaufmann, Ulm

Der Stiftungsrat kann den gesamten Vorstand oder einzelne Mitglieder jederzeit unbeschadet bestehender arbeitsrechtlicher Ansprüche abberufen.

Der Stiftungsrat besteht aus 15 Mitgliedern, und zwar je einem Vertreter des/der

Kultusministeriums des Landes Baden-Württemberg
Wirtschaftsministeriums des Landes Baden-Württemberg
Finanzministeriums des Landes Baden-Württemberg
Bundesministeriums des Innern/für Wirtschaft
Stadt Ulm

Die weiteren 10 Mitglieder werden von den in Absatz eins genannten fünf Mitgliedern auf Vorschlag des Vorstandes und gegebenenfalls nach Anhörung der

Das IFG Ulm in seiner institutionellen Umgebung
Die Stiftung Hochschule für Gestaltung Ulm

Aufsichtsbehörde gewählt. Je ein Mitglied soll aus dem Bereich der Universität Ulm und aus dem Designbereich kommen; im übrigen sollen die Mitglieder Persönlichkeiten des öffentlichen Lebens sein, die an der Verwirklichung des Stiftungszwecks interessiert sind.

Dem Stiftungsrat gehören derzeit an:

Dipl.-Ing. Fred Hochstrasser, Architekt, Ulm (Vorsitzender des Stiftungsrats)
Dipl.-Ing. Alexander Wetzig, Architekt, Ulm (stellvertretender Vorsitzender des Stiftungsrats)
Bundesministerium für Wirtschaft und Technologie, Bundesrepublik Deutschland, Vertreter: Reg.-Dir. Bodo Hacke
Ministerium für Wissenschaft, Forschung und Kunst des Landes Baden-Württemberg, Vertreter: Regierungsdirektor Hans Peter Radolko
Ministerium für Finanzen Baden-Württemberg, Vertreter: Ministerialrat Arnulf Krueger
Ministerium für Wirtschaft, Mittelstand und Technologie Baden-Württemberg, Vertreter des Landesgewerbeamtes Baden-Württemberg: Henning Horn, Dipl.-Designer, Leiter des Design Center, Stuttgart
Stadt Ulm, Oberbürgermeister Ivo Gönner
Dr. Heinz Ahrens, Memmingen
Dr. Dieter Bosch, Leiter Corporate Protocol, DaimlerChrysler AG, Stuttgart
Prof. Horst Diener, Dipl.-Designer, Ulm
Dr. Dietrich Eberhardt, Kanzler der Universität Ulm
Dipl.-Ing. Harald Landmann, Geschäftsführer Produktion, EvoBus, Ulm
Dipl.-Kfm. Eduard Schleicher, persönlich haftender Gesellschafter, E. Schwenk Baustoffwerke KG, Ulm
Prof. Dr. Hans Wolff, Rektor der Universität Ulm
N. N.

Die in Absatz zwei genannten Mitglieder gehören dem Stiftungsrat auf die Dauer von drei Jahren an. Wiederbenennung ist zulässig.

Gegenstand des Unternehmens ist die Einrichtung eines Internationalen Forums
Gestaltung in Ulm (IFG Ulm). Das Forum soll unter Beteiligung von internation
anerkannten Referenten für Teilnehmer aus dem In- und Ausland eingerichtet w
den; seine Aufgabe ist die praxisbezogene Erforschung von Gestaltungsprozesse
und deren Vermittlung durch Weiterbildung. Diese Aufgabe soll insbesondere du
Abhaltung einer jährlichen Sommerschule in Ulm und ähnlich geeigneter Maßna
men verwirklicht werden.

Die Organe der Gesellschaft sind:

Die Gesellschafterversammlung (die zunächst aus dem einzigen Gesellschafter, d
Stiftung Hochschule für Gestaltung, besteht).
Der Fachbeirat 2002, bestehend aus:

Dr. Ing. Heinz Hahn, ehemals Deputy Chief Executive Officer der Iveco-Fiat SpA
Torino, Italien (Vorsitzender des Fachbeirates)
Prof. Horst Diener, Dipl.-Designer, Ulm
Prof. Eugen Gomringer, Kunstschriftsteller, Rehau
Prof. Klaus Lehmann, Staatliche Akademie der Bildenden Künste, Stuttgart
Prof. Helmut Spieker, Architektenteam 98, Zürich
Dipl.-Ing. Fred Hochstrasser, Architekt, Ulm (Vertreter der Stiftung HfG Ulm)

Als verantwortliche Leiter des Internationalen Forums für Gestaltung bestellt die
Gesellschaft jährlich Intendanten. Aufgabe der Intendanten ist die eigenverantwo
liche Festlegung der zu erarbeitenden und durch das Forum zu vermittelnden The
matik, die Einsetzung und Überwachung der zu diesem Zwecke einzurichtenden
Arbeitsgruppen sowie die Oberleitung des Forums selbst.

Die Befugnisse der Intendanten im Einzelfall werden durch einen zwischen der
Gesellschaft und den Intendanten abzuschließenden Vertrag geregelt. Die Auswa
der Intendanten erfolgt durch den Beirat, der auch Vorgaben für die zu erarbeiter
und zu vermittelnde Thematik geben kann.

Intendant 1988: ›Gestaltung und neue Wirklichkeit‹, Prof. Eugen Gomringer
Intendanten 1989: ›Kulturelle Identität und Design‹, Alexander und
Gudrun Neumeister
Intendanten 1990: ›Im Namen des Nutzers‹, Prof. Eugen Gomringer und
Prof. Helmut Spieker
Intendant 1991: ›Privat in der Öffentlichkeit‹, Prof. Dr. Günther Feuerstein
Intendanten 1992: ›Gemeinsam nutzen statt einzeln verbrauchen‹, Walter R. Stah
und Prof. Eugen Gomringer
Intendanten 1993: ›Die Gruppe – Identität in der Masse‹, Prof. Ivo Frenzel und
Prof. Klaus Lehmann
Intendanten 1994: ›Das Einfache‹, Prof. Eugen Gomringer und Prof. Helmut Spie
Intendanten 1995: ›Entwürfe für die Dritte Neuzeit‹, Prof. Ivo Frenzel und
Prof. Dr. Ing. Christoph Hackelsberger

Das IFG Ulm in seiner institutionellen Umgebung
Das Internationale Forum für Gestaltung Ulm

Intendantinnen 1996: ›Mensch – Masse – Medien. Interaktion oder Manipulation‹,
Dr. Wibke von Bonin und Prof. Dr. Beate Schneider
Intendanten 1997: ›Globalisierung / Regionalisierung. Ein kritisches Potential zwischen zwei Polen‹, Prof. Klaus Lehmann und Prof. Dr. Dr. Franz Josef Radermacher
Intendanten 1998: ›Gestaltung des Unsichtbaren‹, Dr. Gunter Henn und
Prof. Dr. Friedrich Schmidt-Bleek
Intendanten 1999: ›Strategischer Raum – Urbanität im 21. Jahrhundert‹,
Prof. Dr. Marc Angélil, Prof. Dr. Peter Baccini und Prof. Helmut Spieker
Intendanten 2000: ›Gestaltung Macht Sinn – Macht Gestaltung Sinn?‹,
Iris Laubstein und Prof. Eugen Gomringer
Intendanten 2001: ›Heureka oder die Kunst des Entwerfens‹, Prof. Dr. Matthias Götz
und Bruno Haldner
Intendantin 2002: ›Form und Zeichen – Globale Kommunikation‹, Sabine Süß

Das IFG Ulm ist eine Folgeinstitution der 1968 geschlossenen Hochschule für
Gestaltung Ulm. Zweck des IFG Ulm ist die praxisbezogene Erforschung und
Entwicklung von Gestaltungsprozessen und die Vermittlung der Ergebnisse durch
Weiterbildung und Publikation. Insbesondere dient es dem interdisziplinären,
internationalen, interkulturellen und zukunftsweisenden Austausch über
Gestaltungsfragen.
    Das IFG Ulm setzt an die Stelle eines geschlossenen Hochschulbetriebes
thematisch gebundene Projekte aus den Bereichen Produktgestaltung, visuelle
Kommunikation und industrialisiertes Bauen.

Das Bauhaus (Weimar, dann Dessau) existierte von 1919 bis 1933. Nach eigener A sage war das Bauhaus wichtig, weil es den Mut hatte, die Maschine als ein des Kü lers würdiges Werkzeug zu akzeptieren, weil es das Problem der guten Form für d Massenproduktion aufgriff, weil es die Lücke zwischen Künstler und Industrie üt brückte, weil sein Einfluß sich über die ganze Welt verbreitet hat.

Warum die Hochschule für Gestaltung Ulm (HfG Ulm) kein neues Bauhaus war: Die HfG betrachtete sich zwar einerseits als Weiterführung des Bauhauses, andererseits wäre eine Weiterführung ein restauratives Bemühen gewesen. Die Hochschule für Gestaltung Ulm übernahm die progressive, antikonventionelle Haltung mit dem Bestreben, einen Beitrag zu leisten zu dieser eigenen Gesellscha der historischen Situation. Sie brachte ganz entscheidend Wissenschaft und Gestaltung zusammen, lehrte keine Kunst, aber visuelle Kommunikation und Inform tion. Die HfG Ulm existierte von 1953 bis 1968.

Warum ist das Internationale Forum für Gestaltung IFG Ulm weder ein neues Bauhaus noch eine Hochschule für Gestaltung HfG? Bauhaus und HfG Ulm hab den Anstoß gegeben zu einer fundierten Ausbildung von Gestaltern in verschiede nen Sparten. Gestaltung beziehungsweise Design wird heute weltweit in guten Schulen gelehrt. Heute geht es mehr um die konzentrierte Behandlung wichtiger Themen von internationaler Geltung, um eine Erweiterung des schulischen Ange bots. Das IFG Ulm ist deshalb keine Schule. Es gehört zum Typus ›Konferenz‹ ode ›Gipfeltreffen‹. Es behandelt jedes Jahr ein Thema in Form eines Forums, in dem Fachleute zu Wort kommen und die Teilnehmer ebenfalls zur Diskussion beitrage

Die neue Forschungs- und Weiterbildungsstätte IFG Ulm befaßt sich mit der Wirkung und Bedeutung von Gestaltung in Gesellschaft, Kultur und Wirtschaft. D internationale und interdisziplinäre Orientierung des IFG Ulm entspricht der heutigen Arbeitswelt des Gestalters. Angestrebt wird eine fachlich auf höchstem Niveau der Forschung und Entwicklung fundierte Weiterbildung. Frühzeitig solle Probleme der Gestaltung erkannt und bearbeitet, hochqualifizierte Nachwuchs-kräfte gefördert werden.

Das IFG Ulm will die Teilnehmer mit aktuellen gesellschaftlichen und kulturelle Entwicklungen und wegweisender Gestaltung vertraut machen sowie auf neue Fragestellungen und künftige Führungsaufgaben vorbereiten.

Teilnehmer aus dem Ausland sollen hier Gelegenheit erhalten, kulturelle, politisch und wirtschaftliche Aspekte der Bundesrepublik Deutschland kennenzulernen, und aktiv internationale Kontakte zwischen Gestaltern knüpfen und fördern.

Das IFG Ulm setzt an die Stelle eines geschlossenen Hochschulbetriebs thematisc gebundene Projekte.

Das Gesamtprogramm umfaßt eine öffentliche Tagung, die Publikation der Beiträ sowie in Zukunft themenbezogene Veranstaltungen in kleineren Kreisen.

Das IFG Ulm in seiner institutionellen Umgebung
Bauhaus, Hochschule für Gestaltung Ulm (HfG Ulm),
Internationales Forum für Gestaltung Ulm (IFG Ulm)

Constance M. Adams

Constance M. Adams, geboren 1964, hat nach Abschluß des Harvard/Radcliffe College an der Yale School of Architecture (USA, Connecticut) Architektur, Urbanistik und Landschaftsplanung studiert. Nach einer frei-künstlerischen Erziehung startete sie ihre berufliche Laufbahn als Dichterin, politische Aktivistin und Soziologin, bevor sie als Architektin arbeitete. Nach der ›Wende‹ verbrachte sie vier Jahre (1992 – 95) in Berlin und arbeitete an diversen unterschiedlichen Projekten, einschließlich zweier Bauten in der Friedrichstraße für den Architekten Josef Paul Kleihues.

Seit 1997 arbeitet sie als Weltraumarchitektin und Human Factor Engineer bei Lockheed Martin Space Operations Company im Auftrag der NASA in Houston, Texas. Damit gehört sie zu den wenigen Architekten unter einer Vielzahl von Ingenieuren bei der NASA. Aktuell arbeitet Constance M. Adams in der ›Mission Control‹ der NASA und setzt sich mit der Kommunikation in Weltraumstationen bzw. deren Dialog mit der Erde auseinander. Tokio, Madrid, Oxford und Paris gehörten zu weiteren Stationen ihres beruflichen Werdegangs.

Horst Diener, Prof.

Horst Diener, geboren 1939, hat sein Diplom in Produktgestaltung 1964 an der renommierten ehemaligen Ulmer Hochschule für Gestaltung erworben. Rund zehn Jahre war er für das Design der Firma Gugelot verantwortlich und gründete 1974 sein eigenes ›Institut für innovative Gestaltung‹, das heute unter dem Namen ›designpraxis diener ulm‹ firmiert. Schwerpunkt der ›designpraxis diener‹ ist das Produktdesign von Investitionsgütern und technikorientierten Konsumgütern. Zu den Kunden gehören u.a. WMF, VW, Pfaff, Viesmann und Voith.

Fast 200 Preise und Auszeichnungen aus aller Welt, darunter der französische Staatspreis ›Janus‹ und der deutsche Bundespreis bezeugen den Erfolg von Dieners gestalterischen Arbeiten eindrucksvoll. Den if-design award, einen der bekanntesten und bedeutendsten Design-Preise weltweit, erhielt er bereits mehrfach, im Design-Ranking ist er bei den top ten. Neben seiner Tätigkeit als Designer ist Horst Diener ein gefragter Juror bei nationalen und internationalen Design-Wettbewerben und Berater. Mit seiner Lehrtätigkeit und dem Aufbau des Studienganges ›Technisches Design‹ und ›Digital Media‹ an der FH Ulm engagiert er sich für den Design-Nachwuchs und bildet Praktikanten an seinem Institut aus. Von der FH Ulm wurde er mit einer Honorarprofessur geehrt.

Manfred Faßler, Prof. Dr.

Manfred Faßler erlangte nach einem Studium in Bonn und Berlin sein Diplom in Soziologie, seit 1979 Dr. rer. Pol. Nach Lehrtätigkeit an der FU in Berlin wechselte er als Direktor an das Begabtenförderungswerk des Evangelischen Studienwerks Villigst. Nach der Habilitation erfolgte 1995 der Ruf an die Universität für angewandten Kunst in Wien, Lehrkanzel für Kommunikationstheorie. Ab 1998 war er Vorstand des Instituts für Experimentelles Gestalten und Raumkunst der UaK Wien.

Seit 2000 ist er am Institut für Kulturanthropologie und Europäische Ethnologie der J.W. Goethe-Universität in Frankfurt tätig. Zu den Forschungsschwerpunkten des Medien- und Kommunikationswissenschaftlers zählen Medienevolution,

iographien

Virtuelle Realität und globale Netzwerke. Er hat verschiedene internationale Forschungsprojekte initiiert und geleitet sowie Publikationen zu seinen Forschun themen herausgegeben. U.a. ist er Initiator und Mitbegründer des ›Centers for Media, KnowledgeCultures, Imagination and Development/CCID‹ an der Goeth Universität Frankfurt.

Klaus Feßmann, Prof.

Der Musiker und Komponist Klaus Feßmann, geboren 1951, begann seine Karrie mit einer klassischen instrumentalen Ausbildung (Klavier, Flöte, Trompete). Nach einem Studium der Germanistik und Schulmusik ging er an die Musikhochschule Stuttgart, wo er Komposition studierte. Als Dozent der Musiktheorie enga gierte er sich ab 1983 an der Musikhochschule Stuttgart und ist seit 1997 an der renommierten Universität Mozarteum Salzburg als Hochschulprofessor tätig. Ausgezeichnet mit Kompositionspreisen wie dem Stuttgarter Hochschulpreis für das II. Streichquartett (1981) oder dem Kompositionspreis des Landes Baden Württemberg (1990) bewegt sich Klaus Feßmann heute in den Grenzbereichen von Musik, bildender Kunst, Bildhauerei und multimedialem Denken. Seine künst rische Tätigkeit umfaßt bisher mehr als 200 nationale wie internationale Ausstellu gen, Konzerte und Vorträge sowie diverse Kompositionsaufträge aus dem In- und Ausland.

Feßmanns aufsehenerregendstes Projekt, die Wiederentdeckung und Weiterentwicklung der Klangsteine, wurde aus der Idee geboren, schwingende Materiali in das musikalische Zeichensystem einzubeziehen. Durch eine spezifische Art des Bearbeitens der Steine aus Serpentin, Granit, Travertin oder Marmor und unt Zuhilfenahme von Wasser gelang es Feßmann, den Steinen die faszinierendsten Töne und Klänge zu entlocken. So konnte er nicht nur die bereits vor über 3000 Jahren in China gespielte Steinmusik wiederbeleben, sondern auch ein internationales Publikum für das Phänomen der Klangsteine begeistern.

Siegfried Frey, Prof. Dr.

Siegfried Frey arbeitete von 1966–71 am Max-Planck-Institut für Psychiatrie in München. Es folgten Arbeitsaufenthalte an der University of California (1971–73 und an der Universität Bern (1974–85). Seit 1985 ist Siegfried Frey Professor für Kommunikations- und Medienpsychologie an der Universität Duisburg und Leite des Laboratoriums für Interaktionsforschung.

In zahlreichen internationalen Forschungsprojekten im Bereich der humanwissenschaftlichen Kommunikationsforschung stellte er als führender Koordinato seine Kompetenzen unter Beweis. Seine Grundlagenarbeiten zu Theorie und Methodik auf diesem Gebiet wurden mit dem ›Forschungspreis Technische Komm nikation‹ der Alcatel SEL Stiftung ausgezeichnet. Seit 1999 ist er Vorstandsvorsitzender der Europäischen Akademie für multi-mediales Lernen in der Weiterbildung. In seinen Publikationen und Arbeiten setzt er sich mit der Theorie der nonve balen Kommunikation auseinander. So analysiert er u.a. die Rolle der Medien in der Vermittlung von Bildern und der Manipulation ihrer Bedeutung und beschäfti sich mit dem Zusammenhang zwischen der Wahrnehmung von Körpermerkmalen und Rückschlüssen auf Persönlichkeitseigenschaften.

Mieke Gerritzen

Mieke Gerritzen wurde 1962 in Amsterdam geboren, wo sie bis 1987 ein Studium der audiovisuellen Medien an der Rietveld Akademie absolvierte. Nach der Ausbildung entwarf sie zunächst Bücher, Kataloge und Poster für den kulturellen Bereich und konnte 1994 erste Erfolge als Web-Designerin für die Digital City in Amsterdam verbuchen. 1994–98 hatte sie einen Lehrauftrag für Multimedia an der Rietveld Akademie, Amsterdam, inne. Seit 1998 leitet sie das Design Department des Sandberg Institute.

Sie ist Gründerin der Agentur NL.Design, die u.a. Initiator des Internationalen Browserdays ist, der schon in New York, Berlin und Amsterdam ausgerichtet wurde, um Alternativen zu bestehenden Web-Browsern wie Microsoft und Netscape aufzuzeigen. Junge Designer haben hier die Chance, innovative Konzepte zur Suche nach Informationen im Internet zu entwickeln. Sie verantwortete u.a. das Design des holländischen TV-Senders Channel 3.

Michael Kölch, Dr.

1970 in Augsburg geboren, studierte Michael Kölch Humanmedizin an den Universitäten Rostock, Berlin (FU) und Wien. Nach seiner Approbation als Arzt im Jahr 2000 war er als wissenschaftlicher Mitarbeiter der Klinik für Psychiatrie, Psychosomatik und Psychotherapie des Kindes- und Jugendalters, Campus Virchow-Klinikum der Berliner Charité tätig. Gleichzeitig Weiterbildung in Verhaltenstherapie. 1995–2002 Dissertation am Institut für Geschichte der Medizin (FU Berlin) des Zentrums für Human- und Gesundheitswissenschaften, Berlin über die ›Theorie und Praxis der Kinderpsychiatrie in Berlin 1920–1935‹. Zudem ist er Mitglied in Arbeitsgruppen des Instituts zu Themen wie Krankenhausgeschichte im Berliner Raum und Wissenschaftsgeschichte der Psychiatrie und Psychotherapie. Im September 2001 wechselte Michael Kölch zum Universitätsklinikum Ulm, wo er in der Klinik für Kinder- und Jugendpsychiatrie / Psychotherapie arbeitet.

Reed Kram

Der amerikanische Designer und Dozent Reed Kram, Jahrgang 1971, lebt und arbeitet in Kopenhagen und Stockholm. Neben seiner Forschungsarbeit im Chalmers Medial in Göteborg unterrichtet er an der Designskolen Kolding, Dänemark. Seine Arbeit umfaßt interaktive Graphiken, Neue Medien Performances, elektronische Spiele, interaktives Fernsehen, Lernsoftware und Informationsarchitektur, die schon in den USA, Europa und Japan ausgestellt wurde. Er ist zudem Gründungsmitglied der legendären ›MIT Media Lab's Aesthetics & Computation Group‹ unter Vorsitz von John Maeda.

1999 gründete er mit ›kramdesign‹ sein eigenes Studio für digitales Mediendesign. Zu seinen jüngsten Projekten gehören Living 2020, die Entwicklung eines prototypischen Lebensraums für das Jahr 2020, oder das interaktive Mediendesign und Konzept für die neuen Prada-Shops in Zusammenarbeit mit dem niederländischen Architekten Rem Koolhaas.

Pippo Lionni

Pippo Lionni wurde 1954 in New York geboren. Er studierte an der Portland Stat
University und New York University Philosophie und Mathematik und entdeckt
sein Interesse für Design erst in den späten 70er Jahren. Sein konzeptioneller
Anspruch gilt multidimensionalen Systemen, die eine Vielzahl von Einflüssen in
vereinen, wie etwa Leit- und Beschilderungssysteme, Szenographie oder Corpor
Identity Programme. Er ist Mitbegründer der international renommierten Desig
Agentur ›Ldesign‹, die u.a. für Auftraggeber wie Unicef, Renault, L'Oréal, Giorg
Armani, Adidas oder das Centre Georges Pompidou arbeitet. Zuletzt erreichte
Ldesign zusammen mit Leonardi/Wollein aus Berlin den 2. Platz im Internationa
Wettbewerb für das Leitsystem der Museumsinsel Berlin.

Darüber hinaus gilt sein Engagement vor allem der Designausbildung und
-forschung. So lehrte er an diversen internationalen Universitäten, z.B. in Frankr
England und Italien. Neben zahlreichen internationalen Ausstellungen gewann
Lionni verschiedene Auszeichnungen auf dem Gebiet der Kommunikationskonz
tion und -gestaltung. Charakteristisch für sein Werk ist die Arbeit ›Facts of Life‹,
zu der seit 1998 mittlerweile drei Bücher zum Wesen des Piktogramms erschiene
sind.

Jörn Petersen

Nach seinem Abschluß als Industrie-Designer 1982 arbeitete Jörn Petersen zunä
als selbständiger Designer, bevor er 1989 zur DaimlerChrysler AG wechselte und
dort im Bereich Corporate Design eine leitende Position innehatte. Seit 2001 leit
den Bereich Design/PKW Interieur-Komponenten und Bedienelemente bei der
DaimlerChrysler AG.

Werner Stegmaier, Prof. Dr.

Prof. Dr. Werner Stegmaier, geb. 1946 in Ludwigsburg, promovierte mit seiner Di
sertation ›Substanz. Grundbegriff der Metaphysik‹ zum Doktor der Philosophie i
Tübingen. Bis zu seiner Habilitation mit seiner Schrift ›Philosophie der Fluktuan
Dilthey und Nietzsche‹ lehrte er an der Universität Stuttgart und Bonn. Es folgte
1991–94 Lehrstuhlvertretungen an der Kirchlichen Hochschule Berlin und der
Universität Greifswald.

Seit 1994 ist er Gründungsprofessor und Direktor des Instituts für Philosoph
der Universität Greifswald und Ordinarius für Philosophie mit dem Schwerpunk
Praktische Philosophie. Seit 1995 leitet er das Nord- und Osteuropäische Forum
für Philosophie, das die philosophische Kommunikation im Ostseeraum vor allen
unter Nachwuchswissenschaftlern fördert und mehrere Forschungsprojekte
einschließt. Seit 1999 ist er Mitherausgeber der Nietzsche-Studien und der Mono-
graphien und Texte der Nietzsche-Forschung. Er publiziert und forscht vor allem
den Themen ›Philosophie der Orientierung, des Zeichens und der Zeit‹, ›Formen
philosophischer Schriftstellerei‹, ›Hermeneutik der ethischen Orientierung‹,
›Philosophische Aktualität der jüdischen Tradition‹ und zu den Philosophien Plat
Aristoteles', Kants, Hegels, Schleiermachers, Kierkegaards, Nietzsches, Whitehea
Wittgensteins, Levinas', Derridas und Luhmanns.

Markus Stolz

Markus Stolz, geboren 1965, machte nach seiner Ausbildung zum Verlagskaufmann beim Axel Springer Verlag (1984–87) schnell den Schritt in die Selbständigkeit. Neben der Durchführung von Modemessen und Design-Publikationen betreute er das Eventmarketing für große Firmen wie Levi's, Swatch und Philip Morris. 1993 war er beim Aufbau und der Leitung der Trend-Unit Häberlein & Maurer, München, beteiligt. Nachdem er 1994–95 die Agentur für Markt- und Trendforschung GmbH in München als Geschäftsführer geleitet hatte, arbeitet Markus Stolz seit 1996 selbständig im Bereich Trend- und Konsumforschung.

Heute berät er als Strategischer Planer Werbeagenturen und zahlreiche Marken-artikel. Er führt aktuell den Kampagnenprozeß u.a. von Burger King, Yahoo! und Disney Channel auf Agenturseite. Marken wie Nivea, Bailey's oder Sport-Scheck wiederum nutzen sein strategisches Know-how. Stolz ist Mitglied der Taskforce ›Strategic Brand Management‹ von Roland Berger Strategic Partners und Co-Ent-wickler des ›Profiler‹, eines internationalen Forschungsprojekts zur Bestimmung von Marken-Positionierungen.

Sabine Süß

Sabine Süß arbeitete in den Jahren nach dem Studium der Germanistik, Publizistik und Philosophie an der Freien Universität Berlin u.a. bei den Berliner Festspielen, dem Deutschen Historischen Museum und der Stiftung Deutsche Kinemathek als Koordinatorin internationaler Ausstellungen. Als Leiterin der Marketing- und Kommunikationsabteilung war sie für das Hightech-Center im Studio Babelsberg tätig und hat als Projektleiterin beim Internationalen Design Zentrum Berlin (IDZ) sowie als Projektmanagerin der Expo 2000 gearbeitet.

Als geschäftsführende Gesellschafterin der ›Computerkultur Gesellschaft für Projektmanagement, Berlin‹ verantwortete sie u.a. die Konzeption und Redaktion des Themenparkkatalogs der Expo 2000. Seit 2001 leitet sie als Geschäftsführerin das Internationale Forum für Gestaltung Ulm.

Keshen Teo

Der aus Singapur stammende Creativ Director Keshen Teo hat an der Middlesex Universität in Großbritannien und in den USA an der Cooper Union School of Art studiert. Vor zehn Jahren begann er seine Mitarbeit bei der Londoner Agentur Wolff Olins – eine der renommiertesten weltweit agierenden Branding-Agenturen. Wolff Olins setzt seine kreative Kraft u.a. für die Olympischen Spiele 2004 in Athen, für Renault, Credit Suisse, British Council und Honda ein. Keshen Teos Berufs-erfahrung umfaßt alle Medienbereiche: Film, Video und Print. Er realisierte Kam-pagnen u.a. für Sony, Shiseido und Toyota und ist für das erfolgreiche Branding und die Logogestaltung des Energieunternehmens E.ON verantwortlich.

Axel Thallemer, Prof.

Axel Thallemer, geboren 1959, gründete 1994 bei der Festo AG & Co., einem der weltweit größten Hersteller von pneumatischen Systemen und Komponenten für Automatisierungsindustrie, den Bereich Corporate Design, den er seither leitet. Zu seinen jüngsten spektakulären Entwürfen zählt die Entwicklung aufblasbarer Lebensräume, wie z.B. das ›Airquarium‹ oder die ›Airtecture‹.

Nach einem Studium der Wissenschaftstheorie, Logik und theoretischen Lin stik, seinem Ingenieur-Diplom an der Akademie der Bildenden Künste in München und dem Postgraduiertenstudium im Bereich Public Relations und unt nehmerisches Design in New York arbeitete er zunächst bei einer Hamburger Marken- und Identity-Agentur. Anschließend war er Design-Ingenieur im Stylin Studio der Porsche AG, wo er u.a. die Einführung des Computer-Aided Styling Prozesses initiierte.

Neben seiner Tätigkeit bei der Festo AG & Co. ist er Professor für Computer Aided Industrial Design, entwurfsbezogenes Marketing und Corporate Identity. Für seine Entwürfe und Arbeiten erhielt er zahlreiche Preise und Auszeichnunge

Reiner Veit

Reiner Veit wurde 1955 in Zweibrücken geboren. Ab 1975 studierte er in Berlin Literaturwissenschaften und Germanistik mit dem Berufsziel des Journalismus. A ersten kleineren Arbeiten für Hörfunk und Zeitungen entwickelte sich eine feste freie Mitarbeit für den Sender Freies Berlin als Popmusik-Kritiker, Musikredakte und Programmgestalter.

Heute arbeitet Reiner Veit als Kulturredakteur, Autor und Moderator für In Radio in Berlin und, neben Klaus Nothnagel, als zweiter Moderator der DW-TV-Sendung ›Kultur-Galerie‹ / ›Arts Unlimited‹. Darüber hinaus liest und bewertet Reiner Veit für den Filmförderer eines Bundeslandes Drehbücher, und sitzt in de Programmkommission des Internationalen Filmfestivals in Chicago. Im neu ge-schaffenen ›Aufbaustudiengang Kulturjournalismus‹ der Berliner Hochschule de Künste wird er als Dozent arbeiten.

Barbara Wiegand

Barbara Wiegand, 1964 in Kassel geboren, studierte Musik an der Hochschule der Künste in Berlin sowie Publizistik, Politologie- und Germanistikstudium an d Freien Universität Berlin. Sie ist seit 1993 als freiberufliche Journalistin tätig, zunächst bei privaten Radiosendern, in der Lokal- und Feuilletonredaktion der Berliner Morgenpost.

Seit Oktober 1995 arbeitet Barbara Wiegand beim InfoRadio in Berlin in der Kulturredaktion. Ihre Aufgabenbereiche erstrecken sich vom Erstellen von Beitr gen über die redaktionelle Mitarbeit bis hin zur Präsentation von Kultur Kompak und der Moderation von Kultursondersendungen. Hier sind ihre Spezialgebiete v allem die Bildende Kunst, vorwiegend Zeitgenössisches und das Musiktheater.

Seit Anfang der 90iger Jahre, mit Unterbrechungen bis heute, tritt sie außerde mit einem Chansonprogramm auf.

Leitung und Konzeption: Sabine Süß
Organisation (Konferenz und Raum): Birgit Seidel
Technische Leitung: Andreas Borgolte
Assistenz (Konferenz): Mignon Mey, Ulrike Peleikis, Annegret Schmid, Petra Trudel,
Iris Wöbking
Assistenz (Technik): Frank Scheer
Technik: Werner Liebl, Mustafa Erok, Armin Staiger
Simultanübersetzung: Anne Middelhauve, Anke Potyka, Elisabeth Rösch
Presse: Frauke Greiner (Leitung), Daniela Ramin, gs communications, Berlin
Fotografie: Jan Frommel, Frommel fotodesign, München
Gestaltung Plakate, Programmleporello: Georg Staehelin, Ottenbach / Zürich
Mitarbeit Gestaltung, Satz: Hans Peter Dubacher, Luzern

Dank geht an die Firma DaimlerChrysler AG, Stuttgart, für die großzügige
Unterstützung der Tagung 2002.

Weiterhin bedanken wir uns bei der Gold Ochsen Brauerei, Ulm, Messebau Eckhard
Schirovsky, Weißenhorn.

Die Tagung wurde gefördert vom Ministerium für Wissenschaft, Forschung und
Kunst Baden-Württemberg.

Internationales Forum für Gestaltung Ulm

Das IFG Ulm hat die Aufgabe der praxisbezogenen Erforschung von Gestaltung‹ prozessen und Vermittlung der Ergebnisse durch Weiterbildung und Veröffentli-chung. Aus dem Problemzusammenhang Gestaltung - Produktion - Verteilung gre das IFG Ulm vornehmlich Fragen der Gestaltung von industriell gefertigten Proc ten, von visueller Kommunikation, von Information sowie Fragen der Gestaltung industrialisierten Bauen auf. Es versteht sich als Einrichtung für angewandte For-schung und Weiterbildung auf dem Gebiet der Gestaltung und arbeitet mit intern tional anerkannten Fachleuten zusammen.

International Design Forum Ulm

IFG Ulm exists to conduct practice-orientated research into design processes and make the results available through further education and publication. IFG Ulm addresses questions drawn from the design–production–distribution problem clu ster, principally relating to designing products for industrial manufacture, visual c munication, information and design in industrial building. It sees itself as an instit tion for applied research and further education in the field of design and works in close cooperation with international experts.

Die Foren und Publikationen des IFG Ulm:
1988
›Gestaltung und neue Wirklichkeit‹ im Selbstverlag des IFG Ulm
1989
›Kulturelle Identität und Design – Cultural Identity and Design‹ Verlag Ernst & Sohn, Berlin; vergriffen
1990
›Im Namen des Nutzers‹ Selbstverlag des IFG Ulm; ISBN 3-9 802 864-0-1
1991
›Privat in der Öffentlichkeit‹ Selbstverlag des IFG Ulm; ISBN 3-9 802 864-1-X
1992
›Gemeinsam nutzen statt einzeln verbrauchen – Common utilisation instead of singular consumption‹ Anabas Verlag Günter Kämpf KG; ISBN 3-87038-252-X
1993
›Die Gruppe – Identität in der Masse – Joining In – Identity in the Crowd‹ Anabas Verlag Günter Kämpf KG; ISBN 3-87038-263-5
1994
›Das Einfache – Simplicity‹ Anabas Verlag Günter Kämpf KG; ISBN 3-87038-28
1995
›Entwürfe für die Dritte Neuzeit – Design for the Third Modern Age‹ Anabas Ver Günter Kämpf KG; ISBN 3-87038-289-9
1996
›Mensch – Masse – Medien. Interaktion oder Manipulation – Man – Mass – Media Interaction or Manipulation‹ Anabas Verlag Günter Kämpf KG; ISBN 3-87038-29
1997
›Globalisierung/Regionalisierung. Ein kritisches Potential zwischen zwei Polen – Globalisation/Regionalisation. Critical potential between two poles‹ Anabas Verl Günter Kämpf KG; ISBN 3-87038-303-8

Publikationen des IFG Ulm

1998

›Gestaltung des Unsichtbaren – Design of the Invisible‹ Anabas Verlag Günter Kämpf KG; ISBN 3-87038-313-5

1999

›Strategischer Raum – Urbanität im 21. Jahrhundert – Strategic Space – Urbanity in the 21st Century‹ Anabas Verlag Günter Kämpf KG; ISBN-3-87038-321-6

2000

›Gestaltung Macht Sinn. Macht Gestaltung Sinn? – Design Sense Power‹ Anabas Verlag Günter Kämpf KG; ISBN-3-87038-334-8

2001

›Heureka oder die Kunst des Entwerfens – Eureka or the art of design‹ Anabas Verlag Günter Kämpf KG; ISBN-3-87038-342-9

2002

›Form und Zeichen – Globale Kommunikation‹ Birkhäuser Verlag, Basel ISBN-3-7643-0446-4

Internationales Forum für Gestaltung Ulm, Am Hochsträß 8, D 89081 Ulm www.ifg-ulm.de